GUIDE BELLES LETTRES

Collection

dirigée

par

Jean-Noël Robert

DES CIVILISATIONS

DU MÊME AUTEUR

Arts et Lettrés dans la tradition chinoise, éditions du Cerf, Paris, 1999

Traduction du chinois, introduction et notes pour les ouvrages suivants :
Le Xun Zi, éditions du Cerf, Paris, 1987
Wang Fu, *Propos d'un ermite*, éditions du Cerf, Paris, 1992
Printemps et automnes de Lü Buwei, éditions du Cerf, Paris, 1998

IVAN P. KAMENAROVIĆ

LA CHINE CLASSIQUE

3e tirage revu et corrigé

LES BELLES LETTRES

DANS LA MÊME COLLECTION

Rome	par Jean-Noël Robert
La Chine classique	par Ivan P. Kamenarović
La Grèce classique	par Anne-Marie Buttin
L'Islande médiévale	par Régis Boyer
L'Inde classique	par Michel Angot
L'Empire ottoman, XVe-XVIIIe siècle	par Frédéric Hitzel
La Mésopotamie	par Jean-Jacques Glassner
L'Espagne médiévale	par Adeline Rucquoi
La France au Moyen Âge	par Marie-Anne Polo de Beaulieu
Les Khmers	par Bruno Dagens
La Russie médiévale	par Jean-Pierre Arrignon
Venise au Moyen Âge	par Jean-Claude Hocquet
Le Siam	par Michel Jacq-Hergoualc'h
Les Mayas	par Claude-François Baudez
Les Étrusques	par Jean-Noël Robert
Les Gaulois	par Jean-Louis Brunaux
La Birmanie	par Guy Lubeigt
L'Amérique espagnole	par Oscar Mazin
Le Viêtnam ancien	par Anne-Valérie Schweyer
La Perse antique	par Philip Huyse
Carthage et le monde punique	par Hédi Dridi
Le Japon d'Edo	par François & Mieko Macé
Byzance	par Michel Kaplan
La Palestine à l'époque romaine	par Caroline Arnould-Béhar
Québec	par Raymonde Litalien
Les Incas	par César Itier
Les Aztèques	par Jacqueline de Durand-Forest
Pétra et les Nabatéens	par Marie-Jeanne Roche
La Corée du Choson	par Francis Macouin

À PARAÎTRE

L'Amérique au XVIIIe siècle
L'Europe des Lumières
Les Inuits

95, bd Raspail, 75006 Paris.

1ere édition, 1999

ISBN : 978-2-251-41011-1

Aborder la Chine, la mentalité, la civilisation, la culture chinoises exige de notre part une grande humilité. Cela est plus aisé à prôner qu'à réaliser. Il s'agit en effet pour nous d'avoir sans cesse à l'esprit que nos références les plus solides, nos critères les moins discutables, nos connaissances les mieux établies trouvent toujours leur origine au sein de notre propre culture. Ils ne sont donc jamais utilisables tels quels dès lors qu'il s'agit de porter le regard sur un autre monde. Il nous est nécessaire de perdre nos habitudes de pensée, et en même temps de nous dégager des clichés qui encombrent notre vision de la Chine. La Chine n'est ni immuable, ni immobile, et pas davantage fermée au monde extérieur. Elle est certes entourée de mers, de hautes montagnes et de déserts, et son appellation aujourd'hui officielle de « Pays du Milieu » (*Zhongguo*) est bien faite pour donner à ses habitants la sensation d'être au milieu de barrières naturelles. Mais la mer est autant une route qu'une barrière, et les navigateurs chinois abordaient l'Afrique à l'époque où les Romains régnaient sur la Méditerranée. Montagnes et déserts ont de tous temps été traversés par des caravanes et des expéditions de commerçants, de soldats, de pèlerins ou d'ambassadeurs. Les riches Romains du temps de l'Empire ne se paraient-ils pas de soie chinoise ? De plus, si la Chine d'aujourd'hui se trouve remplir ses frontières naturelles, il n'en a pas toujours été ainsi et le monde chinois a commencé à croître et à se développer dans un espace qui ne couvre pas même une province de la Chine actuelle. D'autres populations, d'autres cultures occupaient donc le sol de ce que nous connaissons aujourd'hui comme le monde chinois, lequel ne s'est constitué qu'après bien des péripéties, des invasions, des

COMMENT UTILISER CE GUIDE ?

Il est, certes, possible de lire ce livre, chapitre après chapitre, pour découvrir un panorama d'ensemble de la civilisation chinoise ; mais ce guide est aussi conçu pour que le lecteur puisse y trouver rapidement (et en extraire) des informations précises sur un sujet qui l'intéresse. Il est donc conseillé :

– de se reporter au sommaire :

chaque chapitre est divisé en rubriques (avec des renvois internes) qui permettent de lire, dans un domaine choisi, une notice générale. En outre, les autres rubriques du chapitre complètent l'information.

Au début de chaque chapitre, une introduction situe le sujet dans une perspective différente, illustrant l'évolu-

tion de la civilisation et de la mentalité chinoises ;

*– **d'utiliser l'index** à partir duquel, sur une notion générale, un terme technique, voire un personnage, il est possible de réunir, à travers l'ensemble du livre, plusieurs données complémentaires.*

*– **Une bibliographie choisie** permet, dans un premier temps, de se reporter à une centaine d'ouvrages récemment parus en langue française, pour y commencer une recherche. Tous offrent, sur le sujet qu'ils traitent, une bibliographie plus ou moins riche.*

Enfin, les tableaux de synthèse, les cartes et graphiques pourront aider à visualiser et mieux retenir les informations désirées. (Cf. table des cartes, plans et tableaux en fin de sommaire).

échanges et des transformations. Tibétains, Mongols, Mandchous ont à un moment donné occupé tout ou partie de la Chine, le bouddhisme venu des Indes y a fleuri, il y avait un quartier arabe à Canton à l'époque des Tang (618-907), et l'on pourrait à l'envi multiplier les exemples d'interpénétration et de fécondation réciproques qui n'ont cessé d'enrichir la civilisation et la mentalité chinoises.

S'il fallait trouver un maître mot sous l'égide duquel se placerait le regard que les Chinois posent sur le monde, c'est-à-dire sur leur monde, comme nous mettons le nôtre sous le signe de la Vérité, de l'Absolu, ce serait un vocable qui contiendrait les notions de changement, d'évolution, d'« impermanence ». Nous croyons voir la Chine dormir d'un sommeil millénaire alors qu'elle ne cesse de bouillonner d'une vie intense, infiniment variée, même si le XIXe siècle nous en propose une image décadente et quelque peu assoupie, en contraste si fort avec l'explosion industrielle, commerciale et coloniale de l'Occident.

Nous savons tous, depuis notre passage en terminale, qu'il est nécessaire de comprendre pour connaître, et que la compréhension s'effectue rationnellement au moyen de concepts rigoureusement définis qui seuls permettent d'appréhender la réalité. Nous savons aussi qu'une pensée recevable doit se présenter sous une forme logique, et que la première chose qu'on doive attendre d'un raisonnement est qu'il soit irréfutable. Mais si nous voulons approcher le regard des Chinois, il nous faudra admettre que la qualité première d'une pensée soit de pouvoir être traduite dans les faits, et non point de tenir tête à des contradicteurs, que le monde est habitable avant que d'être connaissable, et que les règles de notre existence, celles du fonctionnement de la nature comme celles qui régissent le corps social, ressortissent aux mêmes lois. Ainsi n'est-ce point dans l'Absolu d'une Vérité révélée ni dans celui que pourrait atteindre un système philosophique que les Chinois trouvèrent la justification de leurs pensées et de leurs actes, mais bien dans l'observation du monde au sein duquel ils vivaient et dont ils se considéraient comme partie prenante. De même, le discours des penseurs chinois ne se constitue pas à l'aide de concepts préalablemement et rigoureusement définis. Plus qu'à donner à comprendre en se fondant sur le seul raisonnement, il s'attache, par touches successives et allusives, à faire sentir les choses en évoquant leur résonance dans les circonstances de la vie. Ainsi Confucius, contrairement à Socrate, ne répond-il jamais par une définition lorsqu'on lui demande un éclaicissement, mais par une illustration, et il professe haut et fort son aversion pour les dogmes et autre vérités qui seraient toujours et partout valables.

C'est donc la vertu d'observation qui est la plus haute qualité d'un esprit chinois. On en donnera pour illustration la notion chinoise équivalente de notre Raison. Ce mot de « raison » contient, ce que l'on retrouve dans *pro rata*, l'idée d'un partage, d'un découpage, d'un calcul de la réalité destiné à la rendre connaissable. Le mot chinois *li*, qui est employé dans des circonstances analogues à notre « raison », évoque les veines du jade tel que le lapidaire doit les scruter afin de ne point briser la pierre qu'il va travailler. Découper d'un côté, scruter de l'autre. À l'esprit du potier grec, qui s'empare de la terre pour la fractionner et la plier à sa volonté afin qu'elle ressemble au modèle qu'il a en tête, s'oppose l'esprit du lapidaire chinois, qui s'efforce de suivre les lignes directrices dont il détecte à la fois la présence native et le sens au sein de la pierre, lignes dont dépendra l'ouvrage final.

La mentalité chinoise s'est donc formée avec le constant souci d'observer le monde afin d'y reconnaître les lois générales auxquelles sont soumises toutes choses, aussi bien les États que les familles ou les hommes, aussi bien les forces naturelles que les œuvres d'art ou les principes de la morale. L'existence même de telles lois, dont l'évidence est constitutive du regard chinois, implique pour nous la nécessité de mettre de côté d'autres évidences, qui nous sont aussi familières qu'elles nous paraissent indiscutables. C'est ainsi que nous « savons » que le corps et l'esprit n'obéissent pas aux mêmes lois, que la matière et la conscience ont chacune leurs règles propres, qu'entre ce bas monde et la

Perfection que nous font entrevoir la religion et la philosophie, la distance est considérable et peut-être pour nous autres humains infranchissable. Or le regard chinois, tel qu'il apparaît formé dès la fin de l'Antiquité, ne reconnaît pas la césure définitive que nous mettons entre l'Esprit et la Matière, il réfute l'existence d'un monde supérieur qui serait essentiellement différent de notre monde d'erreur et d'illusion, il admet une continuité entre la vie physique et la vie mentale, intellectuelle, spirituelle, corps et esprit ne différant que par la densité des courants et des énergies qui les traversent. De même, nous établissons une césure infranchissable entre ce qui vit (dieux, hommes, animaux et plantes) et ce qui ne vit pas (rochers, montagnes, tableaux). Une telle césure non plus ne trouve pas place dans la réalité chinoise. En bref, tout ce qui nous apparaît comme tranché, séparé, défini, est regardé en Chine comme éternellement en rapport avec la totalité des autres éléments du monde, dont il ne saurait être question de distraire tel ou tel pour l'isoler du reste. Tout est sans cesse en rapport avec tout, et un mouvement perpétuel anime la totalité des choses. Là où notre regard s'efforce d'isoler ce qu'il voudrait comprendre, le regard chinois tente de replacer chaque élément dans son contexte au sein de la vibration incessante des souffles en circulation à travers l'univers.

C'est à partir d'un tel fonds que les Chinois appréhendent leur histoire, leur géographie, le fonctionnement de leur société. Il importe donc avant tout de garder en tête à quel point les critères qui nous apparaissent les plus « naturels » sont en réalité « culturels ». L'existence de quatre points cardinaux, de quatre éléments, de quatre saveurs fondamentales est aussi naturelle pour nous que l'est pour les Chinois celle de cinq points cardinaux, cinq éléments et cinq saveurs fondamentales. Il en va de même pour les divisions de l'Histoire et l'organisation sociale. Ce n'est donc qu'en prenant profondément conscience de l'altérité que représente pour nous la mentalité chinoise que nous pouvons tenter une approche de l'unique civilisation humaine dont l'existence se poursuive depuis cinq millénaires.

La longueur même de l'histoire de la Chine nous impose des choix lorsque nous entendons en présenter des aspects essentiels. Deux dynasties, en recueillant l'héritage des époques précédentes tout en en entreprenant consciemment une mise en ordre, ont définitivement marqué la Chine d'une empreinte encore perceptible de nos jours. Ces deux dynasties sont celle des Han (-206 + 220) et celle des Tang (618-907). Chacune d'entre elles a laissé son nom à une étape particulièrement brillante et constructive de la civilisation chinoise. Au sein de l'incessant mouvement de diastole et de systole qui caractérise l'histoire tour à tour fragmentée et unifiée du monde chinois, ces deux époques ont donné à la Chine des penseurs, des hommes politiques, des artistes (qui, suivant une spécificité bien chinoise, sont souvent les mêmes) dont l'éclat continue d'imprégner la culture et les mentalités.

SOMMAIRE

SOMMAIRE

L'HOMME CHINOIS

La notion de « loisir », en tant que domaine séparable d'autres activités et opposable à elles, est peu pertinente pour comprendre la vie chinoise.

Comment concevoir un humanisme communautariste?

An Lushan - Confucius - Cao Cao - Du Fu - Gaozu des Han - Gongsun Long - Guan Zhong - Han Feizi - Han Yu - Huangdi - Kumarâjîva - Laozi - Li Bo - Li Si - Liu Bang - Liu Bei - Liu Che - Lü Buwei - Mengzi - Mo Di - Qin Shi Huangdi - Qu Yuan - Shang Yang - Shun - Sima Qian - Taizong des Tang - Tang le Victorieux - Tao Yuanming - Wang Bi - Wang Mang - Wang Wei - Wen, Roi des Zhou - Wu, Roi des Zhou - Wudi - Wu Zetian - Xuan Zang - Xuanzong - Xunzi - Yang Guifei - Yao - Yu-le-Grand - Zhougong - Zhuang Zhou - Zhuge Liang

SOMMAIRE

CARTES, PLANS, TABLEAUX

LE MONDE CHINOIS

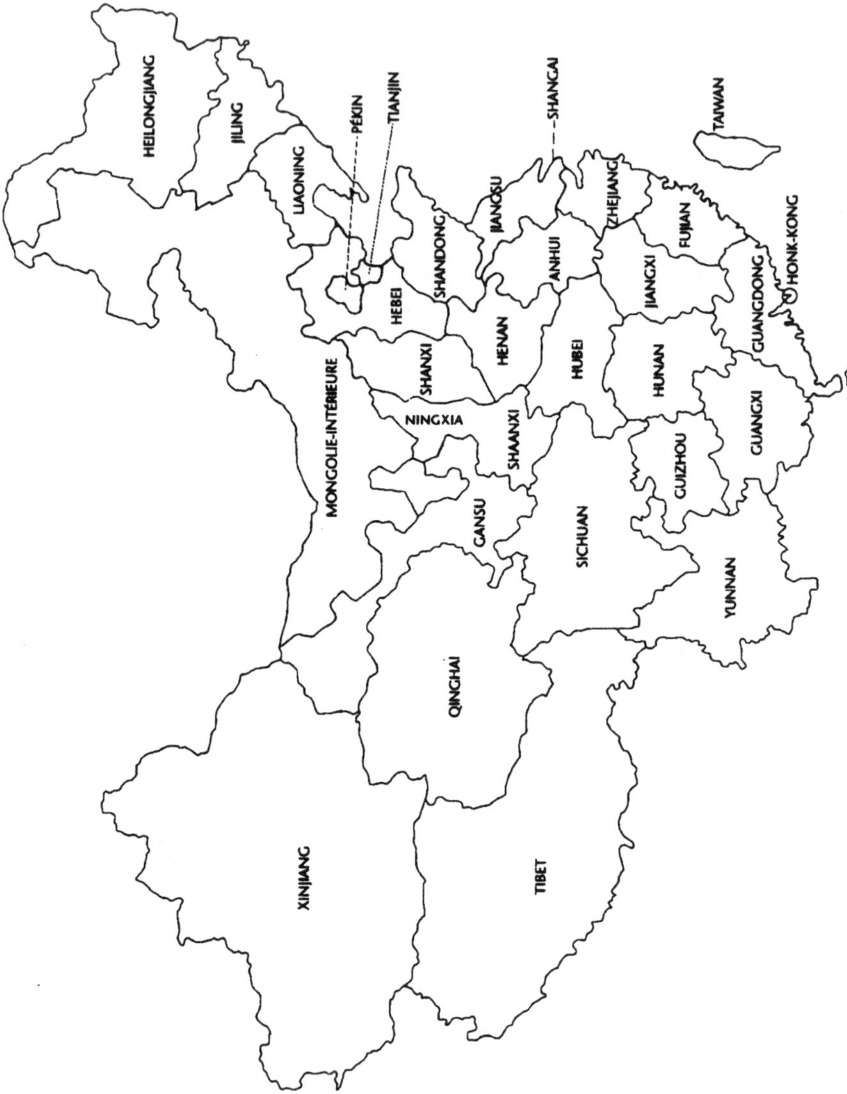
HEILONGJIANG
JILING
LIAONING
PÉKIN
TIANJIN
SHANGAI
TAIWAN
JIANGSU
ZHEJIANG
FUJIAN
HONK-KONG
SHANDONG
ANHUI
JIANGXI
HEBEI
GUANGDONG
HENAN
HUBEI
SHANXI
HUNAN
MONGOLIE-INTÉRIEURE
GUANGXI
NINGXIA
SHAANXI
GUIZHOU
GANSU
SICHUAN
YUNNAN
QINGHAI
XINJIANG
TIBET

I

L'HISTOIRE

La préhistoire en Chine est assez peu différente de ce que l'homme la fit ailleurs. **Le Sinanthrope**, ou Homme de Pékin, vivait en Chine du Nord **il y a un demi-million d'années**. Il chassait, cueillait et cuisait. Beaucoup plus tard, **à l'époque néolithique**, se développèrent **dans le bassin du fleuve Jaune deux cultures** vraisemblablement successives dues à des populations agricoles regroupées en villages. La première, appelée **culture de Yangshao** ou culture de la **poterie rouge**, apparaît centrée sur l'actuel **Shaanxi**, avec une extension jusqu'aux actuels Gansu (à l'ouest) et Shandong (à l'est). La seconde, appelée **culture de Longshan** ou culture de la **poterie noire**, se situe plutôt du côté du **Shandong**, avec une extension jusqu'aux actuelles provinces du Hebei (vers le nord), Henan (vers l'ouest) et Jiangsu (vers le sud). Elle a livré les témoignages d'un habitat, d'un artisanat et d'une organisation sociale plus élaborés que la culture de Yangshao. C'est vraisemblablement **au cours du IIIe millénaire avant notre ère**, période qui correspond aux premières datations du calendrier traditionnel chinois, que **commencent à se manifester des traits de civilisation**, et notamment dans le domaine du culte, de la divination et de l'organisation sociale, qui font l'originalité du monde chinois.

Mais c'est **avec l'âge du bronze**, dont les plus belles productions peuvent être datées de la **seconde partie du IIe millénaire avant notre ère**, que s'affirment avec force un certain nombre de caractéristiques qui sont à l'origine de plus d'un aspect de la **mentalité chinoise telle qu'elle a perduré jusqu'à nos jours**. Il ne fait guère de doute que dès ces époques lointaines **le monde chinois fut ouvert à des influences** venant de Sibérie, d'Asie centrale, d'Inde du Nord, d'Asie du Sud-Est et peut-être même de Mésopotamie. De tels courants furent évidemment favorisés par la situation géographique centrale de la région du moyen fleuve Jaune, vers laquelle convergent de nombreux axes de communication.

C'est pourtant à une **sinisation progressive des populations voisines** qu'on assiste dès cette époque. Sans doute peut-on dégager, parmi les nombreux facteurs qui ont fait du monde chinois un pôle civilisateur majeur en Extrême-Orient, un certain nombre d'aspects qui l'ont rendu particulièrement attirant. Parmi ceux-ci, le **rôle dévolu à l'Homme** n'est sans doute pas des moindres. D'adorateur de déités symbolisant les éléments qui le dépassent (Ciel, Terre, Vents, Sources, etc.), **l'homme chinois a** en effet progressivement **accédé au statut de membre d'une trinité Ciel-Terre-Homme**, au sein de laquelle il a un rôle important à tenir. Il est une force équilibrante, un révélateur, un assesseur. Contenant en lui-même les lois qui président au fonctionnement de toutes choses, il a le devoir, et par conséquent le pouvoir, de collaborer à l'harmonie du monde.

Que l'homme ait ainsi pu devenir partie prenante de la trinité qui assure l'ordre des choses a été permis par le **déplacement du statut du Ciel**. Cette lente modification peut se lire aisément dans la transformation sémantique subie par la notion de Ciel. **De Divinité supérieure** à laquelle s'adressent demandes et supplications, **le Ciel est peu à peu devenu** une entité naturelle privée des sentiments ou de la volonté qui sont ceux des humains. Il en est venu à être considéré comme **un Principe régulateur** qu'il s'agit de reconnaître sous peine d'inefficacité. Le Ciel couvre, la Terre porte et l'Homme favorise leur intéraction réciproque. Dès lors, il ne s'agit plus tant de prier que de respecter. S'opposer au Ciel ou à la Terre n'est pas tant un sacrilège qu'une déperdition d'énergie, une impuissance avérée, une action vaine.

C'est à une **autre vision des valeurs morales** que conduit une telle évolution. La morale ne va plus consister à suivre les instructions ou les volontés dictées par les divinités en agissant en fonction de leurs réponses, mais à comprendre et appliquer les règles incontournables du fonctionnement de toutes choses. L'immoralité sera punie, certes, mais d'abord par son inefficacité. **Est moralement bon ce qui** est en accord avec les lois du monde, et cela **est efficace**.

Un tel rapport entre le Ciel, la Terre et l'Homme, une telle façon d'envisager la morale s'accompagnent de la sensation extrêmement forte des correspondances existant entre les différentes composantes du monde. **L'homme,** ce qui l'entoure et aussi bien ce qu'il renferme, les saisons, les plantes, les couleurs, les animaux, les sons, **ainsi que la totalité de ce qui est, fait partie d'un *continuum*.** Le souci, la hantise même d'établir des liens, des relations, des correspondances entre toutes choses confère à chaque élément une dynamique et une situation appropriée par rapport aux autres. C'est la recherche de cette juste place qui va constituer le fondement de la morale.

Les comportements, les règles de vie, les modalités d'action de l'homme sont donc systématiquement envisagés au sein d'une totalité dont il n'est qu'un des éléments. **La force avec laquelle s'est imposée cette idée et la rationalité dont elle est porteuse** ne sont sans doute pas étrangères à l'influence qu'a exercée la civilisation chinoise sur les cultures des peuples qui sont entrés en relation avec elle. S'il est à souligner qu'ils n'ont jamais cessé de recevoir et d'assimiler des éléments culturels venus d'ailleurs, il n'empêche que les Chinois dans le même temps **ont non seulement sinisé ceux qui vivaient à leurs frontières, mais aussi bien leurs envahisseurs** et même des contrées, comme le Japon, qu'ils n'ont jamais réussi à coloniser.

PROTO-ROYAUTÉ ARCHAÏQUE : LES XIA ET LES SHANG-YIN

Les Chinois avaient coutume d'attribuer à des **héros civilisateurs**, comme **Yu-le-Grand** ou **Huangdi** (l'Empereur Jaune), un certain nombre d'innovations techniques ou culturelles qui ont marqué la transition entre le néolithique et l'âge du bronze. Ces **souverains légendaires** sont réputés avoir régné au cours du **IIIe millénaire avant notre ère** et les dates que leur attribue la tradition correspondent en effet à des éléments qui ont contribué à sédentariser et à transformer les conditions de vie des populations d'alors. L'existence de la première dynastie chinoise, celle des Xia dont la chronologie traditionnelle nous enseigne qu'elle régna de 2207 à 1766 avant notre ère, est elle aussi du ressort de la légende. Il n'en demeure pas moins qu'une évolution se dessine à l'époque et dans les lieux mêmes que les récits nous indiquent. Il est donc permis de penser qu'une tribu ou un clan porta effectivement le nom de Xia et commença d'occuper ce qui devait devenir le berceau de la civilisation chinoise.

La dynastie suivante est mieux attestée, parce que contemporaine de la naissance de l'écriture, établie sur un territoire plus vaste et nous ayant laissé des traces artisanales et architecturales beaucoup plus nombreuses. Elle est appelée Shang ou Yin, nom qui lui a été donné postérieurement et pour la seconde partie de son hisoire. Pour éviter toute confusion nous la dénommerons **Shang-Yin**. Elle aurait été fondée par Tang-le-Victorieux, dont le règne est réputé avoir commencé en 1765 avant notre ère. La liste traditionnelle des souverains de cette dynastie se trouve confirmée par l'épigraphie. Cela en fait **la première dynastie historique**. C'est elle, entre le XVIIIe et le XIe siècles avant notre ère, qui **mit en place un certain nombre de traits fondamentaux** dont on retrouve la trace tout au long de l'histoire au sein de la mentalité chinoise. Avec une très remarquable maîtrise du bronze, qui s'accompagne d'un grand nombre d'inventions techniques telles que l'attelage ou l'écriture, apparaît en effet une organisation sociale reposant sur deux principes fondamentaux. **D'une part, une royauté de type paternel**, entraînant une représentation de la communauté analogue à celle d'une famille. **D'autre part, la distinction entre une aristocratie citadine et un peuple d'agriculteurs**.

La structure familiale de la royauté s'accompagne d'une spécificité chinoise : l'**absence de clergé** proprement dit, même si des praticiens apportent leur concours à certaines cérémonies, notamment dans le domaine capital de la divination. **C'est le roi**, au niveau de l'État, comme c'est **le père** au niveau familial, **qui s'adresse aux Esprits**, qui **rend un culte aux Ancêtres** et qui effectue en personne les cérémonies propres à assurer le bon déroulement des activités saisonnières. Un culte est rendu dans deux lieux distincts du palais royal, **au Ciel** et aux Ancêtres royaux d'une part à l'est de la cour centrale, **à la Terre** et aux divinités chtoniennes de l'autre à l'ouest de cette même cour, les premiers étant supposés bienveillants tandis que les seconds sont plutôt craints.

Le roi vit au sein d'une cité dont le plan quadrangulaire et orienté selon les points cardinaux **n'a guère varié jusqu'au XXe siècle**. À l'époque des Shang-Yin, il s'agit plutôt de cité-palais de taille encore modeste, puisque la dernière capitale de cette dynastie avait huit cents mètres de tour. On a retrouvé les traces d'un bon nombre de ces cités construites sur le même modèle. Les quatre portes y jouent un rôle emblématique fondamental : elles sont les lieux de passage des Esprits fastes ou néfastes aussi bien que des hommes ou des denrées. **Le centre du palais est assimilé au centre du monde**. Cinquième point cardinal, le centre est en effet le lieu privilégié où le roi, appelé aussi le Grand Homme, manifeste le plus évidemment sa fonction de chef de la communauté tout entière. Le palais proprement dit est orienté nord-sud et s'étale en trois cours successives. Durant les cérémonies le roi, comme le père de famille, doit rituellement, dès cette époque, faire face au sud. C'est au nord du palais (royal ou princier) que se trouve le marché et au sud qu'habitent d'un côté les artisans et de l'autre, les titulaires des divers offices de la cour.

L'entourage du roi est formé d'une part par les membres de sa famille et de l'autre par les titulaires de différentes fonctions nécessaires à l'exercice du pouvoir royal : scribes, devins, officiers ou intendants chargés de la chasse, de l'agriculture, des rites et de la musique, des affaires du palais ou des questions militaires. Il est fort probable qu'il faille chercher dans la transmission héréditaire de ces fonctions, détentrices chacune d'un certain type de savoir, l'origine des différentes écoles de pensée qui ont marqué la fin de l'Antiquité (VIe-IIIe siècles av. notre ère). À la fin de la dynastie, **toute une administration est déjà en place**. Nous en connaissons les détails, grades et nomenclature, aussi bien par les inscriptions divinatoires relevées sur les écailles de tortue et les omoplates de mouton, de cerf ou de bovidé que par des textes plus récents figurant sur des vases et ustensiles de bronze.

L'**importance de l'agriculture** est révélée par le nombre de documents divinatoires qui contiennent des questions relatives aux récoltes et au climat. Des fonctionnaires étaient chargés d'en surveiller les travaux, depuis les labours et l'ensemencement jusqu'aux moissons. L'**élevage**, de son côté, est nécessaire non seulement **à des fins nourricières** mais aussi pour assurer aux cérémonies sacrificielles un très grand nombre de victimes : moutons, bovidés, porcs étaient ainsi offerts. Parfois aussi **des prisonniers de guerre étaient sacrifiés aux Ancêtres**, généralement royaux. **La guerre** occupe en effet une partie non négligeable du temps du Roi et de son entourage. L'aristocratie la fait **en char ou à cheval**, avec des armes variées dont certains exemplaires sont spécialement fabriqués pour les parades et les cérémonies. Les campagnes guerrières s'accompagnent elles aussi d'un cérémonial et se déroulent selon un ordre et avec des musiques très ritualisés.

La chasse enfin constitue l'une des activités favorites du roi et de ses proches. Là encore, on possède de nombreux documents divinatoires relatifs aux expéditions cynégétiques et notamment aux conditions climatiques dans lesquelles elles devaient se dérouler.

Le domaine contrôlé par les Shang-Yin, c'est-à-dire le territoire où l'on a retrouvé les traces de leurs cités, **recouvre** celui de l'occupation néolithique des cultures de Yangshao et de Longhshan, tout en s'étendant nettement plus vers le sud, jusqu'au Jiangxi actuel et même jusqu'au Hunan. **Une dizaine de provinces de la Chine actuelle** ont ainsi livré des vestiges archéologiques permettant de connaître assez bien une dynastie qui était encore considérée comme légendaire par les Occidentaux au début du XXe siècle. L'existence de nombreux lieux, clans, familles dont les annales conservaient les noms s'est ainsi trouvée confirmée. Les documents permettent de suivre la montée du **clan des Ji, d'où sera issue la future dynastie des Zhou**, ainsi que le développement d'autres clans dont l'histoire se poursuivra sous cette dynastie. C'est un mouvement vers l'est, où les terres agricoles sont nettement plus riches, qui poussa le clan des Ji à contester puis à renverser le pouvoir des Shang-Yin. L'Ancêtre mythique de ce clan est le Prince Millet (Houji), céréale divinisée dont le nom dit bien les efforts faits pour coloniser les terres barbares et jusque-là incultes de la vallée de la Wei. La date traditionnelle de la chute des Shang-Yin est fixée à 1122 avant notre ère. La nouvelle dynastie, selon l'usage chinois, est donc réputée avoir été inaugurée en 1121.

LES ZHOU ET LES QIN

Le dernier souverain des Shang-Yin, connu sous le nom de Zhou des Yin, **est réputé avoir vécu dans le faste et la débauche**. Ses excès lui auraient fait perdre le Mandat céleste, dont aurait alors été investie une **dynastie nouvelle, en la personne du roi Wu des Zhou**. Il n'est pas douteux que la civilisation des Shang-Yin soit en effet parvenue à un haut degré de luxe et de raffinement dont témoigne la perfection des bronzes et des armes d'apparat retrouvés dans les tombes. Le mobilier de celles-ci comporte des chars avec leur attelage et leurs chevaux, des instruments de musique (cloches et lithophones), des armes ainsi que les restes de nombreuses victimes humaines et animales offertes en sacrifice au défunt.

La nouvelle famille royale apporte des coutumes moins raffinées et un artisanat nettement moins élaboré. **L'essentiel des rites se maintient cependant**, tel qu'il est peu à peu confirmé par les textes qui apparaissent plus tard. Ces rites, qui sont une des spécificités de la civilisation chinoise, ont **pour** but non seulement de

manifester, mais plus encore de **maintenir** et de chaque fois **réactiver l'harmonie entre le Ciel et la Terre**. En tant que Fils du Ciel, le roi est seul habilité à accomplir ces cérémonies, lesquelles s'ordonnent selon les saisons, les points cardinaux et les mouvements des astres. À chaque saison sera associée une couleur, qui sera celle de l'habit du royal officiant, un point cardinal, une musique avec sa tonalité propre, etc. **C'est** généralement **par l'intermédiaire de ses ancêtres que le roi s'adresse aux divinités**, et ceux-ci, représentés par leur tablette funéraire, sont officiellement informés, à haute voix, de tous les événements importants de la vie de la communauté.

Lors des débuts de la dynastie, le roi accorda des fiefs à certains membres de sa famille ainsi qu'aux descendants de la dynastie précédente, afin que la perpétuation du culte rendu à leurs ancêtres évitât à ceux-ci de se retourner contre le nouveau monarque. Chaque prince fieffé eut à cœur de réédifier dans son nouveau domaine une cité dont les caractéristiques géographiques et rituelles, en s'inspirant du modèle royal, fussent de lui donner sur les populations dépendantes de lui un ascendant analogue à celui du roi sur tout l'Empire. De petites cours se fondèrent donc dans de nombreuses chefferies, chacune nécessitant l'établissement auprès du prince d'un entourage de devins, d'annalistes, d'officiers permettant à l'autorité de s'exercer valablement.

La multiplication progressive des principautés, dont témoigne amplement l'archéologie, **entraîne la reproduction d'un modèle de pouvoir**. Il était difficile qu'elle ne donnât pas naissance à des rivalités, voire à des contestations de l'autorité centrale. Ce sont en effet les centres de pouvoir et de savoir qui se multiplient ainsi, **incitant chaque prince** ou chef, une fois investi par le roi de la haute main sur une cité et sa région, **à se sentir roi chez lui.** Certains de ces centres, plus importants que d'autres, devinrent avec le temps comparables, en prestige et en efficacité, avec la capitale royale.

La pression des barbares non sinisés, l'autonomie grandissante des princes feudataires et la croissance du nombre de personnes suffisamment instruites pour pouvoir les conseiller utilement réduisit peu à peu le pouvoir des rois Zhou à sa seule dimension symbolique. Celle-ci demeura cependant suffisamment forte pour subsister de longs siècles après l'extinction de leur pouvoir politique. La dernière période de leur règne, entre le Ve et le IIIe siècle avant notre ère, porte, nous le verrons, le nom éloquent d'époque des Royaumes combattants.

Mais revenons aux début de la dynastie, à l'époque où son fondateur, **le roi Wu, donna retrospectivement à son père, par piété filiale, le titre de roi Wen**. Ces noms éminemment symbolique furent souvent repris par d'autres rois fondateurs de dynasties. Le caractère chinois ***wen* désigne** en effet **les vertus de culture**, d'éducation et de civilisation (au sens actif du terme), tandis que ***wu* nomme les vertus martiales** et guerrières. C'est l'ensemble des domaines où s'exerce l'activité humaine qui est ainsi couvert et illustré par les deux premiers souverains de la dynastie. Un autre fils du roi Wen, qui fut le tuteur de son propre neveu le roi Cheng, second souverain effectif de la dynastie, est lui aussi reconnu comme un héros civilisateur. Il s'agit de **Zhougong, le duc des Zhou**, particulièrement révéré par Confucius qui vit en lui l'**exemple du Sage devenu ministre** et qui sut résister à la tentation du pouvoir en s'effaçant devant son neveu devenu majeur.

Ces trois hommes, le roi Wen, le roi Wu et Zhougong prirent dans les premiers textes de la littérature et de l'histoire chinoises une place équivalente à celle des héros homériques dans la culture grecque. C'est d'ailleurs à la même époque, **entre le xe et le VIIIe siècles**, que **se constituent** de chaque côté de la terre, **des textes fondateurs** qui seront appelés à jouer des rôles analogues dans les deux civilisations.

Malgré la réputation flatteuse dont jouissent ses fondateurs, il n'est pas douteux que l'avènement au pouvoir de la dynastie des Zhou se soit accompagné de la perte d'un certain nombre de raffinements. Ainsi la **régression de l'artisanat**, dont témoigne la **nette différence de facture des bronzes** et l'appauvrissement des motifs qui les décorent, s'accompagne d'une remarquable **diminution du nombre des victimes, notamment humaines,** sacrifiées lors des rites funéraires. Une telle évolution va de pair avec la vigoureuse condamnation des excès et des débauches du dernier souverain des Shang-Yin.

Au cours des premiers siècles de son existence, jusqu'en 771, la dynastie des Zhou eut sa capitale dans le Shaanxi. À cette date, une brusque incursion barbare, opportunément secondée par une révolte des princes feudataires, s'empara de la capitale. Le **roi Ping, en 770, installa sa nouvelle capitale à Luoyi, l'actuelle Luoyang dans le Henan.** À partir de ce moment, le pouvoir royal ne cessa de décliner.

La première chronique historique chinoise évoque les faits survenus à la cour des Zhou ainsi que dans différentes principautés **entre l'année 722 et le premier quart du ve siècle**. C'est pourquoi on appelle **époque des Printemps et Automnes** celle dont les événements sont relatés dans ces annales (l'expression chinoise signifiant « annale » veut dire littéralement « printemps-automne »). C'est à l'intérieur de cette époque que prend place la **période** dite **des Hégémons**. Au cours de celle-ci, **entre 685 et 591**, différents princes, dont le nombre est ramené à cinq pour entrer symboliquement dans le système classificateur par cinq (lequel comprend entre autres les cinq éléments ou agents, les cinq orients, les cinq notes de musique, les cinq couleurs, etc.) vont contraindre successivement le Fils du Ciel à les reconnaître comme « Protecteurs du Trône », ce que la tradition sinologique a choisi de traduire par Hégémon.

L'effacement politique et militaire du Fils du Ciel ne lui retire nullement son rôle rituel et symbolique. C'est en effet toujours de lui, même si c'est sous la contrainte, que les feudataires tiennent leur fief, c'est toujours lui qui est le garant de l'ordre du monde et nul n'ose s'attaquer à lui, si ce n'est sous couleur de le protéger d'un danger plus pressant encore. C'est que la communauté tout entière, dans la mentalité chinoise, ne supporterait pas mieux qu'un corps humain de se trouver privée de tête, et que dès les débuts de l'âge historique, cette tête nécessaire et reconnue est la personne du Fils du Ciel.

On ne peut s'empêcher de comparer aux luttes entre les cités grecques les **rivalités incessantes qui dressent les principautés chinoises les unes contre les autres**. Chacune est issue d'une de ces cités-palais qui essaimèrent dès l'époque des Shang-Yin et l'évolution sémantique du mot qui les désigne (*guo*), et qui est passé du sens de « bourg », « ville », à celui de « principauté », « pays » qu'il a gardé dans la langue moderne, montre bien la possession d'un domaine parfois assez étendu. Tel est le cas notamment des pays de **Qin, aux confins du Shaanxi et du Gansu actuels**, de **Jin, dans le Shanxi actuel**, de **Qi, dans l'actuel Shandong**, de **Chu, sur le fleuve Jaune dans les actuels Hubei et Hunan**.

C'est en reproduisant le schéma traditionnel du pouvoir que ces États, toujours rituellement subordonnés au trône des Zhou, ont tour à tour acquis et conquis une suprématie sur le monde chinois. Leur rivalité ne fit, durant cette période, que s'accroître et chacun se trouva confronté à la nécessité d'imaginer des méthodes propres à asseoir davantage son autorité. **Chaque pays fut** donc **le cadre, entre le VIe et le IVe siècles**, d'**importantes réformes politiques, stratégiques et économiques.**

Sur le plan **politique**, l'extension des possessions de chaque prince s'accompagne du souci d'éviter que ses subordonnés ne se mettent vis-à-vis de lui dans la situation de quasi-indépendance où lui-même se place vis-à-vis du Fils du Ciel. D'autant plus que ce dernier est le seul à bénéficier d'une importance emblématique telle qu'il faudra attendre de longs siècles encore avant que les princes les plus puissants osent envisager de lui disputer le Trône symbolique qu'il continue d'occuper. Un souci d'efficacité administrative a donc incité les princes à adopter des **codes de lois écrites,** à entreprendre des **réformes administratives et fiscales** et à tenter de s'assurer la mainmise sur des richesses nouvelles. La création de divisions administratives, la réglementation plus stricte et l'attribution à l'État des ressources minières et forestières, le remplacement des élites héréditaires par des fonctionnaires nommés **vont dans le sens des recherches menées par les penseurs.** Le premier d'entre eux à essayer de trouver les moyens de remédier au désordre et à l'insécurité croissants fut **Confucius (-551-479)**, dont certains disciples furent à l'origine de réformes importantes dans plusieurs pays.

Sur le plan **stratégique**, des réflexions fondées sur l'observation à la fois des lois naturelles et du comportement humain aboutissent à des **élaborations théoriques très poussées** qui font des manuels de stratégie écrits à cette époque, comme ceux de **Sun Bin** et de **Sunzi** que nous possédons encore, de véritables machines de guerre qui n'ont toujours pas perdu leur pertinence. Il convient d'ajouter à cela un certain nombre d'innovations comme la création de l'**infanterie** au VIe siècle, puis de la **cavalerie** au IVe siècle, alors que l'**arbalète et la catapulte** étaient inventées au Ve siècle.

Au point de vue **économique**, enfin, de **grands travaux de défrichement, d'irrigation et de défense** sont entrepris, les **marchés et réseaux commerciaux** sont organisés et de **grandes fortunes de marchands-entrepreneurs** apparaissent, à l'occasion notamment de la découverte de la **fonte du fer réalisée à grande échelle**, qui nécessite la mise sur pied d'une véritable industrie. L'on assiste en outre à une **apparition de l'artisanat privé**, alors qu'à l'époque précédente l'artisanat dépendait directement du palais. C'est enfin à cette époque que commencent à être en usage **la monnaie et les contrats écrits.**

La tripartition du pays de Jin, survenue en **453 avant notre ère** à la suite de luttes entre plusieurs grandes familles de cette principauté, **marque** traditionnellement **le début de l'époque** dite **des**

Royaumes combattants, laquelle prendra fin en 222 avec la mainmise par le pays de Qin sur la totalité de l'espace chinois d'alors. Cette dénomination, outre qu'elle illustre parfaitement l'atmosphère de ce temps, nous donne un autre renseignement : l'usurpation par les feudataires, qui extorquèrent sa bénédiction au Fils du Ciel, du titre de roi (*wang*) réservé jusque-là au seul roi des Zhou. L'apparition d'une classe de **lettrés itinérants** permit à de nombreux princes de bénéficier de l'assistance éclairée de conseillers instruits et expérimentés. Ce sont eux qui conçurent les réformes appliquées à cette époque.

Un certain nombre des pays d'alors, ceux que nous avons cités et quelques autres, eurent ainsi recours à des lettrés dont la richesse et la variété des idées sont illustrées par l'expression **Cent Écoles** qui désigne le foisonnement intellectuel exceptionnel de ces temps troublés. C'est ainsi que **le roi Xuan (-342-324) du pays de Qi avait organisé une sorte d'université** où venaient débattre, enseigner et dialoguer les plus grands esprits du temps. La grande question de l'époque n'était pas, sauf dans le cas des sophistes (*mingjia*) qui n'hésitaient pas à démontrer qu'un mouton a trois oreilles, de mettre au point des théories qui fussent logiquement imparables, mais plutôt de trouver remède à la désorganisation et aux luttes qui caractérisaient alors le monde chinois.

Parmi tous ces royaumes, celui de **Qin**, qui avait déjà par le passé bénéficié de l'Hégémonie, **entreprit les transformations les plus radicales**. L'idée de la **suprématie de la loi** de l'État sur toute considération de naissance ou de position, qui a donné son nom de **légisme** à l'idéologie qui permit au pays de Qin de s'emparer des autres pays chinois, a entraîné une **refonte des valeurs** et du fonctionnement de la société. C'est **au IVe siècle avant notre ère**, sous l'influence du ministre et théoricien **Shang Yang**, que ce royaume **commença** à se donner les structures d'**un État entièrement tourné vers la guerre et l'efficacité économique**. Le but de ces transformations était de parvenir à un fonctionnement si parfait des rouages socio-économiques qu'aucune personne, aucun groupe de personnes ne pût avoir les moyens de s'y opposer.

À la même époque, un puis deux rois de pays chinois furent brièvement tentés d'usurper un titre impérial depuis longtemps tombé en désuétude en passant outre l'existence théorique du Fils du Ciel. Cela ne dura que quelques mois, mais affaiblit encore la position du roi des Zhou. C'est au cours des luttes sans merci qui s'engagèrent alors, avec des alliances croisées, des retournements et beaucoup de massacres et de pillages, qu'**en 256 avant notre ère**, après cinquante-neuf années d'un règne pourtant peu encombrant, **le roi Nan des Zhou**, qui avait eu l'imprudence de prendre parti pour des pays attaqués par Qin, **fut déposé par le roi de Qin**. Les très nombreuses principautés d'autrefois avaient alors toutes disparues au profit de quelques royaumes plus vastes dont le nombre alla décroissant (douze, sept, cinq...).

La **force militaire**, jointe au recours systématique à la **corruption**, la trahison, l'espionnage et l'**assassinat**, **assura** enfin **au pays de Qin**, dont provient le nom de « Chine » sous lequel le Pays du Milieu est désigné par la plupart des Occidentaux, la possession, **en 222 avant notre ère**, de tous les territoires relevant des royaumes défaits les uns après les autres et la possibilité **de fonder une nouvelle dynastie venant remplacer celle des Zhou**. C'est alors que le roi Zheng de Qin, qui avait accédé au trône de ce pays en 246, prit le nom d'Auguste Souverain [de la dynastie] des Qin. Il est connu dans l'histoire sous le nom de **Qin Shi Huangdi** et inaugura la nouvelle dynastie qui **commença officiellement avec l'année 221**.

D'après les textes, le nombre de têtes coupées pour parvenir à ce résultat se compterait en centaines de milliers, nonobstant les promesses de vie sauve. Le système de récompenses et de promotions reposait en effet, à Qin, sur le nombre de têtes ennemies coupées. C'est donc un régime dur, **un véritable régime policier**, qui **fut étendu à toute la Chine d'alors**. Dans le même temps, le gouvernement de Qin Shi Huangdi, notamment **sous l'influence du légiste Li Si** (mort en 208 avant notre ère), ancien condisciple de Han Feizi auprès du confucianiste Xunzi, entreprit un **colossal travail d'unification**. On aurait envie de parler de standardisation, tant le souci unitaire s'est porté sur tous les détails de la vie quotidienne. De la monnaie aux unités de mesure, en passant par l'essieu des chars et le tracé des routes, le découpage systématique de la totalité du territoire en circonsriptions, les lois pénales et l'écriture, le commerce et l'artisanat, c'est **toute la vie civile et militaire**, la première étroitement calquée sur la seconde, qui **est prise en compte**. L'ancienne noblesse fut décimée et déportée, beaucoup de commerçants et d'artisans aussi, les lettrés furent mis au pas et leur production fut rigoureusement surveillée et, hormis les ouvrages de divination, d'agriculture et de médecine, **seule l'idéologie officielle eut droit de cité**. Le fameux édit de 213 entérina cette situation en prévoyant la peine de mort pour les lettrés récalcitrants et la destruction de tous les textes non expressément autorisés. **Les déplacements furent strictement contrôlés** par un système de passeports et de registres de police tenus par tous les aubergistes de l'Empire.

Un tel train de réformes avait pour but d'asseoir l'autorité de la nouvelle dynastie pour dix mille ans. **Les excès mêmes d'un régime absolu, fonctionnant à l'aide de l'espionnage et de la délation organisés**, et aussi éloigné des aspirations personnelles, familiales, intellectuelles de ses sujets que de la simple possibilité de vivre en paix après tant de bouleversements, **le condamnaient** à brève échéance.

Il n'empêche que **le legs de cette dynastie** au règne si court revêt une importance capitale pour toute l'histoire de la Chine. Si le titre impérial survécut ainsi durant plus de deux millénaires malgré le souvenir exécrable laissé par celui qui le porta en premier, c'**est** qu'il correspond à **une image de l'unité des pays chinois qui demeura un modèle jusqu'à nos jours. Il** ne **faut** pas **voir**, en effet, **l'histoire de la Chine** comme celle d'une succession de dynasties semblables les unes aux autres dans un pays immuable et fermé sur lui-même. Elle est au contraire à percevoir **comme une tentative sans cesse renouvelée de parvenir à équilibrer** dans l'unité **des influences** venues de tous horizons, **des modes de vie** extrêmement variés, **des conditions géographiques** fort dissemblables **et une tendance** toujours sensible au début du XXIe siècle **à la séparation** de régions dont bon nombre se reconnaissent pourtant comme héritières d'une civilisation commune. L'effort vers l'unification, dont le modèle et l'archétype demeurent l'action de Qin Shi Huangdi, est donc la véritable hantise des gouvernants chinois depuis lors. Bien des mesures adoptées par ce grand unificateur lui survécurent. Elles rendaient en effet possible l'organisation et l'administration d'un Empire dont la taille dès l'Antiquité paraissait énorme. Sous les Qin, il atteignait la Mer de Chine méridionale avec la ville de Nanhai qui deviendra Canton (Guangzhou), à l'ouest, il couvrait une bonne partie des actuels Sichuan et Shanxi, ainsi qu'une moitié du Gansu, tandis qu'au nord, il dépassait nettement l'actuelle Pékin (Beijing), appelée alors Ji, puis Yan. C'est **Qin Shi Huangdi** qui **inaugura** sur une grande échelle une modalité de peuplement des nouveaux territoires appliquée jusqu'à nos jours par les gouvernements chinois successifs : celle **des déplacements de populations**.

Dès cette époque, c'est-à-dire dès que l'extension de l'espace chinois fut entreprise non plus en rassemblant des royaumes sinisés mais en annexant des régions frontalières peuplées, sauf au sud, de nomades, **l'empire chinois commença à se heurter aux populations turco-mongoles au nord, puis tibétaines plus à l'ouest.** Les premiers grands ennemis furent les **Xiongnu, connus en Occident sous le nom de Huns**, dont l'unité se fit au même moment que celle de la Chine. C'est contre eux que fut édifiée la **Grande Muraille**, constituée en partie par la jonction de tronçons existants déjà construits par les royaumes de l'époque précédente et qui avaient été exclus du programme de démolition des ouvrages militaires ennemis.

La mort de Qin Shi Huangdi, survenue en 210 avant notre ère au cours d'un de ses nombreux voyages à travers l'Empire, **fut tenue cachée** aussi longtemps que possible. C'était l'aveu de la fragilité d'un édifice qui tenait principalement à la personnalité exceptionnelle de l'Empereur. Il fut somptueusement enterré dans le tombeau que l'archéologie a fait connaître au monde entier. **Son successeur** Er Shi Huangdi, un jeune homme inapte au gouvernement et fort mal conseillé par un Premier ministre soucieux de confisquer le pouvoir, **ne régna que deux ans** avant d'être acculé au suicide en 207. Il semblait donc que l'Empire chinois dût retomber dans une longue et pénible anarchie.

DES HAN AUX TANG

Un jour que, sous le règne du pâle Er Shi Huangdi, un groupe de condamnés était déplacé sous la responsablité d'**un officier**, ce dernier **décida**, au milieu du désordre général, qu'il était temps pour lui **de fonder sa propre milice et de se tailler un domaine**. Il libéra donc les forçats, prêta serment en oignant de sang un tambour et se mit à leur tête. **Issu d'une famille paysanne** propriétaire de ses terres, **il s'appelait Liu Bang** et il devait devenir le fondateur d'une des plus illustres dynasties chinoises, celle des Han. Il ne fut pas le seul à prendre les armes en ces temps troublés. Ce fut le cas de son **grand rival Xiang Yu**. Leur lutte, qui donna lieu à des épopées, dura cinq années au bout desquelles Liu Bang demeura le seul maître de tout l'Empire des Qin. **La nouvelle dynastie**, qui prit le nom de Han, se trouva réellement au pouvoir en 202 avant notre ère, mais **fixa en 206 la date officielle de son accession au trône impérial.** Elle l'occupa quatre siècles durant, avec une brève interruption de

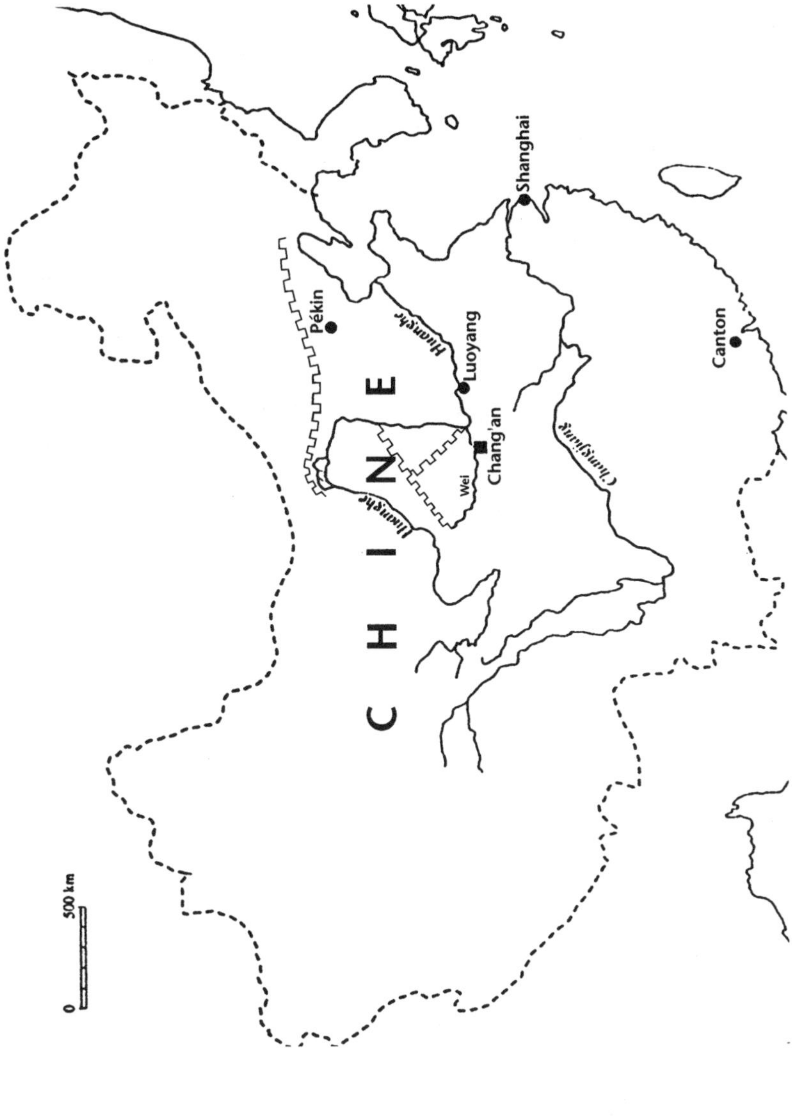

La Grande Muraille

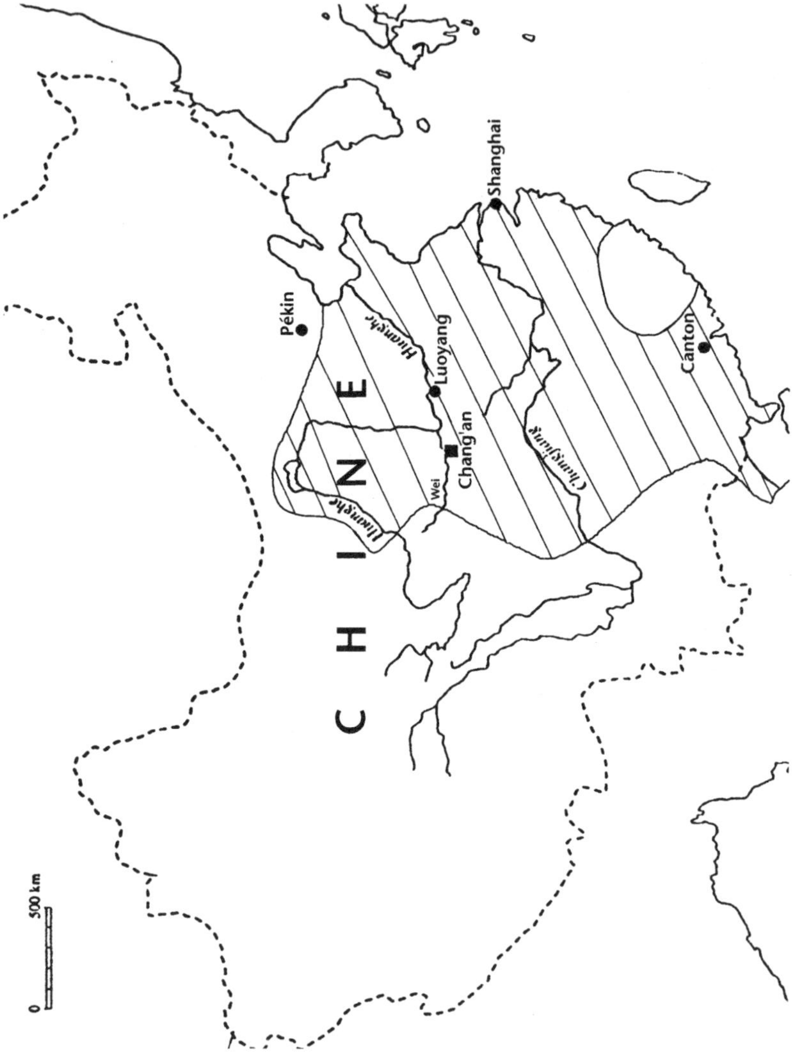

L'Empire des Han

trente-quatre années, et **son prestige fut tel que les Chinois ensuite s'appelèrent eux-mêmes le peuple des Han**.

La paix retrouvée s'accompagna de l'abandon d'un certain nombre des mesures qui étouffaient toute liberté et tout esprit d'entreprise. C'est ainsi que **l'agriculture, le commerce et l'artisanat connurent une époque de prospérité**. De même, **la vie intellectuelle refleurit** et ce fut en adoptant des principes plus conformes à l'harmonie sociale que Liu Bang assit l'autorité des Han. Quelque aversion que ce chef de guerre rustre et bon vivant pût avoir pour la retenue et la moralité exprimées par les rites, **il toléra à nouveau l'expression des idées** réprimées par Qin Shi Huangdi, en particulier celles des confucianistes, et s'efforça de placer la vie sociale sous le signe de l'équilibre et du respect dans les familles, les clans et les communautés à tous les échelons (village, district, province, commanderie).

Connu par l'histoire sous son nom posthume de **Gaozu** (dates de règne : -206-195), Liu Bang, qui installa sa capitale à Chang'an, **fit preuve d'une très grande habileté**. **Quatre obstacles principaux** se dressaient sur son chemin en menaçant son œuvre de pacification : les velléités d'indépendance des **nouveaux feudataires**, les assauts des **Barbares,** l'accroissement de la richesse et du pouvoir des **grands propriétaires fonciers**, enfin les **révoltes paysannes**, cimentées et idéologiquement soutenues par des courants **taoïstes** et dont la première avait eu lieu en 209 avant notre ère.

Contraint de rétablir des royaumes pour récompenser ceux qui avaient favorisé son accession au trône, Gaozu fit de ces rois des quasi-fonctionnaires, déplaçables et sans autorité réelle, nommant auprès d'eux des officiers qui administraient en son nom. Les Barbares de l'Ouest et du Nord demeurèrent pour leur part le grand souci de la dynastie. Sous le règne de Gaozu, les Xiongnu et les Yuezhi luttèrent entre eux, ce qui laissa quelque répit au gouvernement chinois. **Quant aux grands propriétaires, ils eurent tendance à remplacer la noblesse titrée, désormais fragilisée, pour former des domaines semi-indépendants** et leur réticence à obéir au pouvoir central ne se démentit guère.

Les deux règnes suivants se déroulèrent, jusqu'en 180, sous la férule de la redoutable Impératrice Lü, veuve de Gaozu, qui régna par l'entremise des hommes de son clan qu'elle réussit à placer aux postes clefs. C'est un peu plus tard que prit place **le règne le plus glorieux de la dynastie, celui de Wudi,** qui **dura cinquante-quatre ans, de 140 à 87 avant notre ère**.

Pour se débarrasser de la noblesse dont l'impatience avait marqué les années 175-155, **il imposa,** en 127 avant notre ère, **le partage en parts égales de l'héritage entre tous les fils d'un seigneur défunt**. En même temps, **il fit appel aux Lettrés confucéens, notamment Dong Zhongshu**, pour organiser le **recrutement des fonctionnaires grâce à un système** de recommandations puis **d'examens**, dont le premier eut lieu en 134. C'était là, en recrutant des hommes de talent parmi la population, un autre moyen d'amoindrir l'influence de la noblesse. Ce système dura presque aussi longtemps que l'Empire, puisqu'il ne fut aboli qu'en 1905. Les textes classiques furent à nouveau édités et étudiés, tandis que par ailleurs des mesures étaient prises pour tenter de limiter l'extension des grands domaines.

En ce qui concerne l'**extension territoriale de l'Empire**, lequel avait nettement rétréci entre l'époque de Qin Shu Huangdi et celle de Gaozu des Han, elle fut reprise par Wudi, ainsi que les **mesures colonisatrices de déplacement de populations**. Tout en continuant la lutte contre les Xiongnu, il s'empara de **toute la Chine du Sud** et étendit son influence jusqu'au **Viêt-nam**, envoya des expéditions en **Asie centrale** de façon à maîtriser puis occuper la Route de la Soie, ce qui permit de nouer des relations commerciales indirectes avec l'Empire romain, et s'assura du Nord de la **Corée**. L'Empire chinois s'ouvrit donc de tous côtés aux contacts avec le monde extérieur, même lointain. De nombreux témoignages existent de **relations régulières non seulement avec les royaumes gréco-hindous**, mais aussi bien **avec les autres pays indiens, les Parthes, les Perses et**, on l'a dit déjà, **les Romains**. De ces derniers, les Chinois avaient suffisamment entendu parler pour savoir qu'ils possédaient eux aussi un vaste empire, auquel les chroniqueurs de l'époque des Han donnèrent le nom de « Grand Qin », tandis que les Romains employaient pour désigner les Chinois un vocable (*Seres*) dérivé de l'appellation chinoise de la soie (*si*). On sait à quel point les Romains étaient en effet friands de soie, et des monnaies romaines ont par ailleurs été découvertes sur le sol chinois.

Ainsi l'Empire des Han put-il à certains moments approcher la superficie de celui des Tang sept siècles plus tard. Mais **ces expéditions étaient fort coûteuses**, et Wudi dut avoir recours à un certain nombre de mesures d'exception pour s'en procurer les moyens : **dévaluation de la monnaie** (par sa refonte), **création d'une noblesse vénale, de monopoles d'État pour le fer et le sel, imposition sur les bénéfices commerciaux** qu'il devint obligatoire de déclarer au fisc. Ceux qui profitèrent le plus de cette situation furent les grands propriétaires, qui accrurent sans cesse leurs domaines et le nombre de leurs serfs et de leurs subordonnés. En même temps **les paysans**, à qui les premiers souverains des Han avaient tenté de redonner de meilleures conditions de vie (Gaozu se glorifiait d'être venu de la terre), **pâtirent singulièrement de cette situation** et des révoltes paysannes survinrent à nouveau, qui minèrent elles aussi l'autorité de la dynastie. L'historien Sima Qian nous donne des renseignements de première main sur toute cette période, qu'il a vécue et dont il ne sortit pas indemne.

D'autres oasis de la Route de la Soie furent occupées par les armées chinoises sous le règne du fils de Wudi, **Zhaodi (-86-74)**, monté sur le trône à quatorze ans et mort à vingt-deux. **Xuandi**, fils de Zhaodi, qui régna **de -73 à -49, fut le dernier grand souverain de la dynastie des Han antérieurs ou Han orientaux**. Ses victoires sur les Xiongnu et sur les Qiang, populations tibétaines, ne laissèrent pas d'inquiéter ses conseillers confucianistes, qui voyaient dans cette expansion démesurée et surtout démesurément coûteuse une source d'ennuis à venir. De nombreux lettrés (par exemple Liu Xiang, Jia Yi) écrivirent ou éditèrent alors des ouvrages d'importance. « **La conjonction,** a pu écrire René Grousset, **de l'impérialisme des Han et du confucianisme d'État fit l'Extrême-Orient** ». Le Viêt-nam et la Corée subirent alors l'influence directe de la Chine, le Japon allait la recevoir quelques siècles plus tard, plus tard encore Mongols et Mandchous allaient devenir des conquérants sinisés, tandis que les rapports avec le Tibet devaient passer par des stades de défense, d'alliance et de conquête.

La première partie de l'histoire des Han s'achève cependant avec une succession d'empereurs falots dont le dernier avait neuf ans lorsqu'il fut empoisonné sur ordre de Wang Mang. Neveu d'une impératrice douairière grâce à laquelle il parvint au pouvoir, **Wang Mang** décida en fin de compte **de renverser les Han**. Poussé par les révoltes des paysans contre les grands propriétaires auxquels ils avaient été réduits à se vendre corps et biens avec leur famille, il **entreprit de vastes réformes et créa une dynastie éphémère (9-25 de notre ère)**. La terre, déclarée propriété d'État, fut distribuées aux paysans, les propriétés privées de plus de cent cinquante hectares furent interdites et le nombre des esclaves fut strictement limité aux besoins familiaux, seul l'État ayant le droit d'en posséder un grand nombre. **La loi instaura un système de**

surveillance de toutes les activités économiques, la monnaie subit **plusieurs dévaluations successives**, un monopole d'État fut établi sur la pêche et l'exploitation des forêts. L'application de ces mesures encadrant fort strictement les activités de production et de distribution nécessita **la mise en place d'une administration extrêmement tâtillonne** qui ne tarda pas à devenir impopulaire. Le cours forcé de monnaies dont l'aloi était de moins en moins bon fut une autre cause de mécontement. Enfin, de mauvaises récoltes et des inondations achevèrent de désorganiser le circuit économique. **Le résultat fut l'éclatement de nouvelles jacqueries et la formation de bandes organisées (comme les Sourcils Rouges)**. Dans le même temps éclatèrent de nouveau des conflits latents aux frontières nord. De toute part, des cris s'élevèrent contre l'usurpateur qui manifestement ne bénéficiait pas du Mandat céleste. Plusieurs princes de la famille des Han organisèrent des soulèvements armés et **Chang'an fut reprise par les légitimistes en 22 de notre ère. Wang Mang fut tué** et son crâne fit partie du Trésor impérial jusqu'à la fin de la dynastie des Han. Deux années de désordres s'ensuivirent, à l'issue desquelles les Sourcils Rouges s'emparèrent de Chang'an. Parmi tous les princes des Han qui s'étaient fédérés, deux prétendaient sérieusement au trône. L'accord s'était fait sur l'un d'entre eux, Liu Xuan, qui fut tué lors du sac de Chang'an par les Sourcils Rouges. L'autre, Liu Xiu, s'en alla établir sa capitale à Luoyang, dans le Henan actuel, devint en 25 le fondateur de la seconde dynastie des Han, appelée dynastie des Han postérieurs ou Han occidentaux et, en 27, écrasa les Sourcils Rouges. Au lieu de les anéantir tous, il eut l'habileté d'enrôler dans son armée plusieurs dizaines de milliers de survivants robustes.

Connu sous le nom de Guangwudi, Liu Xiu régna de 25 à 57. Une révolte vietnamienne fut réprimée et la domination chinoise établie dans ce pays pour presque mille ans, l**es Xiongnu furent** une fois de plus **maîtrisés** en partie grâce à leurs dissensions internes, et le gouvernement de Guangwudi se comporta à l'intérieur de façon si efficace que **les impôts purent être réduits des deux tiers dès l'an 30**. Les trois souverains suivants continuèrent, entre 57 et 105, l'œuvre économique et militaire de Guangwudi, faisant régner l'ordre et la prospérité tout en reprenant le contrôle de la Route de la Soie. **De très grands chefs militaires** dont les talents s'exercèrent des dizaines d'années durant, comme **Ma Yuan** puis **Ban Chao** dont l'œuvre fut complétée par son fils Ban

Yong, **assurèrent la gloire du premier siècle des Han postérieurs**. Deux historiens de cette époque, **Ban Gu et Ban Zhao**, respectivement frère et sœur du glorieux conquérant Ban Chao, **rédigèrent la chronique** de la dynastie précédente, celle **des Han antérieurs**, inaugurant ainsi un usage constant auquel s'est soumise la République populaire de Chine elle-même.

Vingt-cinq années seulement s'écoulèrent entre la mort de Ban Yong et l'époque de la décadence des Han. **Au milieu du IIe siècle, Wang Fu**, dans ses *Propos d'un Ermite,* **dresse un tableau saisissant de la misère populaire, de la corruption ambiante et de la violence de plus en plus fréquente des incursions des Qiang tibétains**. Telles sont en effet les trois causes principales de l'effondrement de la dynastie. La vie de la cour se replia sur elle-même et ne fut plus guère préoccupée que des luttes entre factions rivales (eunuques, Lettrés, clans des impératrices, etc.). C'est paradoxalement l'accroissement considérable des richesses disponibles qui, en raison de leur mauvaise répartition, finit par avoir raison de la paix et de la prospérité intérieures. La population, qu'un recensement au début de notre ère avait chiffrée à 57 millions d'habitants, était presque du double deux siècles plus tard, à la fin de la dynastie des Han postérieurs. Ainsi que le remarque Wang Fu, **une partie considérable des talents et des énergies était alors mise au service des ambitions personnelles, lesquelles ne pouvaient que se heurter entre elles, affaiblir l'ensemble de la société et faire le lit des envahisseurs barbares toujours prêts à venir piller leur riche voisin**.

Les deux derniers siècles de la dynastie des Han ne manquent **pourtant** ni de **brillants esprits**, écrivains renommés de toutes obédiences, ni d'**innovations remarquables**, de l'arrivée du **bouddhisme** en Chine à l'invention du **papier**, de la reproduction de textes par estampage, ce qui constitue **une première forme d'imprimerie**, aux **explorations lointaines**. L'artisanat atteignit une **perfection inégalée** jusque-là, surtout **dans les laques et la sculpture**, les hommes de talent furent systématiquement recherchés par tout le pays, la **Bibliothèque impériale** était **extraordinairement riche**, une administration dont le modèle durera des siècles fut mise sur pied pour lutter à la fois contre les princes et contre les grands proprétaires, **mais** rien n'empêcha la Chine de s'enfoncer dans le **désordre et l'inefficacité**. C'est que la personne de l'Empereur, sur qui reposait tout le fonctionnement d'une communauté aussi vaste, revêtait une importance capitale. Lorsque le trône était occupé par un enfant, les luttes intestines déchiraient le Palais et désorganisaient l'ensemble du pays. C'est pourquoi quelques dizaines d'années suffirent pour que tout s'effondrât.

C'est dans un tel contexte qu'**éclata, en 184, la révolte des Turbans Jaunes**. Révolte paysanne au départ, fortement teintée elle aussi de taoïsme, elle réunit plusieurs centaines de milliers d'adeptes systématiquement organisés en circonscriptions à la fois religieuses et administratives placées chacune sous l'autorité d'une sorte de grand-prêtre. **La lutte contre ce formidable soulèvement, qui ne cessait de renaître de ses cendres, emporta les dernières forces de la dynastie**. À la faveur de l'anarchie, **des Seigneurs de la Guerre se taillèrent des domaines**. Nul ne parlait plus de la cour des Han comme d'un recours possible contre les violences et les exactions. **Un chef de guerre particulièrement habile**, personnalité extraordinaire qui laissa un nom dans l'histoire de la Chine à la fois comme **stratège et** comme **poète, Cao Cao**, entra dans la capitale Luoyang avec ses troupes **en 196** et **se proclama Protecteur du Trône**. Il donna ensuite sa fille en mariage à l'Empereur et travailla tout d'abord à asseoir son autorité sur la Chine du Nord, partie la plus riche de l'Empire. Mais il eut deux rivaux, qui lui disputèrent la suprématie et se taillèrent eux aussi de vastes domaines : Sun Quan d'une part dans le Sud et Liu Bei, membre de la famille impériale des Han, dans le bassin des quatre fleuves, le Sichuan. Voilà pourquoi l'histoire a donné le nom d'**époque des Trois Royaumes** à la **période qui suivit la proclamation de la déchéance du dernier Empereur des Han en 220** par le fils de Cao Cao, qui s'arrogea le titre d'Empereur.

Les descendants de Cao Cao, mort lui aussi en 220, régnèrent sur le Nord, avec Luoyang pour capitale. Ils fondèrent le **royaume et la dynastie des Wei (220-265). Liu Bei, entouré de** ses preux fidèles et légendaires **Guan Yu, Zhang Fei et Zhuge Liang**, autre stratège et poète, se considéra lui aussi comme Empereur et héritier légitime des Han (ce que l'Histoire lui accorda) et ce fut le **royaume de Shu et la dynastie des Shu Han ou Petits Han (221-263)** avec Chengdu pour capitale dans l'actuel Sichuan. Quant à **Sun Quan**, il se proclama Empereur comme ses deux rivaux et fonda le **royaume et la dynastie de Wu (229-280)** en établissant sa capitale à Jianye, l'actuelle Nanjing (Nankin). La lutte entre ces trois royaumes donna lieu à une épopée équivalente à ce qu'est *La Chanson de Roland* dans l'histoire politique et littéraire française. Les héros en sont connus de tous les Chinois et, aujourd'hui encore, apparaissent dans d'innombrables récits, ballades, poèmes, bandes dessinées, films ou feuilletons.

Entre 280 et 316, la dynastie des Jin de l'Ouest parvint à réunir à nouveau les pays chinois. De 317 à 420, une seconde dynastie Jin, dite Jin de l'Est occupa le Sud tandis que les provinces du Nord se partageaient en **seize royaumes barbares**. La période suivante, **de 420 à 589,** est appelée par les historiens chinois **Période des dynasties du Sud et du Nord**.

Ces trois siècles de **conditions** politiques et donc économiques particulièrement **incertaines n'ont** cependant **empêché ni** l'entreprise par plusieurs de ces entités autonomes de **travaux d'irrigation, ni** l'existence d'un **commerce** entre elles s'accommodant de monnaies différentes, **ni l'établissement** progressif **de grands monastères bouddhistes**, vastes domaines agricoles à l'intérieur desquels régnait une paix relative. Un certain nombre de révoltes populaires ont d'ailleurs été menées par des moines bouddhistes. **La population diminuait cependant**, surtout dans le Nord où la pression barbare se faisait plus forte, **l'insécurité régnait partout** et nul ne savait plus trop à qui se fier. **Cet environnement peu favorable a pourtant vu éclore une vie intellectuelle et spirituelle exceptionnellement intense**, comme si la très grande fragilité de l'existence avait incité les penseurs à se tourner vers des horizons éloignés d'une vie quotidienne aussi ingrate.

C'est alors qu'apparut en effet, dans le milieu lettré, l'habitude de s'adonner entre soi à ce qu'on appela les « conversations pures » (*qingtan*), extraordinaire mélange de poésie, d'érudition et de sophistication. Le *Nouveau Miroir des choses du monde (Shishuo xinyu)* de Liu Yiqing nous en donne de célèbres et difficiles exemples. C'est également l'époque où parurent des ouvrages importants de **réflexion sur l'art littéraire (Cao Pi, Liu Xie), sur la peinture (Xie He), sur la musique (Ji Kang)**, et où la calligraphie accéda à une perfection toujours citée en modèle depuis lors (Wang Xizhi). **Les classiques taoïstes (Daodejing, Zhuangzi, Liezi) furent édités**, des lettrés se penchèrent avec acuité sur les textes anciens dont ils donnèrent des commentaires parfois fulgurants (Wang Bi). Autant l'image sociale et politique de ces temps est instable et semble devoir anéantir toute éclosion culturelle, autant **la production littéraire et artistique est vive, brillante, diverse.**

Une des conséquences de tant de bouleversements est la **création au sud d'une capitale, c'est-à-dire d'une vie de cour**, d'un centre de culture et de raffinement. Appelée d'abord Jianye, puis Jiankang, cette cité, bâtie, on l'a vu, sur le site de l'actuelle Nanjing (Nankin), devint le refuge de la civilisation chinoise à l'abri des Barbares qui s'étaient emparés de la Chine du Nord. Celle-ci ne sombre pourtant pas dans la barbarie, ce sont au contraire **les Barbares,** en l'occurrence les redoutables Tabgatchs (en chinois *Tuoba*) qui **se sinisent** à l'époque des dynasties du Sud et du Nord, comme avait fait avant eux le Tibétain Fu Jian qui avait fondé un royaume sinisé (357-385) où il privilégiait le confucianisme tout en protégeant le bouddhisme. La langue chinoise fut imposée à tous les fonctionnaires de la dynastie tuoba des Wei, puis elle devint seule langue de la cour, le costume chinois remplaça le costume turc (les Tuobas sont des peuples turcs), les croyances de la religion tuoba qui ne s'accordaient pas avec le confucianisme ou avec le bouddhisme furent abandonnées. La capitale enfin fut transférée à Luoyang en 494. **Le bouddhisme fut favorisé par la Cour du Nord comme par celle du Sud et de splendides sanctuaires, comme les grottes de Longmen, furent édifiés** au grand dam des Lettrés confucianistes qui étaient effarés du coût de telles entreprises, tandis que des pèlerins étaient officellement mandés en Inde pour collecter des textes. C'est dans la seconde moitié du VIe siècle que fut fondé dans le Zhejiang le **monastère de Tiantai, toujours en activité**, et qui fut à l'origine d'un courant bouddhiste fort important au Japon. **Taoïsme et confucianisme sont aussi vivants que le bouddhisme**, ce qu'attestent de nombreux textes importants publiés ou édités à cette époque.

Malgré le morcellement de la Chine, le souvenir de la gloire des Han n'était pas éteint, et plus d'un Empereur de ces dynasties éphémères s'est inspiré des réformes confucianistes des Han pour tenter de remettre de l'ordre dans un monde désorganisé. C'est à un homme du Nord qu'il revient d'avoir à nouveau réalisé le rêve de l'unité. Ministre d'un souverain-enfant de la dynastie des Bei Zhou, **Yang Jian usurpa le pouvoir, conquit l'Empire du Sud et fonda en 589 la dynastie des Sui dont la capitale fut Chang'an.** Habile politique, il sut à la fois faire régner l'odre à l'intérieur et en imposer à l'extérieur. Il vécut cependant trop longtemps aux yeux de son fils, qui le fit assassiner afin de jouir plus tôt du trône qu'il occupa avec un faste impressionnant. Il fit creuser (ou réparer) le Canal impérial, qui relia Chang'an à l'embouchure du Yangzi jiang (fleuve Bleu), facilitant grandement les relations entre le Nord et le Sud de l'Empire, enrichit la magnifique Bibliothèque impériale commencée par son père et fit construire des palais somptueux. **Tout semblait réussir à Yangdi (604-617), lorsqu'une, puis plu-**

sieurs expéditions contre la Corée tournèrent au désastre. Les royaumes turcs en profitèrent pour se soulever et le poids des impôts et des corvées entraînés par ces campagnes militaires devint insupportable. Une fois de plus, l'Empire était prêt à se disloquer si une poigne assez ferme ne se présentait pas.

C'est **Li Yuan**, originaire d'une ancienne famille de l'Ouest, qui fut cet homme providentiel. Poussé par un fils aussi bon stratège que bon administrateur, il **s'empara de Chang'an et fonda la dynastie des Tang en 618**. De nombreuses péripéties s'ensuivirent, au terme desquelles Li Yuan céda le trône à celui de ses fils, Li Shimin, qui l'avait poussé à s'en emparer. Auparavant, ce dernier avait, à contre-cœur semble-t-il et pour éviter de devenir leur victime, tué deux de ses frères. **Li Shimin fut un des plus grands empereurs de l'histoire de la Chine**. Il est connu sous son nom posthume de **Taizong (627-649)**. Le règne de Taizong inaugure un siècle particulièrement faste qui a laissé des empreintes profondes dans la mémoire chinoise.

Une **réforme agraire** avait été promulguée en 624, prévoyant la répartition égale de la terre et de l'imposition sur les bénéfices qu'elle procurait entre tous les paysans. **L'État devint le seul émetteur de monnaie, le fonctionnement du gouvernement et de l'administration fut entièrement réorganisé, le système des examens rétabli et la justice fut désormais rendue en application du code des Tang**.

Taizong s'employa à réduire les peuples frontaliers : Turcs (*Tujue*) orientaux de Mongolie, puis Turcs occidentaux du Turkestan, roitelets des oasis de la Route de la Soie. Le roi du Tibet épousa une princesse chinoise. Il manda des ambassades en Inde et au Japon, faisant ainsi connaître partout la suprématie chinoise. **Le Japon prit alors directement modèle sur la Chine** (plan de la capitale, institutions, administration, écriture) et la Corée, pourtant rebelle à toute conquête chinoise, demeura néanmoins sinisée.

Mais c'est aussi, et sans doute surtout, par l'excellence de son administration que **Taizong** laissa le souvenir d'un souverain exceptionnel. Pour rendre à la Chine la grandeur qu'elle avait eue auparavant, il **s'inspira des règles administratives des Han tout en les perfectionnant** de façon à édifier ce qui fut sans doute le plus extraordinaire système de ce type jamais mis en œuvre.

Base de tout l'édifice, **l'enseignement des Lettrés confucianistes fut remis en honneur**, comme à chaque tentative de remise en ordre

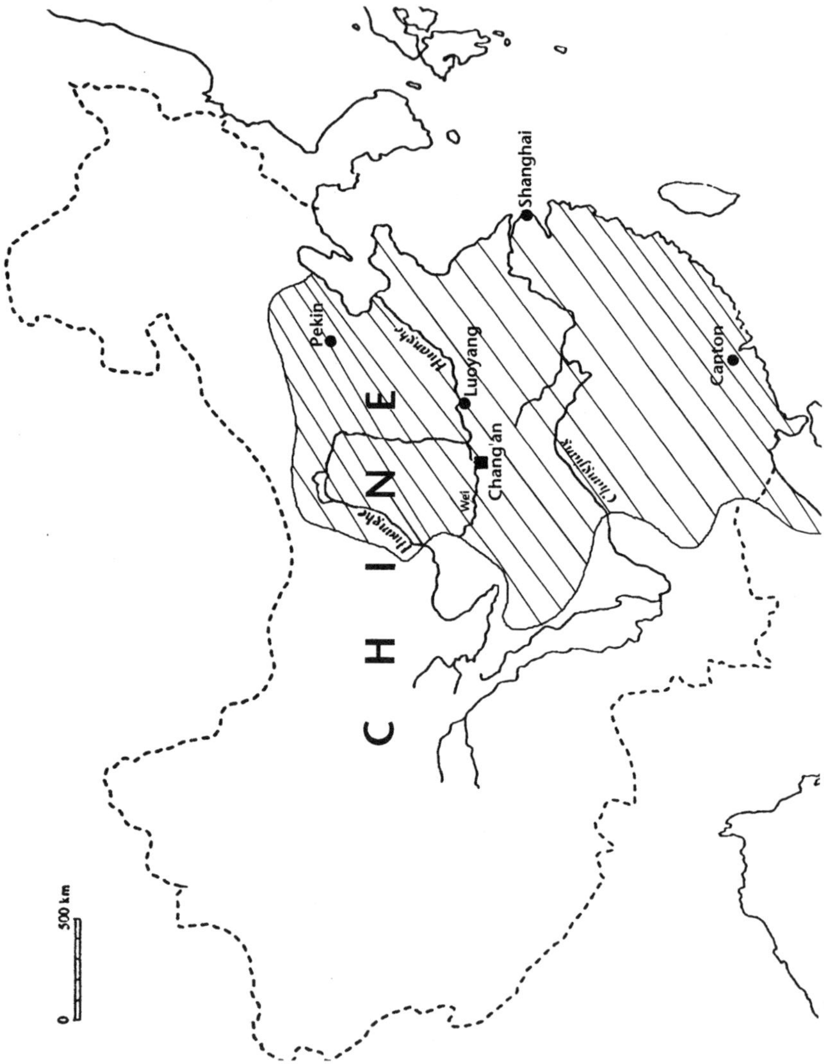

L'Empire des Tang

des institutions. Cela s'explique par le double souci de transmettre le savoir et de faire régner justice et ordre dans la société, qui est au fondement même des idées confucéennes. La **diffusion de l'imprimerie** vint à point pour favoriser ces vues. C'est dans cet esprit que **fut également réorganisée l'Université, le but étant d'assurer** aux meilleurs éléments de la population **l'accès aux postes administratifs sans distinction de naissance ou de fortune**. Le code pénal des Tang fut nettement moins sévère que les précédents, et toute la structure de **l'administration fut** minutieusement **mise en place avec** une **perfection** jamais atteinte auparavant. Taizong s'efforça aussi de lutter contre la prolifération des grands domaines monastiques, qui échappaient à l'impôt et à la redistribution des terres. La rencontre qu'il fit d'une des figures les plus remarquables du bouddhisme chinois, le fameux pèlerin Xuan Zang, tempéra cependant son souci de mettre un frein à l'expansion de cette religion en Chine. **Au cours de quatorze années de voyages qui le menèrent jusqu'à Bénarès, Xuan Zang collecta textes, informations de toutes sortes et œuvres d'art qu'il rapporta ensuite à Chang'an**.

Les vingt-deux années du règne de Taizong suffirent donc à assurer non seulement la paix pour un siècle, mais encore la force de l'idée unitaire en Chine. **Les périodes de fragmentation seraient désormais en minorité, alors qu'elles avaient jusque-là occupé la plus grande partie de l'histoire**. Le règne de Gaozong (650-683), fils de Taizong, fut placé sous l'influence de la terrible **impératrice Wu Zetian** qui **régna** dans le sang, après la mort de son époux, **jusqu'en 704**.

Le long règne de **Xuanzong (713-756) marque une apogée de la poésie et de la peinture**. Les noms de centaines de poètes, de peintres, de calligraphes qui sont parvenus jusqu'à nous témoignent de l'amour de l'Empereur pour les arts et les lettres. **Xuanzong ne délaissa cependant ni l'administration, ni les relations avec les voisins de l'Empire**, Turcs, Arabes, Tibétains, qui furent soumis ou renvoyés plus loin. **Mais, à 54 ans, il se prit pour la belle Yang Guifei d'une passion** demeurée légendaire et **qui porta un coup fatal à la dynastie et à l'Empire des Tang**. Le règne si bien commencé sombra dans un désordre et une incurie tels qu'un ancien protégé de l'Empereur, **An Lushan, prit en 755 la tête d'une armée et occupa la capitale Chang'an**. L'Empereur et la Cour s'étaient enfuis mais la garde impériale qui les accompagnait se souleva, tua le frère et les sœurs de **Yang Guifei** et exigea la mort de la concubine bien-aimée, qui **fut étranglée par un eunuque**. Xuanzong abdiqua peu après.

L'HISTOIRE

L'époque de la grandeur des Tang était terminée. Il fallut plus de dix ans pour rétablir l'ordre dans l'Empire, dont les souverains désormais s'épuiseront, jusqu'en 907, à lutter contre les gouverneurs provinciaux, les peuples frontaliers, les révoltes paysannes et des rebellions de toutes sortes.

Cela n'empêcha ni la floraison des arts, ni celles des religions (le christianisme nestorien, l'islam, le manichéïsme sont attestés dans la Chine des Tang, où prospèrent le bouddhisme et le taoïsme). Un des plus grands écrivains confucéens, Han Yu, vécut lui aussi à cette époque. Le commerce connut un essor extraordinaire et **c'est**, malgré un dernier siècle et demi assez sombre, **l'image d'un âge d'or que la dynastie a laissé à la postérité**.

CHRONOLOGIE FONDAMENTALE

Période légendaire

Les Trois Augustes et les Cinq Empereurs (-4477-2207)

(Souverains civilisateurs à l'époque desquels sont supposés avoir été inventés l'agriculture, l'habitat construit, le vêtement, la médecine, le char, le bateau, les boissons fermentées, etc.).

Les derniers sont :

Yao (dates légendaires : -2357-2257).
Shun (dates légendaires : -2257-2207).
Dynastie des Xia (dates légendaires : -2207-1766).
Yu-le-Grand (roi fondateur, dates légendaires : -2207-2197).
Jie (souverain de perdition, dates légendaires : -1818-1766).

Période historique

Dynastie des Shang-Yin (dates supposées : -1765-1122).
Tang ou Cheng Tang (roi fondateur en -1765) conseillé par Yi Yin.
Zhou des Yin appelé aussi Di Xin (souverain de perdition : -1154-1122).

La liste des rois attestés par les découvertes archéologiques correspond à la liste traditionnelle.

XVIIe siècle av. notre ère : apparition de l'écriture.
XVe-XIe siècles : bronzes magnifiques.
XIIIe siècle : premières villes ceintes de murailles en terre damée.
Palais, rites, divination dont les structures ont traversé l'histoire.

L'HISTOIRE

Dynastie des Zhou (-1121 -256 avant notre ère)
plusieurs capitales dont Luoyi (actuelle Luoyang)

Le père du Roi Wu est déclaré Roi Wen à titre posthume par son fils Wu (archétype du bon roi : -1121-1115) conseillé par Zhougong.

Cheng (au début sous la régence de son oncle Zhougong, -1115-1078).

… …

Li (mauvais roi : -878 -841).

… …

-770 : changement de capitale.

… …

Nan (-314-256).

Extension géographique de la culture chinoise
Premiers textes (IXe-VIIIe siècles avant notre ère, collectés plus tard)
Livre des odes (*Shijing*), *Livre des documents* (*Shujing*), *Livre des mutations* (*Yijing*),
Notation de rituels et d'organisation administrative,
Bronzes plus gauches que sous les Shang.

Période des Printemps et Automnes : -722 -481.

Durant cette période sont tenues les *Annales de la Principauté de Lu* (*Chunqiu*), révisées sans doute par **Confucius (-551 -479).**

-685 -591 : les Cinq Hégémons contrôlent successivement les Fils du Ciel Zhou.

-685 -643 : règne du duc Huan de Qi, conseillé par Guan Zhong.

-522 : mort de Zichan, premier rédacteur d'un code de lois et châtiments (pays de Zheng).

Période des Royaumes combattants : -453-222

Sept grands pays demeurent finalement en lutte : Zhao, Wei, Han (dits les trois Jin), Yan, Qi, Chu et Qin, qui finira par l'emporter

Les Cent Écoles
Confucianistes : Zisi (-485 -420?) petit-fils de Confucius, Mengzi (-371 -289), Xunzi (-310 -230).

Taoïstes : Laozi (ve s.?), Yang Zhu (IVe s.), Zhuangzi (IIIe s.).

Légistes : Shang Yang (-385 -338), Han Feizi (-290 -234).

Écoles des stratèges Sunzi (IVe siècle), Sun Bin (fin du IVe siècle).

Ecole moïste : Mozi (-460 -400), anti-ritualiste.

École des noms : Hui Shi (-380 -305), Gongsun Long (-333 -250).

École du *Yin*-et-du-*Yang* : Zou Yan (env. 300-250).

Éclectisme : *Lüshi Chunqiu* (*Printemps et automnes de Lü Buwei*), recueil éclectique et encyclopédique composé vers 240

Poésie : *Élégies de Chu* (*Chuci*), de Qu Yuan (-340 -278 ?).

Développement des villes fortes.

Construction de murailles défendant les frontières des pays.

Apparition de la technique de la laque (objets).

Instruments de musique.

Dynastie des Qin (-221 -207)
capitale : Xianyang (actuelle Xi'an)

Qin Shi Huangdi (roi de Qin depuis 246, Empereur -221 -210).
Ershi Huangdi (-209 -207).

Régime policier.
-221 -215 : achèvement de la Grande Muraille.
Unification des coutumes et usages des pays chinois.
-213 : Édit contre les Lettrés.
-234 -208 : Ministère du légiste Li Si (exécuté en -208).
-211 -210 : Tombeau de Qin Shi Huangdi à Xi'an.

Dynastie des Han Antérieurs (-206 + 8)
capitale : Chang'an (actuelle Xi'an)

Gaozu (-206 -195).

Huidi (-195 -188).

Gao Hou (-187 -180).

Wendi (-179 -157).

Jingdi (-156 -141).

Wudi (-140 -87).

Zhaodi (-86 -74).

Xuandi (-73 -49).

L'HISTOIRE

Yuandi (-48 -33).
Changdi (-32 -7).
Aidi (-6 -2).
Pingdi (-1 av. notre ère - 5 de notre ère).
Ruzi Ying (-6 -8 de notre ère).

Refonte de l'administration
-194 : une partie de la Corée est sinisée.
-134 : officialisation du système des examens.
Lutte contre l'aristocratie.
Début de la rédaction du Code des Han.
Pacification des marches de l'Empire et extension territoriale.
-119 : monopoles d'État sur le fer et le sel.
-111 : le Viêt-nam passe sous influence chinoise.
Ier siècle av. n. è. : ouverture de la Route de la Soie.
IIe siècle de n. è. : recensement (l'Empire a plus de 57 000 000 h).

Compilation des textes classiques : Liu Xiang (-77 -6) et Liu Xin (-32 + 23).
Confucianisme : Jia Yi (-200-168), Dong Zhongshu (-195-115), Yang Xiong (-53 + 18).
Taoïsme : *Huainanzi*, recueil écrit sous la direction de Liu An (-180 -122).
Poésie : Sima Xiangru (-179 -118).
Histoire : Sima Qian (-141 -86), premier historien chinois : *Shiji* (*Annales historiques*).
Alchimie : Li Shaojun (sous Wudi).
Médecine : une partie du *Suwen.*
Peinture : bannière de Mawangdui (168).
Sculpture Han (statuaire).
Terres cuites funéraires.
Gravure sur pierre des *Cinq classiques*.

Usurpation de Wang Mang : dynastie des Xin (-9 +25)
capitale : Chang'an (actuelle Xi'an)
Wang Mang (-9 +23).
Huaiyang Wang (24-25).

Réforme agraire : la terre appartient à l'État.
Lutte contre les grands propriétaires.

Limite stricte du nombre d'esclaves pour les particuliers.
Contrôle des prix.

Sécheresses, inondations, famines.

Dynastie des Han postérieurs (25-220)
capitale : Luoyang

Guangwudi (25-57).
Mingdi (58-75).
Zhangdi (76-88).
Hedi (89-105).
Shangdi (106).
Andi (107-124).
Shaodi (125).
Shundi (126-144).
Chongdi (145).
Zhidi (146).
Huandi (147-167).
Lingdi (168-188).
Shaodi (189) (même nom que celui qui régna en 125).
Mindi appelé aussi Xiandi (190-220).

23-25 : rétablissement de l'ordre, après la prise de Chang'an par la révolte paysanne des Sourcils Rouges.
35, 39 : réformes foncières.
Ier **et IIe siècles** de notre ère : rédaction progressive du Code des Han
76-87 : reconquête des territoires perdus (Général Ban Chao 31-102).
150-200 : luttes entre les eunuques et les lettrés.
Influences des clans des Impératrices.
Pertes de territoires (attaques des Xiongnu et des Qiang).
184 : début de la révolte paysanne des Turbans Jaunes.

vers 60 : apparition du bouddhisme en Chine.
Invention du papier.
vers 150 : Zhang Daoling (env. 100-160?) puis son petit-fils Zhang Lu, fondateurs mythiques d'une secte taoïste religieuse où leur

famille est toujours active dix-neuf siècles plus tard.

Histoire : Ban Gu (32-92) et sa sœur Ban Zhao : *Annales dynastiques des Han antérieurs (Qian Hanshu).*
Critique : Wang Chong (27-97) : *Lunheng.*
Confucianisme : Wang Fu (90-165), Cui Shi (110-170), He Xiu (129-182), Zheng Xuan (127-200).

Artisanat florissant : laque, miroirs de bronze, terres cuites.

- **Les Trois Royaumes (221-265)**

Shu Han ou Petits Han(221-263) capitale : Chengdu
Liu Bei, nom de règne : Shaoliedi (221-223).
Houzhu (224-263).

Liu Bei est aidé des preux Guan Yu, Zhang Fei et Zhuge Liang.

Wei (220-265) capitale : Luoyang.
Wendi (220-226), fils de Cao Cao.
… …
Yuandi (261-265).
Wu (222-280) capitale : Wuchang.

Dadi (222-252).
… …
Modi (264-280).

- **Les deux dynasties Jin**

Ouest (265-316).
capitale : Luoyang.
Est (317-420).
capitale : Jiankang (actuelle Nankin).
Sous les Jin occidentaux, la Chine est réunifiée.
Pendant la dynastie des Jin Orientaux, la Chine du Nord connaît la période dite « des Seize Royaumes ».

Morcellement politique.
Misère populaire.
Assauts des Barbares.
Bouddhisme : pèlerinage de Faxian à la recherche des sources bouddhistes (399-413).

Poésie
Cao Cao (155-220) et Zhuge Liang (181-234), hommes de guerre et poètes,
Cao Pi (187-226), fils de Cao Cao, Empereur sous le nom de Wendi, poète et auteur du *Dianlun lunwen*, premier ouvrage connu de critique littéraire,
Cao Zhi, frère de Cao Pi,
Ruan Ji (210-263),
Ji Kang, appelé aussi Xi Kang (223-262), auteur du *Qinfu* (Description poétique du *qin*),
Tao Yuanming (365-427), poète taoïste.

Philosophie
Wang Bi (226-249) commentateur de Laozi, du *Yijing* (*Livre des mutations*) et du *Lunyu* (*Entretiens de Confucius*),
Guo Xiang (252-312), **taoïste,**
Ge Hong (283-343), **alchimiste**, auteur du *Baopuzi* (*Le Maître qui embrasse la Simplicité*),
Liu Yiqing (403-444) compilateur du *Shishuo xinyu* (*Nouveau miroir du monde*), recueil de « conversations pures ».
Bouddhisme : Zhi Dun ou Zhi Daolin (314-366), Huiyuan (344-416), Kumârajîva (344-413).

Calligraphie : Wang Xizhi (321-379).
Peinture : Gu Kaizhi (346-407).

- **Dynasties du Sud et du Nord (420-589)**

Sud : **Liu Song (420-478).**
Nan Qi (479-501).
Liang (502-587).
capitale : Jiankang (actuelle Nankin).

Wudi des Liang (502-549)
puis cinq souverains entre 550 et 557.

Hou Liang (555-587) capitale : Jiangling.
Chen(557-588) capitale : Jiankang (actuelle Nankin).

Nord : dynasties tuoba = tabgatch
Bei Wei (386-534) capitale : Pingcheng (actuelle Datong) puis Luoyang.
Dong Wei (534-550) capitale : Luoyang.
Xi Wei (535-556) capitale : Chang'an(actuelle Xi'an).
Bei Qi (550-577) capitale : Ye.
Bei Zhou (577-581) capitale : Chang'an.

Émiettement de l'espace chinois, rivalité Nord barbare-Sud chinois. Sinisation systématique des Tuobas, au nord.

502-549 : Wudi des Liang, au sud, restaure l'État confucianiste tout en favorisant le bouddhisme, son fils le prince Zhaotong (501-531) fait compiler la première anthologie systématique de tous les textes antérieurs, le *Wenxuan.*

Taoïsme : Lu Xiujing (406-477) et Tao Hongqing (456-536).

Bouddhisme : Bodhidharma (VIe **siècle) fonde la secte chan** (*zen* **en japonais).**

L'usage du thé se répand en Chine.

Travail de l'acier.

Échanges commerciaux entre les différents pays chinois et avec les pays lointains.

Confucianisme : Fan Zhen (450-515) auteur du *Shenmielun* (Traité sur la destructibilité de l'esprit).

Réflexion sur l'art : **Xie He (env. 480-550)**, peintre, auteur du *Guhua pinlu* (*Répertoire critique des peintres anciens*).

Liu Xie (465-522), confucianiste, auteur du *Wenxin diaolong* (*Esprit littéraire et gravure de dragons*), essai sur les genres littéraires.

Sculpture bouddhiste Wei : grottes de Yungang et de Longmen.

Tissus précieux et céramiques.

- **Dynastie des Sui (589-617)**

Capitale : Chang'an (actuelle Xi'an)
Wendi =Yang Jian, Roi en 581, Empereur en 589 (589-604).
Yangdi (605-616).
Gongdi You (617).
Gongdi Tong (618).

Réunification de la Chine.
580-600 : unification de la monnaie, réforme agraire, réforme des impôts.
605 : percement du Grand Canal.
610 : construction du premier pont à arches segmentées.
612-618 : campagnes militaires ruineuses et sans succès.
618 : révoltes paysannes, assassinat de l'Empereur.

- **Dynastie des Tang (618-907)**

Capitale : Chang'an (actuelle Xi'an)

Gaozu (618-626).
Taizong (627-649).
Gaozong (650-683).
Zhongzong (684).
Ruizong (684).
Impératrice Wu Zetian (685-704).
Zhongzong revient sur le trône (705-709).
Ruizong règne à nouveau (710-712).
Xuanzong (713-756) abdique en 754.
Suzong (757-762).
Daizong (763-779).
Dezong (780-804).
Shunzong (805).
Xianzong (806-820).
Muzong (821-824).
Jingzong (825-826).
Wenzong (827-840).
Wuzong (841-846).

Xuanzong (847-859), ce nom n'a pas la même orthographe en chinois que celui de Xuanzong qui régna de 713 à 756.
Yizong (860-873).
Xizong (874-888).
Zhaozong (889-904).
Zhaoxuandi (905-907).

Nouvelle extension de l'Empire

621 : réorganisation administrative, monétaire, fiscale.

624 : réforme agraire.

627 : pèlerinage de Xuan Zang jusqu'en Inde.

630 : réinstauration systématique des examens.

630-680 : bonnes relations avec le Tibet.

631 : ambassade japonaise.

645 : échec militaire mais présence commerciale en Corée.

653 : code pénal des Tang.

VIIIe siècle : instauration d'un système bancaire (lettres de change, papier-monnaie).

Sinisation du Japon depuis la fin du VIe siècle.

Contrôle du Viêt-nam du Nord.

Essor du commerce, des mines et des fabriques.

740-756 : amours romantiques et désastreuses de l'Empereur Xuanzong et de la belle Yang Guifei.

745 : danger ouïgour.

751 : défaite contre les Musulmans.

763 : les Tibétains prennent Chang'an.

755-766 : révolte d'An Lushan.

845 : mesures contre la puissance temporelle du clergé bouddhique.

Mutineries incessantes.

875-884 : révolte de Huang Chao.

Confucianisme : Li Ao (env. 772-836), Han Yu (768-824).

Bouddhisme : Zhiyi (538-597), Hongren (602-674), Fazang (643-712).

Taoïsme : compilation du premier Canon taoïste (748).

Âge d'or de la poésie : Li Bo ou Li Bai (701-762), Wang Wei (701-761) également peintre, Du Fu (712-770), Bo (ou Bai) Juyi (772-846)

738 : fondation de l'Académie Hanlin, assemblée de lettrés qui durera juqu'au XXe siècle.

Épanouissement de la peinture : Yan Liben (env. 610-685), Li

Zhaodao (env. 680-750), Wu Daozi (701-792), présentation des peintures et calligraphies en rouleaux. Ouvrage capital de Zhang Yanyuan (env. 810-880) : *Lidai minghua ji* (*Essai sur les peintres célèbres du temps passé*), traité d'esthétique et d'histoire de l'art.
Construction de très nombreux monastères bouddhistes.
Sculpture : bouddhas de Longmen.
Céramiques et terres cuites polychromes.

- **Nord : les Cinq Dynasties** (907-960)

- **Sud : les Dix Royaumes** (902-979)

- **Dynastie des Song** (960-1127)
  capitale : Bian (actuelle Kaifeng)
  … …
  Huizong (1100-1125).
  … …

- **Song du Sud** (1127-1279)
  capitale : Linan (actuelle Hangzhou).

- **Dynastie mongole des Yuan** (1271-1367)
  capitale Yanjing (actuelle Pékin)
  … …
  Shizong (Kubilay Khan) (1277-1294).

- **Dynastie des Ming** (1368-1644)
  capitales : Nanjing (Nankin), puis Beijing (Pékin)
  … …
  Yongle (1403-1425).
  … …

- **Dynastie mandchoue des Qing** (1644-1911)
  capitale : Beijing (Pékin)
  … …
  Kangxi (1662-1723).
  … …
  Qianlong (1736-1796).
  … …

L'HISTOIRE

- **République de Chine** (1912)
  capitales : (Beijing) Pékin 1912-1927,
  (Nanjing) Nankin 1928-1937,
  Zhongqing 1938-1945,
  (Nanjing) Nankin 1945-1949,
  (Taipeï) Taibei depuis 1949.

- **République populaire de Chine** (1949)
  capitale : Pékin (Beijing)

Tableau traditionnel simplifié des dynasties chinoises

Xia (2207-1766 avant notre ère). Shang (1765-1122 avant notre ère). Cette dynastie fut par la suite appelée Yin entre -1401 et -1122. Zhou (1121-256 avant notre ère).
Qin (221-207 avant notre ère. Han (- 206 + 220).
Trois royaumes (220-265). Six dynasties (222-589).
Sui (581-618). Tang (618-907).
Cinq dynasties (907-960).
Song (960-1278). Yuan (Mongols, 1279-1367). Ming (1368-1644). Qing (Mandchous, 1644-1911).
République de Chine : fondée en 1912, réfugiée à Taïwan depuis 1949. République populaire de Chine, fondée en 1949.

II

L'EMPIRE ET SA CAPITALE

La pensée chinoise n'a pas pour habitude d'opérer la séparation à laquelle nous sommes accoutumés entre les éléments matériels et immatériels du monde. De la même façon, et pour les mêmes raisons, **il y a une unité fondamentale parmi les règles qui président à l'organisation des différents domaines** (géographie, politique, médecine, morale, urbanisme, poésie, agriculture, stratégie, musique, etc.) **entre lesquels se répartissent les phénomènes et les modalités d'existence de tout ce qui est en activité dans le monde**.

C'est ainsi qu'**un même principe de répartition des tâches va se trouver à l'œuvre dans la complexion du corps humain et dans la conception d'une ville**. Si les membres, nous expliquent les textes, jouissaient chacun d'un haut degré d'autonomie, nul ne parviendrait plus à diriger son corps. Si les sens travaillaient chacun pour soi, aucune réaction ne pourrait être conçue pour répondre aux stimuli extérieurs. Si les organes travaillaient indépendamment les uns des autres, aucun ne pourrait accomplir la tâche qui correspond à ses caractéristiques propres. **De même qu'un corps a besoin d'une tête et d'un cœur, un Empire a besoin d'un Empereur et d'une capitale et celle-ci ne saurait exister sans Cité impériale et sans bâtiments administratifs**. Aucun de ces éléments, enfin, n'est concevable sans les relations étroites qui le font appartenir au même ensemble que les autres.

Certes, le lieu choisi pour l'installation d'une capitale revêt une grande importance. Pour une bonne part, les motifs en sont pour les Chinois les mêmes qu'ailleurs : communications, transports, défense, facilités d'approvisionnement, etc. Mais une fois décidé l'emplacement, il faut accorder un soin particulier à la configuration de la ville elle-même, la distribution de quartiers, les axes de circulation. Le schéma selon lequel s'effectue une telle distribution est extrêmement ancien.

L'archéologie, en nous permettant de reconnaître les plans de plusieurs cités-palais de l'époque des Shang-Yin (1765-1122 avant notre ère), apporte en effet la preuve qu'on y décelait déjà plusieurs particularités que les villes chinoises ont gardées jusqu'au XXe siècle.

CHANG'AN

• LA DIMENSION SYMBOLIQUE : LE PALAIS, LA VILLE, LE MONDE

C'est en 581 que Yang Jian, qui allait fonder peu après la dynastie des Sui, décide d'établir sa capitale sur le lieu de l'ancienne capitale des Han antérieurs (-206 + 8) à Chang'an, aujourd'hui située sur le territoire de l'actuelle Xi'an, dans la province du Shanxi. Les restes d'un certain nombre de monuments datant de la Chang'an des Han située légèrement plus au nord, se trouvèrent enserrés dans la ville nouvelle des Sui et des Tang. Tel est le cas de la Terrasse des Esprits (*Lingtai*), l'Université d'État (*Taixue*), le Palais de Lumière (*Mingtang*) des Han, et différents temples et tombeaux dont celui du confucianiste Dong Zhongshu. Les caractéristiques générales de la capitale des Han, héritées des toutes premières agglomérations chinoises de l'époque des Zhou (1121-256) s'inscrivaient déjà dans la représentation cosmologique qui a présidé à la conception de la nouvelle Chang'an.

Le plan de la nouvelle capitale obéit davantage à une symbolique de la présence et de la grandeur du Fils du Ciel qu'au souci de faciliter la vie des habitants. Pour rendre manifestes et tangibles l'ordre et la structure du monde dont elle participe, la ville est construite selon un **arrangement rigoureusement géométrique et quasi-symétrique**. Elle présente un rectangle dont l'axe nord-sud mesure 8651 mètres, tandis que l'axe est-ouest mesure 9721 mètres. Cette disposition permet aux bâtiments officiels, et particulièrement à ceux dans lesquels évolue le Fils du Ciel, de faire face au Sud, ce qui en Chine est la position rituelle du souverain en son palais, du chef en son village, du père en sa maison.

Un quadrillage de rues délimite dix quartiers dans le sens nord-sud et treize dans le sens est-ouest, chaque quartier occupant un grand, un moyen ou un petit îlot. **Trois îlots font figure d'exception par leur taille : la Cité impériale**, centrale sur l'axe est-ouest et décalée vers le nord sur l'autre axe, qui comprend les palais Impériaux et la Ville impériale proprement dite (*Huangcheng*) **ainsi que les deux marchés**, celui de l'est et celui de l'ouest. La Cité Impériale prend la place de huit grands îlots, tandis que chaque marché occupe l'emplacement d'un grand îlot subdivisé en neuf carrés égaux, obéissant à la fois au schéma idéal que Mengzi avait prévu pour les terres agricoles et à la référence aux nombres trois, six et neuf. (cf. chap.VII Philosophie).

Un fossé profond de quatre mètres et large de neuf (toujours le chiffre neuf, chiffre *yang* par excellence) ceinture la ville à l'extérieur des murailles. Les côtés sud, est et ouest de la ville sont percés de trois portes chacun, tandis que le côté nord, sur lequel était adossée la Cité impériale, en comporte six. La porte principale de la capitale est située au centre du côté sud, elle s'appelle Porte de la Vertu resplendissante.

La structure de la ville, celle de la Cité impériale, comme celle des différents bâtiments qui y sont édifiés, ne sont pas sans rappeler les descriptions antiques du *Mingtang*, Palais de Lumière, que les Fils du Ciel de la dynastie des Zhou sont supposés avoir rituellement occupé. Cet édifice, construit à nouveau par chaque dynastie, n'avait peut-être jamais véritablement existé sous la forme à vrai dire peu réaliste qu'en donnent les descriptions antiques recensées à l'époque des Han. Il symbolise à lui seul l'efficacité de la Présence royale dans un rapport au monde qui fait du Fils du Ciel l'Homme par excellence, dont chaque déplacement, chaque vêtement, chaque installation dans un lieu donné exerce une influence sur l'ordre cosmique. L'axe nord-sud autour duquel il s'articule manifeste la fonction de lien social et rituel remplie par l'Empereur, axe autour duquel s'organise l'espace dans les quatre directions. En vertu du système des correspondances, chacun de ces orients est affecté d'une couleur, d'une saison, d'une note de musique, etc. (cf. chap. VII Philosophie)

Ainsi le Palais impérial est-il à la ville capitale ce que celle-ci est à l'Empire tout entier : à la fois centre et représentation symbolique. C'est exactement de la même façon que les Chinois se représentent les règles du comportement adaptées à chaque échelon de la société : individu, famille, communauté, État.

• TOPOGRAPHIE

Le cœur de la ville, le centre du pouvoir, le point d'où émane physiquement la puissance rayonnante du Fils du Ciel est le

Palais du Faîte suprême (*Taijigong*), dont l'emplacement est hautement représentatif. Fermé au nord par le vaste Parc interdit, il est entouré à l'est du palais du Prince impérial et à l'ouest des bâtiments de l'administration impériale et de magasins. Le Palais du Faîte suprême s'inscrit dans un rectangle de 1 492 mètres nord-sud sur 1 285 mètres est-ouest et ses côtés sont rythmés par des portes imposantes dont les villes et les palais subsistant en Chine, bien que plus récents, peuvent nous donner une idée approchante. **Le quartier des palais impériaux, qui n'a aucune communication directe avec la ville, s'ouvre sur la Ville impériale, elle-même ceinte de murs, par plusieurs portes dont la principale est la Porte de l'Héritage céleste (*Chengtianmen*)**. C'est par cette porte que se manifestent aux yeux extérieurs la majesté et la puissance de l'Empereur. Là se tiennent en effet les audiences du nouvel an, et c'est là que les envoyés des provinces comme ceux des pays étrangers sont admis en présence du Fils du Ciel. **À l'est et à l'ouest de cette porte s'élèvent, le long de la rue transversale, deux bâtiments destinés à recevoir ceux qui seront admis en audience. Ces bâtiments abritent respectivement la Pierre couleur-de-poumon, c'est-à-dire rouge, et le Tambour de la Réclamation**. Sur la première doit se jucher trois jours durant celui qui a été admis à se faire entendre de l'Empereur, ce laps de temps étant destiné à lui permettre de méditer afin de parler à bon escient. Le second est supposé demeurer à la disposition de toute personne s'estimant lésée ou ayant un reproche à adresser au souverain, selon une coutume censée remonter à Yu-le-Grand (2207-2198 av. notre ère). **Ainsi le lien est-il établi, au moins symboliquement, entre le souverain et son peuple**.

Tandis que **le nom de Faîte suprême évoque le passage du *Livre des Mutations (Yijing)* où il est dit que le Faîte suprême engendre le *yin* et le *yang*, lesquels donnent naissance aux quatre orients qui à leur tour sécrètent les huits trigrammes**, c'est la transmission du Mandat céleste (*Tianming*) dont est investi le Fils du Ciel qui est évoquée par le nom de la Porte de l'Héritage céleste. Ce sont donc à la fois les règles de la cosmologie et celles de l'exercice du pouvoir qui se trouvent rappelées par la configuration comme par la dénomination des monuments. On ne saurait mieux faire comprendre qu'elles reposent sur les mêmes bases. (cf. chap. VII Philosophie)

La Porte des Deux Phénix (*Fenghuangmen*), la seule ouverte sur le côté est du Palais impérial, permet un accès au Palais du

Prince impérial, tandis que deux portes communiquent avec l'ouest. Au nord, la Porte de l'Esprit sombre et martial (*Xuanwumen*) donne sur le Parc interdit. C'est au long de l'axe central nord-sud que s'élèvent les bâtiments les plus prestigieux, parmi lesquels, sorte de saint des saints, la Salle du Faîte suprême (*Taijidian*), salle du trône dans laquelle ont lieu les audiences officielles du 1er et du 15 de chaque mois. **Le Palais de l'Est, le Palais de Côté et le Grand Magasin sont disposés à l'est du Palais impérial.**

Un autre palais fut construit plus tard à l'extérieur des murs de la capitale, au nord-est, le Palais de la Grande Lumière (*Daminggong*), d'où l'Empereur pouvait jouir d'un vue plongeante sur toute la ville. Ce palais donnait sur le Parc interdit. Un dernier palais impérial, plus petit, avait été construit en ville, non loin du Marché de l'Est, le long de la muraille de la capitale : le Palais de la Venue de la Félicité (*Xingqinggong*).

La Ville impériale (*Huangcheng*) est en fait la cité administrative. Ceinte de murs sur trois côtés mais pas au nord, qui jouxte le sud du Palais impérial, elle mesure 1 843 mètres du nord au sud et 2 820 mètres d'est en ouest. C'est une nouveauté de la capitale des Sui et des Tang que de concentrer la haute administration de l'État dans un quartier séparé, distinct des habitations des hauts fonctionnaires. **Il est hautement symbolique de la puissance impériale, seule détentrice de l'autorité, que ce quartier soit séparé du reste de la capitale tout en demeurant totalement ouvert sur le Palais.** Aux quatre portes sud du Palais impérial, dont la Porte de l'Héritage Céleste, viennent s'ajouter sept portes qui s'ouvrent sur la capitale. Là encore, **la porte principale, dans l'axe de la Porte de l'Héritage céleste, est celle du Centre-Sud, elle s'appelle Porte de l'Oiseau pourpre (*Zhuquemen*) et ferme la rue du même nom, qui est la plus grande artère de la capitale.** Elle est située de manière comparable à la Porte de la Paix céleste (*Tiananmen*) que l'on peut voir aujourd'hui encore à Pékin, et remplit le même rôle. **À l'intérieur de la Ville impériale, c'est le long de cet axe prestigieux que se répartissent les six ministères.** En allant du sud au nord, on trouve à l'est le Ministère de l'Intérieur, le Ministère des Finances et le Ministère des Rites ; à l'ouest, le Ministère des Armées, le Ministère de la Justice et le Ministère des Travaux publics. Y travaillent en tout, dans la première moitié du VIIIe siècle, 1 293 fonctionnaires de tous rangs (cf. chap. III, les institutions et l'exercice du pouvoir). Une quantité d'autres organismes, administrations, bibliothèques, archives, sont regroupés dans cette enceinte, qui abrite notamment les Neuf Cours (*jiu si*), au nombre desquelles une Cour des Proclamations à Voix haute (*honglusi*), c'est-à-dire destinée à accueillir ceux qui ont coutume de parler plus fort que les Chinois, les étrangers, lesquels bénéficient en outre d'une hôtellerie.

Quatorze des seize régiments de la Garde impériale ont leur quartier dans la Ville impériale. Les deux autres, chargés de la police de la capitale, sont cantonnés au milieu des quartiers d'habitation. On ne connaît pas exactement le nombre d'hommes que comportait chacun de ces régiments, mais il paraît raisonnable de l'estimer à quelque cinq mille.

• LES QUARTIERS

Chang'an est ceinte de murailles et entourée d'un fossé profond de quatre mètres et large de neuf. La ville, quadrillée par onze rues orientées nord-sud et quatorze orientées est-ouest, a pour porte principale la Porte de la Vertu lumineuse, laquelle s'ouvre plein sud. Six rues, appelées précisément les Six Rues (*liu jie*), traversent la ville d'une porte à l'autre, à l'exception de la Rue de l'Oiseau pourpre, qui aboutit à la Ville impériale et n'est donc plus, à partir de là, accessible au public.

Lors de sa nouvelle fondation à l'époque des Sui et des Tang, la ville compte cent neuf secteurs, ou quartiers, de forme géométrique et délimités par les croisements des rues. Chaque quartier a reçu un nom (par exemple, Quartier de la Joie pérenne, Quartier de l'Harmonie éternelle, Quartier de la Muraille d'or, Quartier de la Longue Vie, Quartier de la Vertu rayonnante, etc.), et chacun est clos de murs et commandé par des portes. Des ruelles intérieures aux quartiers les divisent à leur tour en différents secteurs, quatre en théorie mais plus le temps passa et plus capricieuse devint la division en secteurs. **Les rues sont bordées de murs qui ne s'ouvrent qu'aux portes des maisons et parfois à des échoppes, mais jamais à des fenêtres**. Certaines riches demeures, qui appartiennent à des personnes d'un rang au moins équivalent à celui de fonctionnaire de troisième classe (cf. chap. III, La hiérarchie mandarinale), comportent en outre des ouvertures sur les rues principales, et donc échappent au contrôle des portes du quartier.

De nombreux temples taoïstes, monastères bouddhistes, postes de police et autres bâtiments officiels ou semi-officiels sont répartis dans les différents quartiers. C'est ainsi que l'Administration préfectorale de la capitale et les appartements privés du préfet sont installés dans le quartier de la Vertu rayonnante. Chang'an est par ailleurs divisée en deux secteurs, Est et Ouest, qui forment chacun une circonscription administrative autonome pourvue de ses propres bureaux et postes de garde. La concurrence que se livrent le taoïsme et le bouddhisme (cf. chap. VI, Les « trois religions ») apparaît jusque dans la dénomination et la situation de leurs lieux de culte respectifs : dans le même quartier, celui de la Tranquillité universelle, existent un Temple de la Lumière de l'Est, taoïste, et un Monastère de la Lumière de l'Ouest, bouddhiste !

L'entrée dans la ville et l'entrée dans chaque quartier sont surveillées, selon une habitude qui a perduré en Chine jusqu'à nos jours, où l'on voit à chaque croisement de rues importantes les surveillants de quartier pourvus de leur brassard rouge. La circulation est facilitée par la grande largeur des rues : plus de cent mètres pour les trois axes principaux nord-sud et pour l'axe est-ouest qui longe le côté sud de la Ville impériale, cinquante mètres en moyenne pour les autres axes. Les rues principales des quartiers sont, quant à elles, larges d'une quinzaine de mètres.

Chang'an comporte deux marchés installés symétriquement à l'est et à l'ouest de la ville, rappelant la disposition des poumons dans un corps humain. Quant à l'approvisionnement en eau des différents quartiers, il est assurée par les puits situés près des cuisines de chaque maison et aussi, tout comme l'évacuation des eaux pluviales et des eaux usées, par le creusement de nombreux canaux qui drainent jusqu'en ville l'eau des deux fleuves environnants.

De nombreux hauts personnages habitent en ville. Ils y possèdent souvent de véritables propriétés, avec de vastes jardins d'agrément et des bibliothèques dont la renommée a parfois traversé les siècles (cf. chap.X, Habitations). Les temples des ancêtres de ces familles sont parfois situés dans un autre quartier que leur habitation principale. **Certains quartiers sont spécialisés dans une activité, comme celui de la Haute Vertu où l'on peut trouver la plus grande partie des luthiers et facteurs d'instruments de Chang'an. Et de même il y a un quartier du thé, un quartier de**

la soie, etc. Beaucoup d'étrangers à la ville, à la province et même au pays viennent séjourner à Chang'an pour mille raisons, aussi **les auberges sont**-elles **fort nombreuses et réparties dans tous les quartiers.**

• CHANG'AN SOUS LES TANG

Il est intéressant de constater que le mot qui désigne les quartiers des villes est *li*, dont le sens originel est village, bourgade, et qui désigne aussi une mesure de longueur (environ un demi-kilomètre). C'est donc en référence à la communauté villageoise et non par contraste avec elle qu'est conçue la ville. D'ailleurs, **la capitale contient aussi bien des parcs, des jardins, que des vergers, potagers et champs de cultures vivrières.**

Nous avons, en Occident, la notion de villes au sein desquelles une bourgeoisie de plus en plus puissante eut tendance à affirmer sa richesse et ses libertés par opposition à une campagne où régnait sans frein l'autorité des seigneurs. Il est donc évident **pour nous** que l**a ville exerce un attrait à la fois économique et politique. L'image chinoise de la ville, et surtout de la capitale, serait plutôt inverse.** « On sait, écrit Balazs, que dans l'Occident c'est le patriciat urbain qui vendait ou louait aux artisans et aux marchands les terrains, les locaux, les ateliers, les établissements commerciaux ou industriels. **En Chine, c'est l'État qui était le propriétaire du sol, c'est l'État, ce sont les fonctionnaires qui construisaient et louaient des magasins, des entrepôts.** » Plutôt donc qu'une façon d'échapper à l'autorité, habiter la ville, et surtout la capitale, est une façon de s'en rapprocher et de lui être d'autant plus soumis. Pour prendre les choses d'un autre point de vue, souvenons-nous que c'est, en France, de Paris que sont toujours partis les mouvements révolutionnaires. En Chine, c'est le plus souvent dans des lieux éloignés du pouvoir central que se sont tramées les révoltes contre les gouvernements, à l'exception bien sûr des révolutions de palais.

Faire fortune ou échapper à l'emprise du gouvernement se fait donc plus aisément en dehors de la capitale, et même en dehors des villes, contrairement à ce à quoi nous sommes accoutumés. Les commerçants, industriels, banquiers sont non seulement tributaires de l'État pour leur installation matérielle, mais également

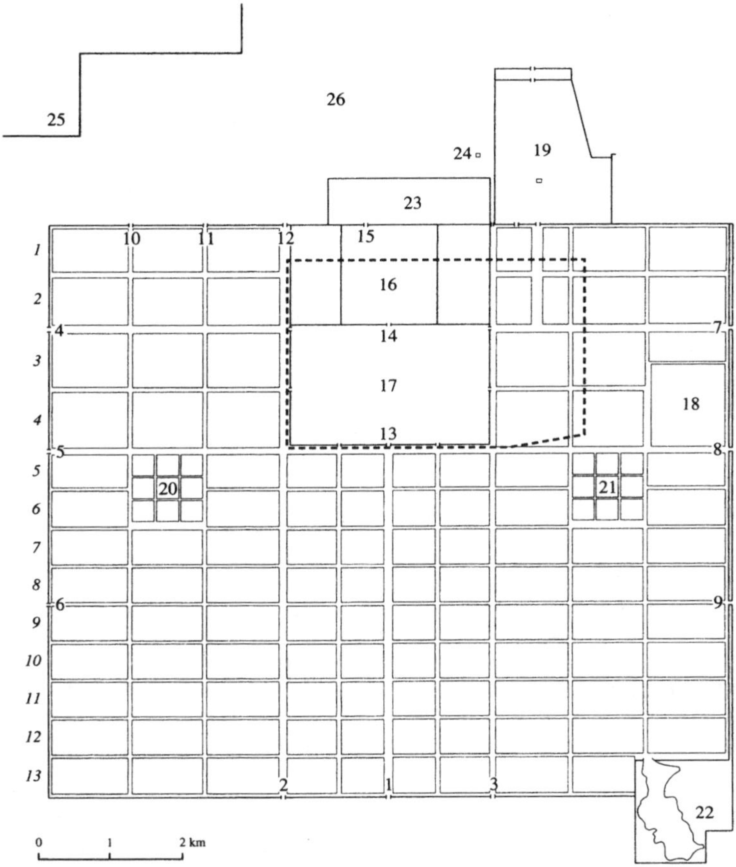

Plan restitué de la Chang'an de l'époque des Tang.

1. Porte de la Vertu lumineuse. 2. Porte de la Pacification. 3. Porte du Commencement de l'Été. 4. Porte de l'Ouverture vers le Lointain. Porte de l'Or resplendissant. 6. Porte de l'Extension paisible. 7. Porte de la Civilisation. 8. Porte de la Lumière du Printemps. 9. Porte de l'Essor bienfaisant. 10. Porte de la Splendeur civilisatrice. 11. Porte du Regard de Lumière. 12. Porte du Bosquet parfumé. 13. Porte de l'Oiseau pourpre. 14. Porte de l'Accomplissement céleste. 15. Porte de l'Esprit du Nord. 16. Palais impérial. 17. Cité interdite. 18. Palais du Bonheur advenant. 19. Palais de la Grande Clarté. 20. Marché de l'Ouest. 21. Marché de l'Est. 22. Jardin des Lotus et Bassin de la Rivière serpentine. 23. Parc intérieur. 24. Salle de la Splendeur cachée. 25. Vestiges de la Chang'an de l'époque des Han (- 206- + 220). 26. Parc interdit.
- - - - - Murailles actuelles datant des Ming (1368-1644).

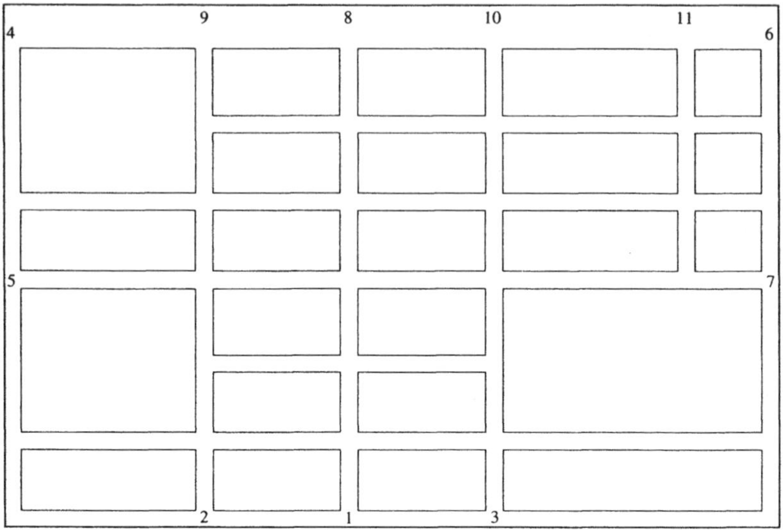

Plan restitué de la Cité Interdite.

1. Porte de l'Oiseau pourpre. 2. Porte de la Splendeur cachée. 3. Porte de la Hauteur pacifique. 4. Porte du Bonheur paisible. 5. Porte de l'Aménité et de la Justice. 6. Porte de l'Extension de la joie. 7. Porte du Vent de la Douceur. 8. Porte de l'Accomplissement céleste. 9. Porte de la Paix éternelle. 10. Porte de la Félicité perpétuelle. 11. Porte de la Clarté efficiente.

pour les règles relatives à l'exercice de leur profession, règles qui sont susceptibles d'être modifiées à tout moment en fonction des besoins de l'État. On a vu, en Europe, des banquiers étrangler des gouvernements, c'est plutôt le contraire qui se produit en Chine.

Chang'an est sévèrement noyautée par l'administration, la police et l'armée. On ne peut y circuler ni s'y installer librement. Les hôtels, auberges, pensions doivent tenir des registres et chacun, pour se déplacer d'une ville à l'autre, est tenu de se procurer papiers d'identité et ordres de mission. Chaque quartier est fermé la nuit et la ville elle-même devient alors inaccessible. Des rondes de police, ponctuées par un crieur, et des rondes militaires silencieuses assurent la sécurité des artères de la ville, ou plus exactement la surveillance de ses habitants.

C'est pourtant, malgré des conditions qui ne facilitent guère la liberté et l'initiative individuelles, l'image d'une ville à la fois brillante et cosmopolite que nous donne la Chang'an de l'époque des Tang. Dans la mesure où toute autorité, toute légitimité émane de l'État et demeure à sa merci, le prestige de la capitale est immense et dépasse même les frontières de l'immense Empire des Tang. **Les ambassades étrangères s'y succèdent** : en 630, ambassade d'un royaume indochinois ; en 631, ambassade japonaise ; en 631 encore, ambassade venue de Samarkande ; en 634, ambassade du Tibet ; en 635, ambassade de Kashgar ; en 638, ambassade de Perse ; en 648, ambassade kirghise. À quoi il convient d'ajouter les fréquentes visites rendues par les émissaires des royaumes d'Asie centrale et des oasis de la Route de la Soie, tributaires de la Chine.

Non seulement les ambassades des pays lointains apportent messages et présents, mais les étrangers en séjour à Chang'an y introduisent aussi leurs coutumes et leurs religions. C'est ainsi que sont attestés dans la capitale de nombreux cultes non chinois : il existe à Chang'an plusieurs **temples zoroastriens**, une stèle célèbre témoigne en outre de la présence dans cette ville d'une petite **communauté chrétienne nestorienne** (le nestorianisme, qui affirmait la non-divinité essentielle du Christ, avait été condamné par le concile d'Éphèse en 431), l'**islam** enfin a pénétré à Chang'an avec les ambassadeurs du roi de Perse Yezdegerd en 638 et l'on sait qu'il y a une mosquée à Canton au VIIIe siècle. Ajoutons qu'une **présence juive** est signalée à Canton dès le IXe siècle, ce qui n'aurait pu se faire sans l'aval des autorités centrales. On sait qu'une petite communauté juive vécut en Chine jusqu'au milieu du XXe siècle, date à laquelle elle semble s'être éteinte faute de descendants.

Il n'est pas aisé de chiffrer la population de Chang'an à l'époque des Tang. Le grand écrivain confucianiste Han Yu (768-824), dont l'exigence et la rigueur intellectuelles sont proverbiales, déplorait que, dans cette ville d'un million d'habitants, il n'ait eu personne chez qui aller lorsqu'il sortait de chez lui... **Une étude japonaise estime à 600 000 les habitants de Chang'an en 742**. Le fait est que, malgré le pessimisme de Han Yu, **l'attrait de la capitale est considérable. Les carrières s'y font et s'y défont, le Prince y vit, ce qui symboliquement et politiquement est primordial, les examens les plus importants s'y déroulent**. Si l'on ajoute la **présence permanente d'environ cent mille militaires** (Garde impériale, miliciens et sbires de la Préfecture et des districts), on aura une idée de la puissance qui y était effectivement concentrée.

La question du ravitaillement du Palais, de l'Administration, des troupes et de la population a incité les Tang a exercer un contrôle minutieux sur le commerce, les foires et marchés, quelques denrées essentielles (sel, thé, métaux) et les moyens de transport. L'État, propriétaire théorique de la terre, prend ainsi soin de conserver la mainmise

Porte de la Vertu lumineuse (reconstitution de Fu Xinian).

non seulement sur les produits du sol et du sous-sol, mais aussi sur leur répartition, leur circulation et leur négoce. C'est **Chang'an** encore qui **est le lieu central où se prennent les décisions économiques, où s'organisent les guildes et corporations, favorisées par l'État qui trouve là un moyen de mieux contrôler et de taxer plus efficacement la circulation des biens.** Chang'an, enfin, se veut le cœur d'un vaste réseau administratif et militaire qui couvre l'Empire tout entier, les régions sous tutelles et les pays tributaires.

L'EMPIRE

• LES PROVINCES ET LES TERRITOIRES SOUS TUTELLES

Tirant la leçon de la dissolution du pouvoir central des Zhou (1121-256 av. n. è.) due à l'importance grandissante prise par les princes feudataires, la dynastie des Qin (221-207 av. n. è.) les avait entièrement supprimés pour les remplacer par des gouverneurs de province nommés par le gouvernement et révocables par lui. La courte durée de cette dynastie ne permit pas au système de s'établir ni de prouver son efficacité. **Les premiers souverains de la dynastie des Han (- 206 + 220) ne purent éviter de récompenser leurs proches et leurs plus fidèles soutiens en ressuscitant les anciens fiefs. Ils firent toutefois en sorte de doubler les feudataires de fonction-**

naires d'État chargés en théorie de les assister et en réalité de les surveiller, et d'autre part ils rendirent amovibles les titulaires des fiefs, se réservant d'envoyer un prince dans un autre fief s'il faisait mine de porter ombrage au pouvoir central. Pour compléter ces mesures, ils rendirent finalement obligatoire la partition des fiefs entre les fils d'un prince défunt. C'est de cette façon que l'administratrion centrale reprit peu à peu possession de l'administration provinciale. Vers la fin de la dynastie, et sous la double pression du danger barbare et des révoltes paysannes, un découpage de l'Empire en commanderies militaires avait remplacé à la fois les fiefs et l'administration provinciale civile.

C'est l'organisation mise au point à l'époque des Han qui servit par la suite de modèle dans la totalité des pays chinois, qu'ils soient aux mains de dynasties chinoises ou barbares soucieuses de se siniser. Ainsi, pendant des siècles de période troublée, la Chine conserva-t-elle le souvenir précis d'une administration dont les textes proclamaient la pérennité même s'il en allait autrement dans les faits.

C'est donc **en s'inspirant directement des structures mises en place à l'époque des Han que les Tang (618-907) reprennent en mains un Empire enfin réunifié.** Ils le divisent en quinze provinces (*dao*). **Entre 755 et 766 se produit un événement qui bouleverse l'organisation administrative mise en place au début de la dynastie : la rébellion d'An Lushan.** Gouverneur militaire d'une province du Nord située dans le Shandong actuel, An Lushan reçoit un second commandement et conserve, chose inhabituelle, ces deux postes douze années durant, au lieu des trois habituelles (cf. chap. III Magistrats).

Au bout de ce laps de temps, la Cour lui confie en outre la charge d'inspecteur civil d'une province et un troisième commandement militaire, faisant ainsi de lui le véritable maître des régions Nord-Est de l'Empire. De là à vouloir mettre la main sur l'Empire tout entier, à commencer par la capitale, il n'y a qu'un pas, franchi par An Lushan en 755. Il fallut plus de huit années pour venir à bout, et à quel prix, des ambitions de ce brillant militaire.

C'est **pour éviter le retour d'une telle situation** que **le découpage administratif de l'Empire est alors entièrement refondu : il y aurait désormais trente-quatre provinces au lieu de quinze,** ce qui est destiné à ne pas placer de troupes trop nombreuses sous le commandement d'un gouverneur régional.

Le système mis au point sous les Tang, et qui perdura jusqu'à l'époque contemporaine, divise l'Empire en provinces, territoires sous tutelles et zones frontalières spéciales. **Les provinces se subdivisent à leur tour en préfectures (*zhou*)), lesquelles sont partagées en sous-préfectures ou districts (*xian*), la plus petite subdivision administrative. Cantons (*xiang*), communes ou villages (*li*), et enfin familles ou foyers (*hu*) ont respectivement des chefs qui, eux, ne font pas partie de la hiérarchie administrative**. Plus on monte dans la hiérarchie et plus, nous le verrons par la suite, une situation de concurrence existe entre fonctionnaires civils et fonctionnaires militaires (cf. chap.III, Magistrats).

Le système de recouvrement de l'impôt permet aux hauts fonctionnaires de s'enrichir considérablement, en proportion inverse de leurs scrupules. Cela peut se faire par le biais de prélèvements sur les impôts réguliers, par la création de taxes spéciales, ou encore par l'imposition de droits de passage, en créant à l'intérieur de l'Empire des postes de douane où est exigé un pourcentage en nature ou une somme d'argent à chaque transit de marchandises.

Les quelque 50 000 000 d'habitants de l'Empire sont répartis en 350 préfectures environ, le nombre de préfectures par province pouvant varier considérablement. **On distingue deux types de provinces : les provinces dites autonomes**, dont le gouverneur fixe lui-même le montant de la contribution au budget de l'État, en fonction des besoins de la défense ou de circonstances particulières (inondations, sécheresses), **et les provinces dépendant directement de la Cour**, dont le degré d'autonomie interne est moindre et dont les contributions sont plus sûrement acheminées vers la capitale (cf. chap. III, Les finances).

Les pays tributaires sont théoriquement organisés de la même façon que les provinces de l'Empire, avec les mêmes subdivisions et la même échelle de fonctionnaires. **En réalité, la Cour se contente de nommer aux postes de responsabilité les chefs locaux**, pourvu que ceux-ci assurent la paix dans leur territoire et le paiement souvent symbolique d'un tribut au Fils du Ciel, reconnaissant ainsi officiellement sa suzeraineté. **Cela permet à la fois aux chefs coutumiers de se prévaloir de l'aval de leur puissant et prestigieux voisin, et à la Chine de prétendre exercer une autorité sur ces petits royaumes souvent turbulents tout en évitant une coûteuse présence militaire**. Le nombre des préfectures des pays tributaires s'élève à 800 et leurs administrateurs locaux, pourvus de titres chinois, se transmettent héréditairement leur fonction sans aucune intervention des autorités chinoises. Ces préfectures, qui correspondent de fait à des tribus ou à des clans, sont regroupées en sept protectorats répartis d'une part entre la Mandchourie et le Turkestan, et d'autre part dans le Nord de l'actuel Viêt-nam.

• MARCHES ET FRONTIÈRES

Si une autorité en partie fictive peut assurer une certaine mainmise de la Chine sur des voisins peu puissants et enclins à se jalouser les uns les autres, il n'en va pas de même avec des peuples plus nombreux, mieux armés et surtout plus déterminés à disputer à Chang'an la suzeraineté sur des territoires qui comportent éventuellement un certain nombre de districts, voire de provinces, chinois. Les Tibétains, les Ouïgours, les Qitan se trouvent au premier rang de ces adversaires au nombre desquels il faut aussi compter les Coréens, les Mandchous, les Tangoutains et les habitants du royaume de Nanzhao au sud-ouest.

À ce danger barbare vient s'ajouter le risque que font courir au trône les ambitions personnelles de chefs militaires nommés à des postes sensibles et auxquels il est néanmoins indispensable de confier des troupes de qualité. Il s'agit donc pour la Cour de réaliser un subtil équilibre entre la nécessaire protection devant un réel danger extérieur et le pouvoir excessif des chefs militaires chargés de cette protection. La révolte d'An Lushan et la difficulté d'en venir à bout ayant brutalement montré les points faibles de ce système, **la Cour doit consacrer une partie de ses efforts à s'assurer de la fidélité des gouverneurs militaires. Rien ne peut cependant empêcher ces derniers de s'arroger des pouvoirs de plus en plus étendus**. L'éloignement de la capitale et la nécessité de trouver des subsides pour entretenir les troupes leur fournissent l'occasion de devenir de véritables potentats en leurs provinces. La précaution prise par le pouvoir central de multiplier les commanderies militaires s'avère illusoire : des liens se créent entre elles, subordonnant plusieurs districts à un homme capable d'en imposer aux autres par une volonté et une ambition plus forte. La Cour doit bientôt se contenter d'entériner les choix de personnes, les alliances et les successions décidées par ces dangereux personnages. C'est finalement dans un état de dépendance que se trouve le gouvernement central vis-à-vis des gouverneurs militaires disposant de troupes mieux entraînées et mieux payées que les siennes propres.

Le résultat est ce que la Chine connut à plusieurs périodes de son histoire, par exemple après l'instauration de la République au cours de la première moitié du XXe siècle : le règne des Seigneurs de la Guerre. Peut-être la connaissance des structures et des habitudes enracinées dans les siècles passés peut-elle nous permettre de comprendre pourquoi la position de l'armée demeure, dans le paysage politique et économique de la Chine à l'aube du XXIe siècle, une source d'incertitudes.

Ainsi le ferment de la décadence des Tang vint-il bien des frontières, non pas en raison directe des attaques de populations voisines, mais des protections mises en place pour prévenir de telles attaques. Le remède s'avéra pire que le mal.

GUAN, LE MANDARIN

III

L'ORGANISATION POLITIQUE ET SOCIALE

L'expression « corps social » correspond bien à l'image que la mentalité chinoise se fait de la société et des relations qui s'élaborent en son sein. **Le rythme du *yin* et du *yang*, l'incessante circulation des souffles vitaux et de leurs influences, l'évolution et la transformation de toutes choses selon le jeu des cinq agents tel que les règles en sont définies par le système des correspondances, tout ceci concerne aussi bien le corps humain que le corps social** (cf. chap.VII, Philosophie). Et ce n'est certes pas un hasard si le même caractère (*guan*) désigne à la fois l'organe des sens et le titulaire d'une fonction. La tête est aux membres ce que le Fils du Ciel est à la société, ce que le père est à sa famille, ce que le préfet est à ses administrés.

Tout dans le monde est organisé de façon à obéir à des lois communes, naturelles, non discutables. Ainsi le principe qui assigne une tête à un corps et un chef à une communauté (humaine ou animale) demeure-t-il incontesté. Le point de départ de la vision chinoise de la société n'est donc pas l'égalité entre tous ses membres, mais bien la nécessité absolue d'une hiérarchie entre eux. Cette nécessité est fondée à la fois sur l'observation des règles qui ont cours dans la nature et sur la recherche de la plus grande efficacité possible dans l'organisation des relations entre les humains. **Ce qui en revanche est contestable est l'aptitude de telle personne à exercer telle fonction. La règle de soumission hiérarchique qui a cours dans la nature trouve en effet ses limites au niveau humain dans la compétence de celui à qui un homme est supposé se soumettre.** « Suivre la Voie et non le Prince, suivre le sens moral et non son père », dit un adage ancien rappelé par le confucianiste Xunzi au IIIe siècle avant notre ère.

C'est donc à un double principe qu'obéira idéalement la conception de la société : d'une part, suivre la nature dans le schéma hiérarchique dont elle montre en toutes choses l'existence et l'efficacité, d'autre part, guetter la compétence de chacun pour lui attribuer la place qu'il mérite au sein de cette hiérarchie.

Au cours des âges, différentes procédures ont été mises en œuvre pour tenter de faire coïncider l'image idéale de la société avec la pratique sociale. Il paraissait évident, **dans les temps archaïques,** que **seuls les fils des grands personnages étaient à même de recevoir la formation nécessaire à l'exercice de hautes responsabilités.** Le temps passant et la population concernée augmentant, il fallut bien se rendre compte que l'hérédité automatique des charges n'assurait pas qu'elles fussent remplies de façon satisfaisante. Dès l'époque de Confucius (551-479 avant notre ère), la nécessité s'imposa de rechercher les hommes compétents en dehors des cercles du pouvoir. **C'est en répandant l'éducation que l'on pourrait, pensa Confucius, découvrir des gens capables de mettre fin aux désordres et aux abus qu'il avait sous les yeux.** Il donna donc l'exemple en s'efforçant d'offrir une solide instruction à des disciples chargés à leur tour de transmettre ce qu'ils avaient appris. **Plus tard, un système de recommandations fut mis au point**, qui mettait en demeure chaque fonctionnaire de signaler à ses supérieurs hiérarchiques les hommes de talent qu'il avait découverts parmi ses administrés, faute de quoi il encourait la destitution. **On en arriva enfin au fameux système des examens, conçu dès l'époque des Han (-206+220) et généralisé à l'époque des Tang (618-907) pour permettre à tout un chacun de faire la preuve de ses compétences** (cf. chap. III, Le système des examens).

Cette recherche constante de moyens pour lutter contre l'usure des élites et la corruption des fonctionnaires ne modifia en rien l'image de départ de la société conçue comme un tout organique fonctionnant d'après les mêmes principes que le corps physique et l'ensemble de la nature. **C'est en effet la sensation de l'existence d'un *continuum* qui sous-tend la façon dont les Chinois ont décrit aussi bien les relations des hommes entre eux, celles des humains avec les éléments naturels qui les entourent, que celles qu'entretiennent entre elles les différentes composantes du corps humain.**

• LES CLASSES SOCIALES

LES QUATRE CLASSES

La division de la population chinoise en quatre classes, mot à mot : quatre peuples (*si min*), qui sont au corps social ce que les quatre membres sont au corps humain, est fort ancienne. On en trouve déjà mention dans l'antique *Livre des documents* (*Shujing*), supposé relater des événements remontant à la période 2357-620 av. n. è.) et les *Annales dynastiques des Han* (-220 + 208) (*Hanshu*) précisent que « ceux qui étudient afin de trouver leur place dans la société sont les **lettrés**, ceux qui fendent la terre et sèment les graines sont les **paysans**, ceux qui taillent et fabriquent les objets sont les **artisans**, ceux qui transportent les marchandises et vendent les denrées sont les **marchands** ».

On remarquera tout d'abord l'absence d'une catégorie qui, à l'époque des Tang, compte près d'un million d'hommes : les militaires. Nous reviendrons sur cette catégorie à part, comprenant les gradés, en rivalité avec les fonctionnaires civils, ainsi que la troupe composée en bonne partie de hors-la-loi appâtés par une situation plus régulière, de bagnards et de paysans réquisitionnés (cf. chap. III Le pouvoir militaire).

a) **Le prestige des lettrés est immense. Il fut de tous temps exactement proportionnel à celui du premier d'entre eux, du Maître par excellence, Confucius** (551-479 av. n. è.). C'est dire qu'il ne connut que de rares éclipses, dont la plus récente fut les dix années de la Révolution culturelle (1962-1971). La raison première d'un tel prestige est sans doute à rechercher dans le souci constamment réaffirmé de la politique concrète de la part du confucianisme. Le taoïsme, le bouddhisme se préoccupent plutôt de salut individuel et de démarche initiatique personnelle (cf. chap. VI, Les trois religions). Mais chaque fois qu'un souverain réussit à réunifier le pays et à remettre en place une administration efficace, il se tourne immanquablement, quelle que soit sa sympathie à leur endroit, vers les Lettrés confucéens, seuls à mener une réflexion sur la façon de faire régner l'ordre dans l'ensemble de la communauté. Les études lettrées sont fondées en effet sur une lecture attentive et renouvelée des classiques, véritables manuels d'histoire, de morale, de politique (cf. chap. VII, Littérature et genres littéraires).

L'ORGANISATION POLITIQUE

Depuis les conseils prodigués par Confucius à ses disciples et recueillis dans les *Entretiens de Confucius* (*Lunyu*), le but avoué des études était de former des princes éclairés et des conseillers avisés. L'unification de l'Empire, l'extension considérable de l'espace chinois firent sentir la nécessité d'organiser des relais entre le gouvernement central et les populations. **L'éphémère dynastie des Qin (-221-207)** et surtout **la dynastie des Han (-206+220) se sont penchées sur cette question fondamentale. Toute une hiérarchie de fonctionnaires a été conçue** à l'époque, qui s'inspire prétendument de textes anciens (cf. chap. VII, Littérature et formes littéraires) et qui sert de modèle à celle des Tang (618-907). **Le principe de base en est la conjonction du pouvoir et du savoir, afin d'assurer au premier l'assistance du second.** Le fonctionnariat devient donc à la fois le débouché naturel, la justification et l'attrait des études. Il absorbe à vrai dire une partie importante de l'élite culturelle, au point qu'un grand nombre des poètes, des peintres, des calligraphes dont nous connaissons le nom ont rejoint pour un temps plus ou moins long, ou en tout cas ont tenté de le faire, cette caste toujours enviée des lettrés-fonctionnaires qui dirigea la Chine durant plus de deux millénaires (cf. chap. VII, Le lettré-fonctionnaire).

b) **La position de la seconde classe sociale, celle des paysans, est aussi élevée dans la théorie qu'elle est vile dans la pratique.** Qualifiée depuis l'Antiquité d'occupation fondamentale, par rapport à la guerre nuisible ou au commerce immoral, l'agriculture n'est guère en honneur que dans les textes. **À l'époque des Tang, la propriété de l'État sur les terres est à nouveau, et pour la nième fois, réaffirmée.** Ceci a pour but de prévenir l'extension indéfinie des grandes propriétés, d'éviter que les paysans ne se vendent ou ne vendent leurs enfants pour dettes, et d'assurer à l'État une assise économique par des récoltes et des rentrées d'impôts régulières. **La situation de la classe paysanne n'en est guère moins misérable, malgré les distributions de terres, l'interdiction temporaire de l'esclavage privé et de timides limites posées parfois aux innombrables corvées qui empêchent les paysans de cultiver la terre** en les embauchant de force dans de vastes chantiers (canaux, palais, murailles), ou dans l'armée. De nombreux textes, au long des siècles, attestent de leurs pénibles conditions d'existence et la difficulté souvent inouïe qu'ils rencontrent pour simplement sauvegarder leur famille et leur lopin de terre. Dès que les conditions climatiques se détériorent, ils doivent avoir recours à l'emprunt pour acheter des graines ou payer leur impôt. Les intérêts étant exorbitants, ils ont tôt fait de perdre leur bien, et parfois leur liberté (cf. La servitude). De même, les incertitudes politiques pèsent cruellement sur eux, qu'il s'agisse des rébellions jetant par les campagnes des dizaines de milliers, parfois des centaines de milliers de soldats en armes, avec le cortège d'exactions en tout genre que l'on peut imaginer, ou bien qu'il s'agisse des réquisitions gouvernementales en hommes, en grains ou en argent, entraînées par des dépenses auquel le Trésor public ne peut plus faire face.

c) **Généralement installés dans les villes, les artisans ont eux aussi une position très subordonnée par rapport aux autorités.** Dépendant du bon vouloir des représentants de l'État aussi bien pour leurs lieux de travail et pour l'organisation de leurs guildes ou corporations, que pour le montant des taxes, impôts, prélèvements de toutes sortes auxquels ils sont soumis (cf. Les finances), ils sont en outre tributaires à la capitale des commandes du palais et de la Préfecture, et de celles du siège de la magistrature locale dans les autres agglomérations. Nombre d'entre eux travaillent aussi pour l'armée, ce qui les met là encore à la merci de quelque nouveau règlement officiel venant modifier les prix, les conditions de paiement ou les normes des objets commandés. **La tradition chinoise de la priorité absolue de l'État dans tous les domaines n'est pas propice à la constitution d'entreprises privées susceptibles de devenir des moyens d'émancipation sociale pour leurs propriétaires ni des moyens de pouvoir issus d'une concentration de capitaux**. De la même façon et pour les mêmes raisons que les marchands, les artisans devenus riches n'ont de cesse de faire passer à leurs fils les examens qui leur permettraient enfin de faire partie de la classe des lettrés, point de mire incontesté de toute la société.

d) **Placée en dernier dans la hiérarchie des classes sociales, la catégorie des marchands constitue pourtant un acteur économique de première importance**. Il est paradoxal de rapprocher la proverbiale aptitude des Chinois pour le commerce du mépris dans lequel celui-ci est tenu par les lettrés. Évoquant les relations entre les fonctionnaires et la classe marchande, Balazs écrit que « dans ces relations, vues d'en haut, **tous les moyens de rabaisser la classe marchande et de la maintenir en soumission paraissaient**

admissibles ». Autant le travail fourni par les lettrés-fonctionnaires, censés être au service de la collectivité, celui des paysans sans lequel régnerait la famine, et celui des artisans faute de quoi l'existence quotidienne deviendrait impossible, est vanté par les textes servant de base à l'éducation, autant le négoce est avant tout considéré comme un moyen de s'enrichir aux dépens d'autrui. Il est vrai qu'il permet à ceux qui s'y adonnent avec habileté de faire fortune, mais cela ne suffit jamais à les faire admettre au rang de ceux qu'ils rêvent de côtoyer de plain-pied : les lettrés. **Toute l'histoire économique de la Chine est à observer à la lumière de cette particularité : la surprenante docilité des grands négociants face à des fonctionnaires qu'ils admirent et envient. Ces derniers sont demeurés les maîtres du jeu jusqu'à la chute de l'Empire**.

Là encore, la différence entre le statut chinois et européen, français par exemple, de la population urbaine est considérable. Dans la France médiévale, la ville est le lieu d'épanouissement de la bourgeoisie, dont l'évolution sociale suit la réussite économique, jusqu'à la quasi-absorption de la noblesse par mariages, achats de titres, etc. En Chine, la ville est le lieu par excellence où s'exerce le pouvoir des lettrés-fonctionnaires, auxquels les fils de commerçants ou d'artisans enrichis ont la possibilité de s'intégrer en passant des examens qui leur permettront à leur tour de devenir des lettrés méprisant les marchands. **C'est à la campagne que les fortunes se font le plus librement, à l'abri des tracasseries des fonctionnaires et de la voracité du fisc, par la constitution de grands domaines agricoles contre lesquels le gouvernement central est toujours demeuré impuissant**.

HIÉRARCHIE MANDARINALE

Le mot « mandarin » est employé pour traduire le chinois *guan*, dont la signification dans la langue moderne est « fonctionnaire ». Ce terme portugais provient d'un vocable sanscrit signifiant « conseiller ». Dans la langue classique, ***guan* désigne** cependant **une personne revêtue d'une dignité mais pas nécessairement investie d'une fonction**. Il existait, nous le verrons, des mandarins sans poste, et même des titres mandarinaux qui ne donnaient pas le droit d'exercer une fonction. C'est pourquoi, à la suite de Robert des Rotours, nous conserverons cette appellation traditionnelle de « mandarin » en français.

Hiérarchie des mandarins exerçant des charges

Rang	Examen obligatoire pour être promu	Rang obtenu par hérédité	Rang conféré par l'examen de doctorat selon le résultat	Fils et petit-fils ayant accès à l'École des Fils de l'État	Fils et petit-fils ayant accès à la Grande École	Fils et petit-fils ayant accès à l'École des Quatre Portes	Fils et petit-fils ayant accès aux autres écoles d'État
I 1				X			
2				X			
II 1				X			
2				X			
III 1				X			
2				X			
IV 1					X		
2					X		
3					X		
4					X		
V 1					X		
2					X		
3					X		
4					X		
VI 1	X					X	
2	X					X	
3	X					X	
4	X					X	
VII 1	X	Fils de I				X	
2	X	Fils de III, pet-f. I				X	
3	X	Fils de III, pet-f. II				X	
4	X	Fils de III 2				X	
VIII 1	X	Fils de IV 1, 2	X				X
2	X	Fils de IV 3, 4	X				X
3	X	Fils de V 1, 2	X				X
4	X	Fils de V 3, 4	X				X
IX 1	X		X				X
2	X	Fils de VII	X				X
3	X	Fils de IX	X				X
4	X	Fils de mand. honoraire V	X				X Gens du peuple doués

L'ORGANISATION POLITIQUE

C'est à l'époque des Tang (618-907) que le système mandarinal a été conçu dans toute sa subtilité et c'est ce système qui demeura la référence idéale jusqu'à la seconde décennie du XXe siècle. C'est en se réclamant d'une organisation idéale supposée dater de l'Antiquité et consignée dans les rituels (cf. chap. VII Littérature et genres littéraires) que les Han (-206+220) ont conçu leur administration, inaugurant une tradition maintes fois reprise jusqu'aux Sui (589-617) et aux Tang. **Son existence répond à deux soucis** principaux : d'une part, **éviter que la noblesse ne parvienne à s'emparer du pouvoir ; administrer un pays peuplé de plus de cinquante millions d'habitants,** d'autre part. C'est principalement en intégrant la noblesse au système général du mandarinat et du fonctionnariat que le premier problème fut résolu. Nous reviendrons sur d'autres particularités de l'aristocratie chinoise (cf. La hiérarchie nobiliaire). Quant à la seconde question, elle demanda l'élaboration d'une hiérarchie aussi précise que diverse, assortie d'un système de notations internes et de mobilité des fonctionnaires qui assure une surveillance pyramidale de toute la structure.

Les mandarins titulaires de fonctions sont répartis en deux catégories et neuf degrés, numérotés de un à neuf, un étant le plus important.

Les deux catégories concernent respectivement les mandarins qu'on appelle « **dans le courant** » (*liu nei*) et ceux qui sont dits « **hors du courant** » (*liu wai*). Les premiers sont les plus importants et ont seuls accès aux postes supérieurs de l'administration, tandis que les seconds se contentent de fonctions subalternes.

a) **Les neuf degrés des mandarins dans le courant comportent en tout trente classes.**

Les degrés I à III sont affectés de deux classes chacun (I.1, I.2, II.1, II.2, etc.), ce qui forme six classes correspondant chacune à un niveau administratif de responsabilité, à un rang lors des cérémonies officielles et à une hauteur de rémunération.

Les degrés IV à IX sont affectés de quatre classes chacun (IV.1, IV.2, IV.3, IV.4, V.1, V.2, V.3, V.4, VI.1, etc.), ce qui forme vingt-quatre classes.

b) **Les mandarins hors du courant sont eux aussi répartis en neuf degrés, sans classe.** Ils ont la possibilité, par examen, de passer dans le courant.

c) **Les mandarins titrés sont répartis en douze échelons** correspondant aux degrés II.1 à VII.2. Robert des Rotours souligne qu'ils sont considérés comme un peu inférieurs aux mandarins fonctionnaires, et il compare leurs titres à nos décorations.

d) **Les mandarins portant un titre honorifique sans fonction attachée à ce titre sont répartis dans les mêmes degrés que les mandarins fonctionnaires**, mais ces degrés sont considérés comme un peu inférieurs et, à classement égal, les seconds ont rang prioritaire lors des cérémonies sur les premiers.

À chacun de ces catégories, degrés, classes, grades, échelons sont affectés une couleur vestimentaire, une taille de manche, de traîne, un modèle de coiffe et d'insignes. Il y a aussi un ordre de préséance, notamment lors des audiences à la Cour, lesquelles revêtent souvent un caractère obligatoire. Passent en premier les mandarins fonctionnaires, puis les mandarins portant un titre civil, puis les mandarins portant un titre militaire, enfin les mandarins honoraires sans fonction attachée à leur titre. Ceux qui sont hors du courant n'ont pas accès à la Cour.

HIÉRARCHIE NOBILIAIRE

Une autre hiérarchie existe à côté de celle des mandarins, et qui est fonction de la seule naissance : celle de la noblesse. La dynastie des Han (-206+220) s'était trouvée à ce propos devant un problème complexe qui était demeuré sans solution satisfaisante.

Tout d'abord, il n'était pas concevable de laisser la famille impériale au même niveau social que le reste de la population. Et il en allait de même pour les familles de ceux qui soit avaient aidé le fondateur de la dynastie à accéder au trône, soit avaient rendu à l'Empereur ou au pays des services éminents. Mais les souverains Han se souvenaient de la perte de pouvoir des Fils du Ciel de la dynastie des Zhou (1121-256 av. n. è.), submergés progressivement par la puissance et l'ambition des princes feudataires. Ils avaient donc imaginé un système faisant des princes feudataires des quasi-fonctionnaires, susceptibles d'être déplacés d'un fief à l'autre, surveillés en outre par des commissaires Impériaux. Enfin, pour achever d'amoindrir le pouvoir de ces princes, les Han avaient rendu obligatoire la partition des fiefs en parts égales entre tous les fils d'un prince défunt. Cela n'était pas allé sans mécontentements, révoltes et complots.

C'est une solution radicalement nouvelle que trouvent les Tang (618-907), tirant leçon de l'expérience des Han. Non seu-

Les titres de noblesse dans la Chine des Tang

Prince proche parent de l'Empereur
Successeur de prince proche parent
Duc de principauté
Duc de commanderie
Duc de sous-préfecture
Marquis
Comte
Vicomte
Baron

lement ils décident l'intégration pure et simple de la noblesse dans la hiérarchie mandarinale, mais ils convertissent les fiefs en revenus, c'est-à-dire qu'un homme recevant en apanage un fief de deux mille familles se contente de percevoir un revenu-type (les deux tiers du revenu fiscal d'une famille multiplié par le nombre de familles, le tiers restant allant à l'État) sans exercer la moindre autorité réelle sur ces familles.

Une façon de rendre plus efficaces encore ces mesures de protection du trône contre les ambitions potentielles de la noblesse, fut de la reconnaître certes héréditaire, mais de façon dégressive. C'est-à-dire qu'un fils ne peut hériter que d'un titre inférieur d'un degré dans l'échelle mandarinale à celui que portait son père. Ainsi, au bout de quelques générations, ceux qui se contentent d'hériter se trouvent-ils, même s'ils sont membres lointains de la famille impériale, réduits au rang de simples particuliers. En effet, même si, nous le verrons, les degrés supérieurs de la hiérarchie mandarinale sont recrutés par appel et ne nécessitent pas formellement le passage d'un examen, la descente d'un degré par génération empêche assez vite les descendants de la noblesse de prétendre pouvoir occuper de telles fonctions. **Pour illustrer de façon tangible cette intégration de la noblesse au reste de la société et pour montrer symboliquement que la priorité va à la hiérarchie du mérite sur celle de la naissance, la seconde étant supposée découler de la première, le bureau des titres nobiliaires dépend directement du Ministère des Fonctionnaires**. Il constitue le second des quatre bureaux entre lesquels sont réparties les tâches de ce ministère équivalent à notre Ministère de l'Intérieur (il y avait le bureau des fonctionnaires, le bureau des titres nobiliaires, le bureau des titres honorifiques et le bureau de l'examen des mérites).

La noblesse comporte neuf échelons, traduits ici selon les titres en usage en France :

Prince (*wang*),
Prince successeur de prince = Prince de commanderie (*junwang*),
Duc de principauté (*guogong*),
Duc de commanderie (*jungong*),
Duc de sous-préfecture (*xiangong*),
Marquis de sous-préfecture (*xianhou*),
Comte de sous-préfecture (*xianbo*),
Vicomte de sous-préfecture (*xianzi*),
Baron de sous-préfecture (*xiannan*).

Ces échelons ont leurs équivalences respectives dans la hiérarchie mandarinale. Ils assurent à leurs titulaires un rang déterminé lors des audiences à la Cour. Les mots chinois désignant ces titres sont empruntés à une terminologie en usage à l'époque des Royaumes combattants (-453 -222) et remontant à des temps plus anciens encore.

LA SERVITUDE

La condition d'esclave, c'est-à-dire d'être humain considéré légalement comme propriété d'autrui, a en Chine plusieurs origines possibles. Il importe en effet de distinguer la servitude d'origine guerrière, la servitude pénale et la servitude contractuelle. Il existe enfin d'autres types de servitude, comme le cas des concubines ou des eunuques.

a) **Lors des expéditions militaires, il arrive que des personnes soient ramenées comme butin**, qu'il s'agisse de soldats capturés à l'ennemi ou de civils faits prisonniers lors de conquêtes ou de razzias. Dans ce cas, ceux dont on s'est ainsi emparé peuvent être attribués soit à des militaires à titre de part de butin ou de récompense, soit à l'État. Ce dernier, représenté par les autorités locales, peut alors choisir de les enrôler dans l'armée ou de les envoyer travailler sur de grands chantiers (percement de canaux, fortifications, construction de palais...). Il peut aussi les vendre et en tirer ainsi un bénéfice financier immédiat.

b) **Certains délits sont d'autre part punis de la servitude, temporaire ou définitive, rachetable ou non, selon le degré de la culpabilité reconnue**. Ce peuvent être des délits commis soit par la personne condamnée, soit par un proche, dans des cas graves où la condamnation entraîne la servitude de toute la parenté du condamné. Ces cas étaient prévus par la loi et sont exposés dans le code des Tang (cf. La justice). Les personnes ainsi réduites en esclavage deviennent propriété de la commune, du district ou de l'État.

c) **La servitude peut aussi provenir d'un contrat légalement passé entre une personne désireuse de se vendre et son acquéreur.** On appelle parfois « placement volontaire » ce type de contrat, qui assure le gîte, le couvert, et surtout, dans des zones peu sûres, une protection armée à celui qui se place ainsi sans recevoir aucun salaire pour son travail. **En vertu de l'autorité dont il dispose sur ses enfants, un père de famille peut les vendre tout comme il peut se vendre lui-même** sans que la loi y trouve à redire.

d) **L'achat ou le don d'une concubine entre également dans le cadre de la servitude**. Ces personnes sont légalement achetées et deviennent propriété de leur acquéreur (cf. chap. X, Famille, femmes, enfants). Dans le cas du harem impérial, les concubines sont généralement offertes par leur famille à la Cour et elles se voient en principe dotées d'une somme d'argent lorsqu'elles tombent en disgrâce et que liberté leur est rendue. Un acquéreur privé peut lui aussi remettre en liberté, par contrat dûment enregistré, une concubine achetée.

e) **Le cas des eunuques** est particulier, dans la mesure où il ne concerne que la Cour. À l'origine, les eunuques forment une catégorie de serviteurs employés dans les harems de la famille impériale. Émasculés avant leur entrée au Palais, ils perdent par là même tout espoir de s'établir à l'extérieur. Leur vie entière se déroule donc auprès des puissants, dans une atmosphère propice à toutes les intrigues et à toutes les coteries. Dans la mesure où leur position particulière dans la Cité Interdite leur permet de circuler là où personne d'autre n'a accès et leur assure des contacts avec l'Empereur et sa famille, ils ont pris une influence qui devient particulièrement visible à l'époque des Tang. Jouant le rôle d'intermédiaire entre le

Palais et tous ceux qui s'efforcent d'y nouer des contacts, **ils tendent à devenir un groupe puissant qui forme, avec ce que l'on appelle le Parti des Lettrés et les familles des impératrices, les trois pôles en lutte les uns contre les autres pour tenter d'exercer des pressions sur les décisions de l'Empereur**.

On voit que l'esclavage peut prendre des formes multiples, et même être temporaire, ce qui équivaut, dans le cas d'une condamnation pénale, à des travaux forcés. Un certain nombre de petits employés des services officiels, affectés à des tâches de nettoyage ou de cantine, sont des personnes réduites en esclavage pour raison légale.

Les cas de vente contractuelle sont multiples et ont généralement pour cause la misère et l'endettement. Des familles entières de paysans, contraintes à emprunter lors de mauvaises récoltes ou de catastrophes naturelles fréquentes en Chine (sécheresses et inondations) et ne pouvant plus rembourser leurs dettes doivent avoir recours à ce moyen pour survivre. Il peut s'agir alors de vendre un ou plusieurs enfants ou même la famille entière. Dans d'autres cas, c'est une personne seule qui se trouve acculée à cette situation. Il arrive aussi que des personnes se donnent à une famille en témoignage d'obédience et de fidélité envers elle.

Il existe plusieurs types d'acheteurs systématiques : des propétaires terriens désireux de se procurer de la main-d'œuvre, **des familles cherchant des domestiques**, puis, lorsque le théâtre se développa (après l'époque des Tang), **des troupes de théâtre cherchant de jeunes garçons** (on ne met pas de femmes sur scène) qui sont ensuite formés à l'acrobatie et aux arts du spectacle, dont une partie meurt d'épuisement à la tâche (cf. chap. IX, Le théâtre), et enfin, bien sûr, **les propriétaires de maisons de prostitution**. Dans le meilleur des cas, les jeunes filles achetées, si elles sont gracieuses et manifestent quelques dons pour la danse, la musique et la poésie, vont, après avoir reçu une éducation adéquate, garnir les luxueuses maisons installées dans les « quartiers des fleurs et des saules » de la capitale ou d'une autre grande ville. Elles peuvent alors espérer, après une glorieuse carrière de courtisane, être rachetées par un homme riche et amoureux. D'autres finissent dans des maisons de passe où elles n'ont alors guère de chance de pouvoir être rachetées par un riche client ou de gagner elles-mêmes de quoi recouvrer leur liberté. Un contrat de vente est en effet réversible et comporte en principe une possibilité de rachat.

Si l'on peut se vendre ou vendre ses enfants en tous lieux, il y a dans les grandes villes, comme c'est le cas à Chang'an, un quartier réservé au commerce des esclaves (cf. chap. II Les quartiers). Ces transactions sont, comme toutes les activités citadines, strictement encadrées et réglementées, notamment pour des raisons fiscales.

D'une façon générale, les esclaves ne sont pas maltraités en Chine. Cela dépend bien sûr et avant tout, si l'on excepte les condamnés, de qui les achète. On peut conclure de la présence d'une clause de rachat dans les contrats de vente que leur sort obéit à la conception chinoise qui veut que les circonstances puissent passer du pire au meilleur, qu'aucune condition ne soit considérée comme permanente et que la situation la plus basse puisse toujours évoluer et se transformer en une position brillante. L'histoire de la Chine nous montre plusieurs de ces retournements aussi rares que spectaculaires. **L'état d'esclave n'implique donc pas une infériorité essentielle de la personne réduite en servitude, il traduit simplement le degré de malheur ou de misère dans lequel cette personne est tombée et il est susceptible d'évoluer dans un sens tout différent**.

• LES INSTITUTIONS ET L'EXERCICE DU POUVOIR

MINISTÈRES

Robert des Rotours a étudié exhaustivement, au cours des premières décennies du XXe siècle, les institutions de la dynastie des Tang ainsi que le système des examens. C'est à lui que se réfèrent tous les ouvrages traitant de ces sujets et nous lui sommes redevable des détails que nous indiquerons ci-après.

Le fonctionnement des différents ministères et services de l'État se déroule sous l'autorité du Grand Conseil qui, réuni chaque jour sous la présidence de l'Empereur, prend les décisions les plus importantes (cf. Cours et conseils).

Les ministères, au nombre de six pour des raisons numérologiques, dépendent du Département des affaires d'État (*shangshu sheng*), lequel est dirigé par deux vice-présidents, celui de Droite et celui de Gauche, qui ont rang de mandarins du deuxième degré deuxième classe. Depuis que le futur Empereur Taizong avait occupé la charge de Président du Département d'État, cette charge, par respect pour lui, avait cessé d'être attribuée. Chacun des deux vice-présidents est de droit grand-ministre (*zaixiang*) et a sous ses ordres les assistants de Droite et de Gauche. C'est sous leur autorité que se trouvent placés les six ministères dont il va être donné description. À titre d'exemple, nous détaillerons davantage l'organisation du Ministère des Fonctionnaires.

1) **Le Ministère des Fonctionnaires (*libu*) est divisé en quatre bureaux** :

a) **Le bureau des fonctionnaires** est chargé de la hiérarchie mandarinale, de l'avancement et des nominations. Il est dirigé par deux secrétaires généraux et deux secrétaires auxiliaires. Sous la responsabilité de quatre préposés aux affaires, il emploie ensuite trente premiers secrétaires, soixante seconds secrétaires, quatorze copistes, treize archivistes, huit huissiers et douze commis.

b) **Le bureau des titres nobiliaires** est chargé des titres et apanages conférés aux princes et aux nobles. Il est dirigé par un secrétaire général et un secrétaire auxiliaire. Sous la responsabilité de quatre préposés aux affaires, il emploie ensuite quatre premiers secrétaires, neuf seconds secrétaires et quatre commis.

c) **Le bureau des titres honorifiques** est chargé des titres mandarinaux. Il est dirigé par un secrétaire général et deux secrétaires auxiliaires. Sous la responsabilité de quatre préposés aux affaires, il emploie ensuite trente-trois premiers secrétaires, soixante-sept seconds secrétaires et quatre commis.

d) **Le bureau de l'examen des mérites** est chargé de surveiller la manière dont les fonctionnaires remplissent leur tâche. Il contralise les notes établies par les supérieurs hiérarchiques des mandarins en fonction. Jusqu'en 736, il fut chargé de faire passer les examens que les Occidentaux appellent traditionnellement examens de doctorat (*ju*) (cf. Le système des examens). Il est dirigé par un secrétaire général et un secrétaire auxiliaire. Sous la responsabilité de trois préposés aux affaires, il emploie ensuite quinze premiers secrétaires, trente seconds secrétaires et quatre commis.

2) Le Ministère des Finances (*hubu*) est divisé en quatre bureaux :

a) **Le bureau des finances** est chargé du recensement des familles, effectué pour des raisons fiscales, de la répartition des terres ainsi que des contributions dues par chaque préfecture.

b) **Le bureau des revenus publics** est chargé du transport des impôts, lesquels sont perçus sous différentes formes : en grains, en pièces de soie, en numéraire (cf. Finances et impôts).

c) **Le bureau du Trésor** est chargé du calcul des ressources et de la comptabilité monétaire.

d) **Le bureau des greniers publics** est chargé de vérifier et de comptabiliser les entrées et les sorties de grains des greniers publics, lesquels sont destinés en principe à la stabilisation les cours.

3) Le Ministère des Rites (*libu*) est divisé en quatre bureaux :

a) **Le bureau des rites**, chargé des rites et du protocole, fait en outre passer les examens de doctorat à partir de 736 (cf. Le système des examens).

b) **Le bureau des sacrifices** est chargé plus particulièrement de la préparation des rites officiels comportant des cérémonies sacrificielles.

c) **Le bureau des approvisionnements pour les sacrifices** est chargé de veiller à la présence des animaux et des denrées nécessaires aux sacrifices.

d) **Le bureau des hôtes** est chargé d'organiser les audiences des princes ou des émissaires étrangers.

4) Le Ministère de l'Armée (*bingbu*) est divisé en quatre bureaux :

a) **Le bureau de l'armée** est chargé de la nomination, de l'avancement et des titres des mandarins militaires.

b) **Le bureau de la défense du pays** est chargé des cartes géographiques, de la construction et de l'entretien des fortifications, ainsi que de la surveillance des Barbares soumis.

c) **Le bureau des équipages militaires** est chargé de la fabrication et de l'entretien des attelages, ainsi que de l'élevage et du transport des chevaux.

d) **Le bureau des magasins militaires** est chargé de la fabrication et de l'entreposage des fournitures de tous ordres nécessaires à la vie et aux activités militaires.

5) Le Ministère de la Justice (*xingbu*), dont le nom signifie exactement « Ministère des Châtiments », **est divisé en quatre bureaux :**

a) **Le bureau de la justice** (m. à m. « bureau des châtiments ») est chargé de la rédaction des lois et réglements.

b) **Le bureau des condamnés** est chargé de l'organisation des prisons.

c) **Le bureau du contrôle judiciaire** est chargé de surveiller les fraudes.

d) **Le bureau des frontières** est chargé de la surveillance des étrangers qui franchissent les frontières de l'Empire.

6) Le Ministère des Travaux publics (*gongbu*) est divisé en quatre bureaux :

a) **Le bureau des travaux publics** est chargé de la conception et de l'exécution des travaux dans la capitale.

b) **Le bureau des garnisons** est chargé des colonies militaires établies sur des terres cultivables concédées aux soldats, près des frontières de l'Empire.

c) **Le bureau des forêts** est chargé des bois et des chasses.

d) **Le bureau des eaux** est chargé des rivières et canaux, des transports par eau et de l'irrigation.

Chacun de ces six ministères est dirigé par un président qui est mandarin de troisième degré première classe. A l'instar de ceux du Ministère des Fonctionnaires, chaque bureau comporte à sa tête un ou deux secrétaires généraux, lequel a sous ses ordres des secrétaires auxiliaires qui commandent à des premiers et seconds secrétaires, copistes et employés divers. C'est la réunion de ces six ministères qui forme le Département des affaires d'État, lequel contrôle donc tous les services administratifs de l'Empire.

COURS ET CONSEILS

Outre le **Département des affaires d'État**, il en existe deux autres : le **Département de la Chancellerie impériale** et le **Département du Grand Secrétariat impérial.**

– **Le Département de la Chancellerie impériale (*menxia sheng*) est dirigé par deux présidents** (d'abord mandarins du troisième degré, première classe, puis, à partir de 767, mandarins du deuxième degré, première classe) assistés de **deux vice-présidents** (d'abord mandarins du quatrième degré, première classe, puis, à partir de 767, du troisième degré, première classe). Ces hauts personnages, qui sont aidés de **quatre Grands Sécrétaires** et de plusieurs autres fonctionnaires, reçoivent directement les ordres de l'Empereur. **C'est à eux** aussi **que parviennent les rapports,**

adresses, requêtes, dénonciations envoyés au trône. Ils ratifient en outre les nominations des fonctionnaires inférieurs et donnent leur avis sur les décrets, édits et autres pièces officielles émanant de la Cour. De ce département dépend enfin le **Collège pour le Développement de la Littérature**, composé de lettrés compétents en matière d'institutions et de rites. Il semble que les quatre Grands Secrétaires aient joué sous les Tang un rôle particulièrement important et l'on disait qu'ils occupaient en fait, dans l'ombre, les positions les plus puissantes de l'Empire.

– **Le Département du Grand Secrétariat impérial (*zhongshu sheng*)** a la même composition que le Département de la Chancellerie impériale, mais comporte six Grands Secrétaires. C'est de ce département, chargé de la garde des sceaux, qu'émanent tous les décrets, édits, proclamations, décisions du trône. De lui dépend en outre la bibliothèque du Palais, le **Collège des Annalistes**, chargé de noter les faits et gestes du souverain ainsi que les événements survenant dans la vie du pays.

Les tâches d'aucun de ces deux départements ne peuvent, on le voit, s'effectuer sans l'aide de l'autre. Ils exercent ainsi l'un sur l'autre une surveillance soigneusement mise en place afin d'éviter fraudes et passe-droits. C'est là un des principes fondamentaux de l'administration chinoise depuis la dynastie des Han (-206+220).

Les présidents des trois départements (dans le cas du Département des affaires d'État, et pour la raison qu'on a déjà indiquée, il s'agit des deux vice-présidents) sont de droit **Grands Ministres** et **membres du Grand Conseil qui se réunit quotidiennement pour traiter des affaires de l'Empire**. Font également partie de ce conseil, avec rang de Grands Ministres, les hautes personnalités à qui sont éventuellement attribués les titres très anciens, datant de la dynastie des Zhou (1121-256 av. n. è.) et devenus honorifiques, de « trois ducs » et de « trois précepteurs de l'Empereur ». Mais ces titres ne sont pas nécessairement décernés, si bien que le nombre des Grands Ministres participant à ce conseil restreint peut varier de quelques-uns à une douzaine au plus.

Il existe enfin neuf cours (*jiu si*), dirigée chacune par un président ayant rang de mandarin du troisième degré deuxième classe et assisté de deux vice-présidents. Elles sont, à Chang'an, installées dans la Ville impériale.

a) **La cour des sacrifices impériaux** comprend huit offices : l'office des temples des Banlieues et des Dieux du Sol des trois villes capitales (celle de l'Ouest, Chang'an, résidence impériale, celle de l'Est, Luoyang, et Taiyuan dans l'actuel Shanxi),

l'office du Temple des Ancêtres impériaux,
l'office des Tombeaux impériaux,
l'office de la Musique suprême,
l'office des Tambours et Instruments à vent,
l'office de la Médecine suprême,
l'office de la Divination suprême,
l'office des approvisionnements et des victimes pour les sacrifices.

b) **La cour des banquets impériaux** comprend quatre offices.

c) **La cour des insignes impériaux** comprend trois offices.

d) **La cour admistrative de la Famille Impériale.**

e) **La cour des équipages impériaux.**

f) **La cour suprême de justice** est chargée, en coordination avec le Ministère de la Justice et le Tribunal des Censeurs dont nous parlerons plus loin, de procéder à un nouvel examen de toutes les condamnations graves (peines de mort ou d'exil lointain). De telles condamnations ne peuvent devenir effectives qu'après une longue procédure, en plusieurs étapes, de vérification du dossier (cf. La justice).

g) **La cour du cérémonial envers les étrangers** joue en quelque sorte le rôle d'un Ministère des Affaires étrangères (inenvisageable en raison de l'égalité qu'il présuppose entre États) en élaborant le protocole des audiences des princes ou émissaires des pays soumis, tributaires ou étrangers. Elle comporte deux offices.

h) **La cour de la direction de l'agriculture** travaille en coordination avec le ministère des Finances pour la gestion des greniers publics.

i) **La cour du Trésor impérial** comporte quatre offices dont celui des marchés des deux capitales principales (Chang'an et Luoyang) et celui chargé de maintenir la stabilité des prix.

On remarquera que ces cours sont au nombre de neuf (chiffre du *yang*, symbolisant donc la perfection et la totalité du pouvoir), comme les ministères à l'époque des Han (-206+220). Ceux qui les président portaient d'ailleurs un titre ministériel datant de l'Antiquité. Un certain nombres d'autres services concourent eux aussi à l'administration centrale, notamment des Directions (*jian*) qui, selon les sources, sont trois ou cinq.

Nous avons vu au passage que **tous ces services travaillent dans une coordination ayant pour but de prévenir la corruption grâce à une surveillance mutuelle.** Tous les documents importants doivent en effet recevoir un double visa avant que d'être entérinés. Bien sûr, ce but n'a pas toujours été atteint, loin s'en faut, et la corruption qui régna en Chine au XIXe siècle a beaucoup frappé les Occidentaux. Toutefois, outre que la définition de la chose n'est pas la même en Chine et en Europe, ainsi que nous le verrons (cf. Magistrats), n'oublions pas l'ampleur de la corruption régulièrement dénoncée dans les modernes régimes démocratiques occidentaux et qui montre bien la difficulté de mettre au point des institutions capables de la prévenir et de lutter contre elle.

Pour achever de tracer à grands traits le schéma de l'administration centrale chinoise, qui n'a guère varié entre l'époque des Tang et le XXe siècle, signalons enfin le trait suivant, qui montre bien dans quel **souci d'efficacité** a été conçu tout l'ensemble. **Chaque correspondance administrative porte un sceau indiquant la date de la réception du document, afin d'assurer une réponse dans les délais réglementaires**. Ce délai, fixé par des textes, est impérativement compris entre cinq jours, pour les affaires ne nécessitant aucune vérification particulière, et trente jours pour les affaires judiciaires dans lesquelles est en cause une condamnation considérée comme lourde, ce qui est le cas à partir d'une peine d'exil temporaire.

MAGISTRATS

Il en va de l'administration locale des Tang comme de l'administration centrale : elle demeura sans changement notable jusqu'à la République et pratiquement jusqu'à la République populaire, instaurée en 1949.

Le premier magistrat auquel a affaire la population est le magistrat de district. Le district (*xian*), appelé parfois sous-préfecture, **est** en effet, à l'époque des Tang comme aujourd'hui, **l'unité fondamentale de tout le système administratif. Premier représentant de l'autorité, du trône, le magistrat de district est, tout comme le Fils du Ciel, « père-et-mère » de son peuple**. Les postes inférieurs à celui de magistrats de district (ou de sous-préfecture), et qui sont ceux de chef de canton, de village et aussi chef de clan et chef de famille, ne constituent pas des fonctions officielles ayant leur place au sein de la hiérarchie administrative proprement dite. Leurs titulaires, placés sous la responsabilité directe du magistrat

Hiérarchie des fonctionnaires sous les Tang

Fonctionnaires civils		Fonctionnaires militaires
du gouvernement central	des provinces	
Président du Grand secrétariat impérial ; Président de la Chancellerie.		
Vice-président du Dép. des Affaires d'État.	Gouverneur gén. Protecteur gén.	Généralissime (depuis 786).
Les 6 Ministres ; les vices-présidents de la Chancellerie et du Grand secrétariat ; Président du tribunal des censeurs ; Président de la cour des sacrifices.		Grand Général.
Les 8 présidents des 9 Cours ; les directeurs du Dép. du Palais et du Dép. du Service domestique du Palais.	Préfet sup. ; Administr. en chef d'un Gouv. Gén. ; Vice-Grand. Protecteur ; Préfet de 1re classe.	Général.
Assistant de gauche du Dép. des Aff. d'État ; Vice-prés. du Min. des Fonct.	Préfet de 2e classe.	Chef de milice sup.
Assistant de droite du Dép. des Aff. d'État ; Vice-présidents des autres ministères.	Préfet de 3e classe.	
Secrétaires sup. des ministères ; Grand Secrétaire du Grand secrétariat et de la Chancellerie.	Magistrat de district dans les villes capitales.	
Censeurs.		
Secrétaires auxiliaires des ministères.	Magistrat de district de 1re classe	

de district sont, en ce qui concerne les deux premiers, nommés et le cas échéant révocables par lui, et ils n'ont pas accès à la carrière mandarinale. Entouré de tout un appareil cérémoniel propre à inspirer le respect et même l'effroi, il constitue le seul intermédiaire entre l'immense majorité des habitants de l'Empire et l'appareil administratif, le seul à être en contact avec les deux pôles.

Ses attributions sont considérables et couvrent des domaines très variés. **Il récolte les impôts, rend la justice, veille à l'ordre public, effectue les cérémonies officielles à caractère religieux, reçoit les instructions de ses supérieurs et se trouve chargé de les exécuter. C'est auprès de lui que sont déposées les plaintes, les dénonciations, les contestations relatives à la vie locale**.

Il règne sur un district qui comprend un certain nombre de cantons (*xiang*) et de villages ou communes (*li*, terme que nous avons déjà rencontré pour désigner les quartiers de la capitale). C'est à ce premier échelon que se rencontre le responsable le plus humble, et qui ne fait pas encore partie de l'Administration. Ce responsable de village en réfère au chef du canton, qui n'est pas, lui non plus, membre de la hiérarchie mandarinale. Ces deux hommes sont chargés d'effectuer les opérations de recensement, essentielles pour des raisons fiscales, en rédigeant des rapports destinés à être communiqués au magistrat du district. C'est à ce dernier qu'il revient de dresser les listes de contribuables, répartis en neuf catégories selon leur fortune, listes transmises ensuite par voie hiérarchique jusqu'au Ministère des Finances.

Premier représentant du corps des mandarins, le magistrat de district est entouré d'un personnel nombreux. **Le lieu où il vit et travaille joue dans la sous-préfecture le même rôle que la Ville impériale à Chang'an. Il a à sa disposition un personnel à la fois civil** (conseillers, secrétaires, copistes, archivistes, huissiers dont le nombre et les attributions respectives varient selon l'importance du district) **et militaire** (garde, forces de police, sbires, gardiens de prison). **En théorie, et cela est toujours le cas durant les périodes de paix, le magistrat civil a le pas sur son équivalent militaire.** On se doute néanmoins que plus on approche des frontières et plus les temps sont troublés, plus le rapport entre les deux autorités s'inverse. On a même vu des régions où avait disparu toute autorité civile au profit du seul commandement militaire.

Le rang du magistrat de district au sein de la hiérarchie mandarinale dépend de l'importance du district, cela peut aller du cinquième degré, première classe au septième degré, quatrième classe. Chacun a sous ses ordres un ou deux assistants et le personnel civil est réparti entre le bureau des finances et le bureau de la justice. Le magistrat reçoit un traitement en général trop peu élevé pour subvenir réellement à ses besoins. Il est donc courant, et considéré comme normal, qu'il puise dans les caisses du disctrict de quoi assurer son existence et celle de sa famille. N'est alors perçu comme corruption qu'un abus manifeste.

La circonscription administrative supérieure au district est la préfecture (*zhou*). Le préfet, qui est le supérieur hiérarchique de plusieurs magistrats de district, a un rang qui peut aller du troisième degré, deuxième classe au quatrième degré, deuxième classe. **Les préfets sont assistés d'un adjoint et ont sous leurs ordres un bureau des mérites, un bureau des greniers, un bureau des finances, un bureau militaire, un bureau de la justice et un bureau des travaux publics.** Le préfet a en outre la charge de noter ses subordonnés et de faire parvenir ces notes au Ministère des Fonctionnaires. Il doit mandater chaque année un délégué à l'Assemblée de la Cour. Ce délégué (qui peut être le préfet en personne) est tenu de se présenter à la capitale le vingt-cinq du dixième mois lunaire afin d'apporter le produit de l'impôt et les rapports sur les magistrats de district et les autres fonctionnaires placés sous la responsabilité du préfet.

Un magistrat de district est habituellement nommé pour trois ans, dans un district dont ni lui ni son épouse ou ses épouses ne soient originaires. **La carrière, c'est-à-dire l'avancement ou la rétrogradation d'un magistrat, dépend en grande partie des notes qu'il reçoit de la part de ses supérieurs hiérarchiques et qui sont consignées dans un dossier archivé au Ministère des Fonctionnaires.**

Au début de la dynastie, la division de l'Empire en provinces ne donna lieu à aucune fonction permanente. C'est en effet directement avec la Cour que les préfets étaient, comme on l'a vu, en relation. Cela, afin d'éviter que les commissaires impériaux, nommés occasionnellement, ne devinssent des feudataires susceptibles de mettre en danger l'autorité centrale. L'augmentation considérable du nombre des provinces, **après les bouleversements (755-766) dûs à la rébellion d'An Lushan,** obéit encore à cette dernière préoccupation. Néanmoins, à partir de ce moment-là, **les gouverneurs civils et militaires mandés dans les provinces prennent une importance croissante, et particulièrement les gouverneurs militaires des régions frontalières ou ceux qui, rebelles ralliés, ont été nommés afin d'être neutralisés.** Il faut désormais composer avec ce nouvel échelon encombrant, surtout dans le cas des provinces autonomes qui fixent elles-mêmes le montant de leur contribution au Trésor et l'acheminent par leurs propres moyens.

Dans certaines provinces, il n'y a finalement plus qu'un gouverneur militaire, exerçant sur les préfets l'autorité dévolue auparavant au gouvernement central et réunissant entre ses

mains les pouvoirs d'un monarque. Le fait qu'ils portent le titre de « commissaires impériaux » témoigne juste de la fiction voulant qu'ils soient désignés par l'Empereur. En réalité, ils se succèdent de père en fils ou accèdent à cette charge après avoir éliminé par la force son précédent titulaire. On se doute que le tribut provenant de ces provinces devint théorique. **C'est ce cas de figure qui se reproduisit dans la première moitié du xxe siècle.**

LE SYSTÈME DES EXAMENS

La mise au point précise, sous la dynastie des Tang (618-907), d'un système d'examens dont le principe remontait à l'époque des Han (-206+220) **constitue sans doute, avec la sophistication de la hiérarchie administrative, la contribution la plus décisive de cette époque à la formation de la civilisation chinoise** telle que les traits dominants s'en sont transmis jusqu'à notre époque. Les deux (examens et administration) ont d'ailleurs servi d'exemple dans tout l'Extrême-Orient et sans doute bien au-delà.

Sous la dynastie des Zhou (1121-256 av. n. è.), Confucius, dès le vi[e] siècle avant notre ère, préconisait d'étendre les études afin de combattre les méfaits de l'hérédité systématique des dignités et des fonctions. La dynastie des Qin (221-207 av. n. è.) et celle des Han avaient imaginé un système de recommandation aux supérieurs des éléments de valeur reconnus parmi la population par chaque échelon administratif. Cette **recommandation** avait été rendue **obligatoire** par les Han. Cela se passait de la façon suivante : un fonctionnaire en poste qui n'avait pas présenté au bout de deux années un nombre déterminé de fonctionnaires potentiels était accusé de ne pas prêter attention à la population dont il avait la charge. **Faute de pouvoir** se justifier (et comment justifier qu'une population comptant des milliers d'individus, parfois des dizaines de milliers, ne comporte aucun élément de valeur ?), **il était dégradé**. Bien sûr, un tel système se prêtait aisément au népotisme et à la corruption, c'est pourquoi les Han avaient commencé à combiner cette présentation avec des vérifications de connaissances et de compétences sous la forme nouvelle d'examens. Il revient aux Tang d'avoir systématisé cette procédure de recrutement des talents.

Les différents examens, dont la finalité est liée d'une façon ou d'une autre au mandarinat et à ce qu'on appelle en France la Fonction publique, peuvent être regroupés en quatre catégories.

1) Les examens de doctorat (*ju*),

dont le prestige semble avoir été élevé, mais qui en réalité ne permettent que de se présenter aux examens de choix des fonctionnaires. Ces examens peuvent revêtir plusieurs formes, dont le prestige est inégal :

a) **l'examen de lettré accompli (*jin shi*),**

b) **l'examen sur les classiques (*ming jing*),**

c) l'examen de droit (*ming fa*),

d) l'examen d'écriture (*ming zi, ming shu*),

e) l'examen de mathématiques (*ming suan*).

Les trois derniers sont à la fois moins prisés et moins fréquentés. La plupart des hommes éminents de l'époque des Tang passent en revanche l'un des deux premiers, et parfois même les deux. **Leur principe est identique et comporte trois séries d'épreuves :**

– **Interrogations sur des citations,**

– **Interrogations orales sur le sens d'un texte,**

– **Dissertations en réponse à des questions posées par écrit.**

La réussite à ces examens confère un degré modeste (VIIIe ou IXe degré selon le rang du résultat) dans la hiérarchie mandarinale, mais n'est assortie d'aucune charge. Elle donne simplement la possibilité de se présenter ensuite aux examens de choix des fonctionnaires. Il faut cependant penser que le prestige lié à la réussite de ces examens, dont la fréquence est annuelle, est plus grand que la position immédiatement liée à leur résultat, puisque plus des trois quarts des ministres de la première partie de la dynastie des Tang les ont passés.

Les candidats à ces examens sont, d'une part, les fils des grandes familles qui ont étudié dans les collèges et les universités qui leur sont presque exclusivement réservés ; d'autre part, des gens du peuple remarqués par les magistrats locaux et dont les études ont été encouragées par les autorités préfectorales. Ces jeunes gens sont présentés chaque année par chaque préfecture en même temps que la contribution au Trésor.

2) Les examens pour le choix des fonctionnaires (*xuan*)

Les mandarins du sixième degré ou d'un degré inférieur doivent impérativement se présenter à ces examens pour obtenir

un poste s'ils n'en ont encore jamais obtenu ou pour en obtenir un autre si leur mission est terminée.

La réussite à ces examens entraîne l'inscription sur une liste d'attributions de postes, mais la fonction elle-même peut se faire attendre plusieurs années, sauf dans les cas où le candidat a réussi l'examen de Grande composition ou l'examen de Prééminence. Il obtient alors une charge immédiatement.

Ces examens se composent, pour une part, **du dossier personnel du candidat** et des appréciations positives ou négatives qu'il contient, d'autre part, **d'un certain nombre d'entretiens et d'épreuves**, moins difficiles que celles des examens de doctorat. Il s'agit d'apprécier à la fois la présentation, le degré d'expression orale et écrite et la faculté du candidat de répondre à des questions administratives ou politiques au sens large du terme. Les candidats qui ont réussi se voient demander le poste qu'ils souhaitent obtenir (il arrive que la réputation de sévérité d'un examinateur pousse les candidats à demander une affectation géographique exactement contraire à leurs vœux afin d'avoir une chance de se voir affecter là où ils espérent aller...). En théorie, un candidat peut refuser trois postes, le troisième refus renvoyant toutefois à l'année suivante.

Pour se présenter à ces examens, il faut remplir une des conditions suivantes :

a) Avoir réussi des examens de **doctorat**,

b) Avoir un lien de **parenté avec l'Empereur** suffisamment proche pour être rituellement astreint, en cas de décès du souverain, à observer un deuil de trois mois (cf. chap. V, rites de passage), ce qui confère le rang VI.1 (cf. Hiérarchie mandarinale).

c) Être **fils de mandarin** (mais être fils d'un mandarin du premier degré ne confère que le septième degré, première classe),

d) Être **issu d'un des deux collèges réservés** aux enfants de haut rang,

e) Porter un **titre honorifique**,

f) **Avoir rempli avec succès des fonctions subalternes** et avoir été bien noté pendant plusieurs années.

On remarquera d'une part que **les privilèges liés à l'hérédité**, et dont on rappellera qu'ils sont dégressifs avec les générations, **se limitent** à un rang assez modeste dans la hiérarchie mandarinale et **au droit de passer les examens de choix des fonctionnaires** sans avoir au préalable satisfait aux examens de doctorat. **Ces privilèges ne dispensent** donc **pas de passer les examens de choix**, dont on a vu qu'ils sont indispensables aussi bien à l'entrée dans la carrière mandarinale qu'à l'avancement dans la carrière. D'autre part, l'accès à la hiérarchie « dans le courant », réservé aux emplois supérieurs à partir de la fonction de magistrat de district, est rendu possible à ceux qui, « hors du courant », occupent des positions modestes au départ.

Il existe en outre deux moyens détournés pour être admis à se présenter à l'examen du choix des fonctionnaires. Le premier consiste à avoir rendu à l'État des services bancaires, en faisant fructifier pour lui de l'argent. On peut alors, après dix années, recevoir un titre mandarinal ne comportant pas de fonction. Le second consiste à avoir fait partie de la Garde treize années durant (on peut dans ce cas s'acquitter de son service ou payer une taxe de remplacement) au bout desquelles on passe un examen facile qui donne le droit de se présenter à l'examen de choix des fonctionnaires.

Les militaires eux aussi passent des examens leur assurant un grade en théorie équivalent à celui des civils, mais en réalité moins apprécié. Ces examens ne comportent pas d'épreuves littéraires et ils sont aussi peu prisés que les trois dernières catégories d'examens du doctorat.

3) Le petit examen pour le choix des fonctionnaires (*xiao xuan*)

Réservé aux fonctionnaires subalternes « hors du courant », cet examen doit être impérativement passé pour pouvoir prétendre à un poste.

Les épreuves ne nous en sont pas connues de façon aussi détaillée que les autres examens, mais il apparaît qu'elles portent, comme l'examen du choix des fonctionnaires, sur des sujets permettant de jauger la facilité d'expression du candidat et l'à-propos avec lequel il répond à différentes questions.

Il existe en outre des examens régionaux, à l'échelon du district et de la préfecture, destinés à sélectionner les candidats qui pourront être envoyés à la capitale pour passer l'examen de doctorat. Ces examens sont conçus sur le modèle de ceux qui viennent d'être décrits.

L'on voit ainsi que non seulement tout titulaire d'une charge civile ou militaire de rang moyen ou subalterne ne peut accéder à une fonction quelconque qu'après avoir passé un examen, mais qu'en outre bien des hauts fonctionnaires, soucieux de montrer leur compétence dans des matières prestigieuses, n'hésitent pas à se présenter eux aussi à certains examens, lesquels toutefois ne sont pas obligatoires pour les degrés les plus élevés de la hiérarchie.

4) L'examen des mérites, ou examen de contrôle.

Il ne s'agit pas tant ici d'un examen à proprement parler que d'une sorte de contrôle exercé continûment sur tout fonctionnaire investi d'une charge. Notes, rapports, appréciations sont régulièrement envoyés par la voie hiérarchique au Ministère des Fonctionnaires, qui centralise les dossiers et décide en fin de compte de l'avancement des carrières.

Chaque année, dans chaque préfecture puis à la capitale, les fonctionnaires sont répartis en neuf catégories selon un système de notations comprenant une appréciation des « qualités » et des « perfections », cotées de supérieur-supérieur à inférieur-inférieur, en suivant les échelons : supérieur-moyen, supérieur-inférieur, etc.

En résumé, pour reprendre les termes de Robert des Rotours, **les fonctionnaires sont soumis à des examens de toutes sortes.** Tout d'abord, **pour avoir le droit de postuler à une charge**, il faut passer un examen de doctorat si on ne peut se prévaloir de droits héréditaires, lesquels sont dégressifs avec le temps). Ensuite, **pour être nommé à une charge**, il faut nécessairement passer par l'examen de choix. Enfin, **dès qu'on a reçu une charge**, on est contrôlé annuellement par l'examen des mérites. On comprend ainsi l'importance des examens en Chine à partir de la dynastie des Tang.

CENSORAT ET RECOURS

L'Empereur, dans l'esprit des institutions chinoises telles que, inspirées de l'Antiquité, elles commençent à se définir sous les Han (-207+220) pour revêtir à l'époque des Tang (618-907) un aspect exemplaire dont les formes ont perduré jusqu'au XXe siècle, **est le détenteur premier du pouvoir**.

Le pouvoir impérial est assisté de deux catégories distinctes de hauts fonctionnaires et de conseillers, formant en quelque sorte les **deux piliers** de son autorité. D'une part, il y a **ceux sur lesquels il s'appuie pour prendre les décisions, et** d'autre part, **ceux qui sont chargés de faire appliquer ces décisions**. Certains membres de l'une et de l'autre catégorie sont investis d'une mission de contrôle sur l'autorité impériale. Le contrôle précédant les décisions est le fait de ceux que L. Vandermeersch appelle des « remontreurs » (*jianguan*), tandis que le contrôle sur les décisions prises est du ressort des « censeurs » (*yushi*).

a) **Les censeurs sont les garants de l'intégrité des fonctionnaires**. Dépendant du Tribunal des Censeurs à la tête duquel se trouve un président, ils sont envoyés en mission pour vérifier le travail des fonctionnaires, **sans que ceux-ci soient avertis de leur venue ni de la teneur exacte de leur mission**. « Œil et oreille » de l'Empereur, les censeurs sont en contact à la fois avec le pouvoir (ils sont indépendants du reste de l'administration et communiquent avec le Trône par des circuits privilégiés) et avec le peuple (ils peuvent non seulement assister aux audiences et aux interrogatoires, mais sont en outre habilités à recevoir directement les doléances éventuelles des administrés). Ils constituent donc le recours prévu par les institutions contre les abus des magistrats locaux.

b) **Situés de l'autre côté de la machine administrative, les remontreurs ont directement affaire à l'Empereur**. Ils ne sont pas regroupés au sein d'une entité comparable au Tribunal des Censeurs, mais se trouvent minutieusement répartis entre la Chancellerie impériale et le Grand Secrétariat impérial. **Leur avis peut prendre deux formes : l'adresse**, qui détaille les raisons pour lesquelles ils expriment un certain désaccord avec les opinions impériales, **et le veto**, qui leur donne la possibilité de renvoyer cachetée une décision impériale écrite qu'ils n'approuvent pas.

C'est dans des textes de l'Antiquité que cette institution de remontrance prend sa source, particulièrement dans le chapitre XV du *Livre de la piété filiale* (*Xiaojing*), dans lequel Zengzi cite des propos attribués à Confucius (551-479 av. n. è.) : « Mis en face de quelque chose qui est contraire au devoir, le fils ne saurait se dispenser de porter la contestation à son père, et le sujet, la contestation à son prince. »

Il est évident que **ces deux institutions reposent avant tout sur la qualité des hommes. Censeurs et remontreurs sont supposés être à la fois incorruptibles et dévoués**. On se doute que leur tâche n'est pas sans comporter à la fois des tentations évidentes et des risques considérables. Tel fonctionnaire peut avoir des appuis à la Cour et le Censeur n'est pas toujours assuré d'avoir le dernier mot, auquel cas sa carrière est en danger, et parfois même sa vie. Le remontreur, lui, doit affronter l'Empereur et son éventuelle colère d'être contredit…

Quant au souverain, il doit être suffisament éclairé pour admettre la remontrance et aussi pour en tenir compte. C'est parfois le cas, comme le montre L. Vandermeersch en citant une statistique faite par un historien chinois contemporain et portant sur la presque totalité de la durée de la dynastie des Tang :

– seize vetos, dont onze suivis d'effet,
– quatorze remontrances, dont onze suivies d'effet,
– seize réparations d'oublis ou d'omissions, dont six suivies d'effet.

• LA JUSTICE

DROIT

C'est dans le vaste **courant réformateur** qui commence à parcourir les principautés chinoises **à partir du VIe siècle avant notre ère** qu'il faut chercher la première expression écrite des lois pénales en Chine. Par la suite, c'est **entre le milieu du IVe et le milieu du IIIe siècle avant notre ère** que **s'épanouit le Légisme,** qui permet en 221 av. n. è. la fondation de l'Empire unifié de Qin Shi Huangdi. Cette école de pensée, qui s'appuie sur l'appât du gain et de la crainte du châtiment chez l'immense majorité de la population, professe la nécessité d'un ensemble de lois applicables à tous et prévoit une échelle précise de châtiments et de récompenses. L'échec de l'application radicale d'une pensée à ce point cynique conduisit les premiers souverains Han (-206+220) à concevoir un code de lois tempérant la brutalité de l'appât du gain, mis en avant par les théoriciens légistes, par un appel à la conscience morale, sur laquelle insistaient les penseurs confucianistes (cf. Philosophie).

C'est à cette époque que fut rédigé **le Code des Han** qui, à la fin de la dynastie et si l'on tient compte d'une volumineuse jurisprudence, **comportait près de trente mille paragraphes**.

Ce qu'on appelle par analogie le Droit chinois n'est en fait qu'un recueil de lois pénales destinées à guider les magistrats dans l'énoncé et l'application des sanctions qu'ils infligent à ceux qui se sont rendus coupables d'infractions. Il ne définit à aucun moment ce qui serait équivalent à un droit des citoyens devant la loi. S'inspirant du Code des Han, l'éphémère dynastie des Sui (589-617), qui devait rapidement s'effacer devant les Tang (618-907), avait élaboré un code un peu moins sévère que celui des Han. La nouvelle dynastie devait à son tour, en 653, promulguer un code qui servit de modèle à tous ceux rédigés en Chine par la suite. **Ce Code des Tang fut copié quasiment à la lettre par la dynastie vietnamienne des Lê** et il inspira également les institutions coréennes et japonaises. Il comporte quatre-vingts chapitres reprenant les douze sections du Code des Sui en y ajoutant des commentaires et en atténuant quelque peu la lourdeur des peines.

Celles-ci vont de l'amende au supplice de la mort lente, en passant par la bastonnade, le bannissement, le marquage au visage, l'amputation et la décapitation, selon un barème minutieusement établi en fonction de la gravité de la faute. Les condamnations légères sont rachetables à prix d'argent, c'est-à-dire qu'elles sont transformables en amendes.

JUSTICE

Tout est fait pour rendre extrêmement impressionnant le recours à la justice. Plaignant ou accusé, chacun se sent coupable de se présenter devant un tribunal dont le cérémonial et la mise en scène sont destinés à inspirer crainte et respect. On ne s'adresse au magistrat qu'à genoux entre deux gardes et prosterné devant la haute estrade où siège le représentant du trône entouré de ses assesseurs, et que de lourdes tentures de soie font ressembler à un autel.

Les audiences sont publiques et les interrogatoires doivent se dérouler pendant les audiences. Le plaignant ne peut donc rien cacher des raisons qui le poussent à accuser son adversaire, quand bien même il aurait préféré taire une infortune conjugale ou commerciale qui risque de le ridiculiser. Quant à l'accusé, non seulement il se voit publiquement sali, mais il doit en outre subir des interrogatoires pouvant avoir recours à la torture. L'aveu est en effet une pièce indispensable du procès et nul ne peut être condamné sans avoir avoué son crime.

L'accusé n'a pas d'avocat et c'est à lui de prouver son innocence. Dans les cas graves, il est emprisonné dès le début du procès. La rigueur de la détention et celle des interrogatoires sont parfois fonction des sommes que l'on peut distribuer aux gardes et employés du tribunal.

C'est le magistrat de district qui rend la justice, entouré de ses assesseurs, dans la salle d'audience de la cité administrative. Représentant l'Empereur, il porte comme lui le titre de « père-et-mère du peuple ». **Il a à connaître aussi bien des affaires criminelles que des contestations commerciales ou des querelles de**

bornage. Les archives du tribunal gardent trace des audiences et des jugements rendus. **Les condamnations les moins sévères sont infligées directement par le magistrat local.** On a vu que **les autres ne sont que proposées par lui et font l'objet d'une enquête approfondie avant de devenir exécutoires.**

• LES FINANCES

BUDGET ET IMPÔTS

À l'époque des Tang (618-907), l'Empire chinois s'étend sur une superficie considérable, plus élevée qu'elle n'avait jamais été. Il recouvre à peu près la Chine actuelle, mis à part la Mongolie, le Tibet et le Xinjiang. Ce sont donc des problèmes quasiment à la taille de la Chine d'aujourd'hui que le gouvernement chinois de cette époque doit résoudre, notamment en matière financière.

Une question primordiale est bien sûr celle de l'établissement et de la gestion du budget de l'État. Elle est résolue de façon assez complexe. **Pour résumer en simplifiant, on peut dire qu'il y existe trois postes budgétaires principaux** :

– **les dépenses de la Cour et le traitement des fonctionnaires de la capitale impériale, Chang'an,**

– **le traitement des fonctionnaires de province,**

– **l'armée, avec ses hommes, ses transports et ses équipements.**

Ces postes sont gérés directement par le gouvernement central. L'entretien des voies de communication, des greniers publics et des bâtiments administratifs provinciaux étant, quant à lui, du ressort des finances locales.

Dans ce domaine encore, l'époque des Tang a été celle d'innovations qui ont inauguré de nouvelles pratiques financières et fiscales. **Au début de la dynastie, les recettes sont encore perçues principalement en nature, sous forme de grains et de pièces de tissu (soie et coton), auxquels vient s'ajouter une quantité restreinte d'encaissements en monnaie** (cf. chap. IV, Monnaie).

La difficulté d'assurer les transports dans un empire aussi étendu et l'accroissement considérable des dépenses militaires à partir du moment de la révolte d'An Lushan en 755 ont achevé un processus de **conversion en monnaie d'une part importante des recettes en nature**, phénomène qui avait commencé dès le début du siècle. Une étape avait déjà été franchie lorsque, en 736, **le traitement des fonctionnaires se trouva exprimé en nombre de pièces de monnaie et non plus en boisseaux de grain**.

Au-delà pourtant des espèces sous lesquelles sont encaissés les revenus de l'État, et dont la modification eut des conséquences considérables, un certain nombre de règles président à la conception générale des finances de l'État.

Toute la structure économique et financière de la Chine classique repose sur le principe que l'État est le propriétaire théorique de la terre. Il détient donc à la fois les leviers du pouvoir et les règles du jeu économique. Qu'il s'agisse d'arbitrer les prix, de fixer le coût du crédit, de battre monnaie, de définir les règles du marché ou d'imposer de nouvelles répartitions, l'État chinois, par le relais de son administration et des fonctionnaires lettrés, a toujours pris grand soin de ne pas laisser l'initiative à la classe marchande ou aux entrepreneurs privés. Ce soin a été diversement couronné de succès mais l'histoire nous montre que **cette théorie est demeurée constante jusqu'en ce début du XXIe siècle**.

Impôts et taxes sont évidemment la première source de revenus de l'État, et l'on a vu que magistrats et préfets ont au premier chef un rôle fiscal. De même, les recensements précis et réguliers qui nous renseignent précieusement sur l'évolution de la population chinoise ont pour but d'asseoir la fiscalité sur des bases toujours réactualisées.

Une réforme fiscale importante fut faite sous la dynastie des Tang. À partir de cette époque, en effet, **les impôts directs se trouvent principalement de deux sortes : sur la terre et sur les gens**. Bien que la terre appartienne en principe à l'État et qu'il soit interdit de la vendre ou de l'aliéner librement, les transactions sont fréquentes et le fisc a fini par s'en accommoder en prenant pour base d'imposition la superficie des terres cultivables effectivement entre les mains d'un propriétaire. Cet impôt est généralement prélevé en nature, l'impôt *per capita* étant, pour sa part, fonction du revenu. La nouveauté est que chaque habitant de chaque maison devient imposable selon son degré de fortune, cet impôt étant réglé au fisc en monnaie. **Les fonctionnaires** n'échappent pas à la règle commune, et ils **se voient** ainsi **imposés à la fois en fonction de leur traitement et de leurs propriétés**.

Quant aux marchands, aubergistes, tenanciers de lieux de plaisir, propriétaires d'ateliers, de fonderies ou de mines, ils sont, à revenu égal, imposés de façon plus lourde que les fonctionnaires lettrés. Cette différence tire son origine d'une part du peu d'estime dans laquelle sont tenues depuis l'Antiquité les professions mercantiles, et d'autre part de la facilité avec laquelle le commerce est réputé trouver des occasions d'échapper au fisc.

Les taxes, elles, sont perçues d'une part sur les transactions commerciales, qui doivent faire l'objet d'un contrat en bonne et due forme enregistré auprès du fisc, **d'autre part sur les transports, par le moyen de douanes et péages**.

Il existe encore une autre source de revenus pour l'État : les monopoles. Les deux principaux sont **le monopole du sel et le monopole du thé**, auquel s'ajouta par la suite un Office des transports, dont les titulaires, placés à la tête d'un organisme dont l'importance était vitale pour l'économie tout entière, devinrent les véritables agents financiers de l'État.

La dernière forme d'imposition est la corvée, due exclusivement par les couches les plus humbles de la population (paysans, journaliers des villes et de la campagne) et qui consiste en un certain nombre de jounées de travail par famille. Les Tang remplacèrent une partie des corvées par une imposition en nature ou en numéraire.

Les principales innovations des Tang sont donc l'établissement de nouvelles bases d'imposition, le remplacement d'une partie de la corvée par un impôt, l'introduction de la monnaie pour le paiement des fonctionnaires et pour le recouvrement de l'impôt.

On ne saurait évoquer les importantes réformes financières et fiscales entreprises par les Tang sans mentionner les relations entre l'État, particulièrement le fisc, et les établissements religieux. Ces derniers, en effet, sont dispensés du paiement de l'impôt, tant foncier que capitulaire. Cette dispense, avec l'énormité du manque à gagner qu'elle entraîne pour le Trésor, est à l'origine de nombreux conflits au cours de la dynastie des Tang et n'a pas été sans incidence sur l'histoire même du bouddhisme en Chine, dans la mesure où **les immenses fortunes amassées par les monastères ainsi que les effectifs considérables qu'ils rassemblent finiront par agacer le gouvernement et causeront leur perte. Le bouddhisme se remettra des fermetures brutales de monastères (en 845) et de la confiscation de biens considérables, mais son expansion sera désormais différente de ce qu'elle avait été au cours de la période allant du IIe au IXe siècles.**

• LE POUVOIR MILITAIRE

ARMÉE

En cette matière encore, les Tang ont introduit de profonds changements, dont l'esprit imprègne définitivement la conception chinoise de l'armée et de sa place au sein de la société.

Depuis l'Antiquité et jusqu'en 722, les militaires étaient en Chine de quatre sortes :

– **des condamnés** qui purgeaient ainsi leur peine, assimilée à des travaux forcés,

– **des vagabonds** ou des victimes de calamités naturelles enrôlés plus ou moins de force,

– **des corvéables** réquisitionnés (la corvée étant un impôt dû principalement par les paysans),

– **des mercenaires** engagés pour des opérations ponctuelles et payés sur des fonds extraordinaires qui n'excluent pas le pillage des régions conquises.

C'est en 722, au début du long règne de Xuanzong, qu'intervient une réforme capitale : la création d'une armée de métier. Cette réforme a deux conséquences : d'une part, la prise en compte systématique du financement de l'armée dans le budget général de l'État et d'autre part, l'intégration de la hiérarchie militaire dans l'organigramme général de l'Administration mandarinale. En ce qui concerne le second point, le *Traité des fonctionnaires* indique clairement la prise en compte des militaires et les équivalences entre grades civils et grades militaires. La conception de la Cité interdite de Pékin illustre bien la persistance jusqu'à la fin de l'Empire de cette administration à deux corps telle que les Tang l'ont conçue : une fois franchis les ponts de la Rivière d'or, on passe entre deux bâtiments qui portent respectivement les noms de Salle de la Splendeur littéraire (*Wenhua dian*) à droite, et à gauche Salle de l'Éminence militaire (*Wuying dian*).

Toutefois, à grade égal dans la hiérarchie mandarinale, les civils ont toujours, jusqu'au XXe siècle, le pas sur les militaires. Des examens parallèles aux examens mandarinaux permettent, on l'a vu, l'entrée dans le corps des officiers et l'avancement des carrières. **Ces examens militaires ont un prestige moindre que les examens littéraires** (cf. Le système des examens).

La création d'une armée de métier est donc en théorie accompagnée des mesures budgétaires propres à assurer le financement et l'entretien de cette armée nouvelle. L'attrait des exemptions de corvées et des remises de peine assure le premier flot des engagements, mais cela ne suffit bientôt plus et le recrutement se fait plus autoritaire. Toutefois, **bien qu'enrôlés parfois de force, les soldats reçoivent un traitement, ils sont exemptés d'impôts et leurs familles sont entretenues aux frais de l'État**.

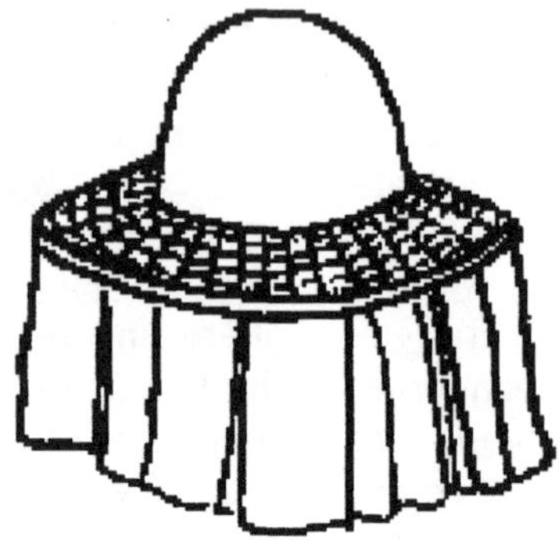

Casque militaire de l'époque des Tang

Les nouvelles forces armées régulières se composent de :

– **la Garde impériale**, créée en premier en 722, chargée en priorité de la sécurité du Palais et de ses alentours et qui compte environ 120 000 hommes,

– **l'armée de défense des frontières**, créée en 737, forte d'environ 500 000 hommes.

Très vite, cependant, **la révolte d'An Lushan** en 755, dont on a déjà vu les conséquences dans d'autres domaines (cf. chap. II L'Empire a) Les provinces et territoires sous tutelle), **entraîne un accroissement important des besoins militaires**. L'État se trouve donc non seulement devoir entretenir des forces armées en nombre considérable, sans toutefois renoncer à la solution en apparence commode consistant à incorporer vagabonds et indigents, qu'il faut donc aussi entraîner (même sommairement) et nourrir.

Le gouvernement a donc dû à la fois **renforcer la Garde impériale**, susceptible d'avoir à faire face à des révoltes militaires venant des garnisons, et **accorder de plus en plus de moyens et de pouvoir aux armées de défense des frontières**, le danger du réveil des ennemis traditionnels se faisant de plus en plus pressant.

Ainsi **les gouverneurs militaires des régions frontalières** prennent-ils de plus en plus d'autonomie et ont tendance à devenir des potentats locaux sur lesquels le gouvernement central n'exerce plus qu'un pouvoir théorique. La précaution prise par l'État consistant à multiplier les districts militaires avait fini par être rendue vaine : les alliances entre chefs, l'hérédité qu'ils imposent de leurs titres et grades permet aux plus ambitieux de se tailler de véritables royaumes. Ils

finissent par remplacer les fonctionnaires civils en cumulant les charges militaires et celles de magistrats locaux. C'est cette situation même qui se reproduisit au XXe siècle, lorsque les Seigneurs de la Guerre occupèrent le devant de la scène laissé libre par l'Empire défunt et la jeune République impuissante. Cette situation finit par emporter la dynastie des Tang comme elle emportera en 1949 la République de Chine dont le gouvernement se réfugiera à Taiwan.

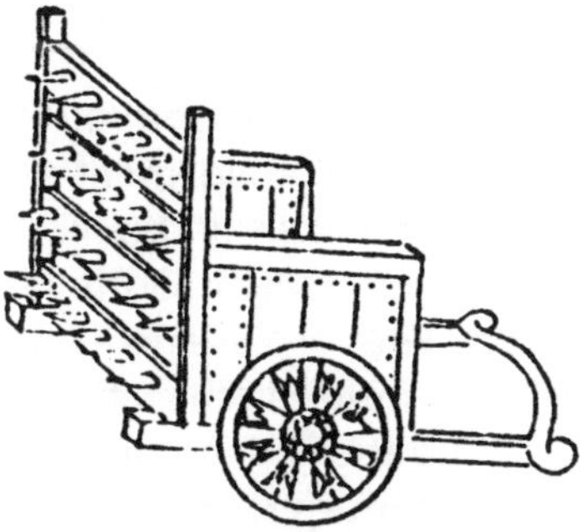

Char militaire blindé avec dispositif d'attaque frontal (époque des Tang)

De nombreux poèmes de l'époque des Tang dépeignent la tristesse et la mélancolie de la vie de garnison, les années passées loin des siens et l'espoir s'amenuisant de les revoir jamais. L'exemption d'impôt dont bénéficient les soldats ne suffit en effet ni à les enrichir, ni à compenser le sentiment d'exil qui les habite. Éloignés de l'autorité centrale, ils ne connaissent que leurs chefs, qui savent se les rendre fidèles par des avantages accordés au détriment du budget de l'État, lequel perçoit de moins en moins bien l'impôt, et des populations locales, qui ont à supporter une quantité de taxes illégales décidées et prélevées localement.

La misère et l'exil loin des siens sont donc le lot quotidien du soldat. Son univers se cantonne à ses camarades, ses supérieurs et les profits immédiats qu'il peut espérer tirer du pays dans lequel il se trouve. À la fois craints et méprisés, les soldats, qui comptent bien des vagabonds et des condamnés dans leurs rangs, forment un monde à part qui ne se mêle guère au reste de la population, un monde où rites et éducation ne pénètrent pas et où la violence n'est guère contenue que par la sévérité des supérieurs.

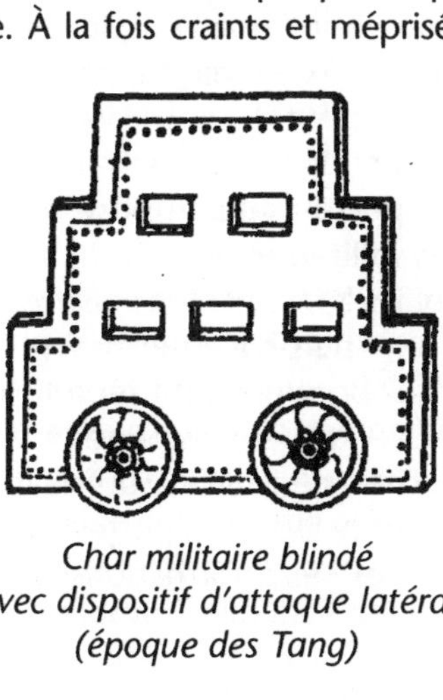

Char militaire blindé avec dispositif d'attaque latéral (époque des Tang)

Les réformes militaires mises en place par les Tang se sont traduites également dans le **domaine de l'équipement**. Un uniforme est apparu, tenue réglementaire que doivent revêtir tous les soldats. **Cuirasse, casque et bottes de cuir** en font partie, avec le cas échéant une **cotte de maille**. Des armes sortant elles aussi des ateliers d'État, leur sont fournies. Un entraînement est assuré, permettant à la fois de maintenir les hommes en bonne forme physique et le matériel en état de fonctionnement. Outre les armes, parfois sophistiquées comme les arbalètes à plusieurs coups, il existe des **machines de guerre**, pièges à installer, chars blindés, chars armés de dispositifs offensifs (cf. illustrations page précédente). Enfin, les troupes d'élite disposent de **tenues d'apparat**, d'étendards flamboyants et d'armes de parade.

MILICES ET POLICE

Outre les forces armées dépendant théoriquement du gouvernement central, les réformes mises en place dans la première moitié du VIIIe siècle prévoient l'organisation de **milices locales**. Contrairement aux milices composées de paysans qui avaient existé précédemment et que la réforme de la corvée avait supprimées, les effectifs en sont généralement recrutés parmi les familles de notables. Ils comportent exceptionnellement des ressortissants étrangers (Tibétains, Coréens) et se comptent en dizaines ou au mieux en centaines d'hommes.

Les milices, **placées sous le commandement du magistrat local,** n'ont compétence à intervenir qu'**à l'intérieur du district**. Elles existent sur tout le territoire de l'Empire, ce qui explique que la présence de l'armée n'ait été ressentie comme nécessaire qu'à la capitale et le long des frontières. Ces troupes constituées de gens directement intéressés au maintien de l'ordre public, qu'ils soient de famille lettrée ou marchande, ne sont pas les seules à la disposition du magistrat. Celui-ci a aussi sous ses ordres, on l'a vu, un **personnel composé d'employés subalternes qui sont entraînés militairement**. Ce sont eux qui, à l'intérieur même des bâtiments officiels, assurent la **sécurité et la surveillance** et fournissent le **personnel de police** nécessaire à la bonne tenue des audiences. En ville, ces hommes sont répartis en patrouilles qui arpentent rues et marchés et gardent les portes.

Dans la capitale impériale, les tâches de police (surveillance du Palais, patrouilles dans la ville, sentinelles aux portes) **sont confiées à** des troupes faisant partie des seize formations de **la Garde impériale**.

Toutes les villes sont parcourues, la nuit, par des patrouilles de guet qui veillent à la fermeture des portes des quartiers et demandent leur identité à tous ceux qu'elles rencontrent.

Dans les districts frontaliers, où la sécurité est ausi affaire d'État, c'est l'armée qui, au fur et à mesure de la dégradation de la situation, prend en main la police et la sécurité. Celles-ci finissent ainsi par échapper au contrôle des magistrats civils, lorsque ces derniers n'ont pas purement et simplement été remplacés dans leurs attributions par les gouverneurs militaires.

STRATÉGIE

L'art de la stratégie est à comprendre en Chine à la lumière des conceptions générales au sein desquelles il vient s'insérer. **Les notions utilisées pour parler de stratégie ne sont pas dissociables de celles qui, portant le même nom, ont cours dans la cosmologie, la morale, la politique, la médecine, et aussi bien la musique et la poésie**. L'École des stratèges est l'une des « Cent Écoles » qui, sous les Royaumes combattants, dispensent leur enseignement dans les différents pays chinois. Elle participe, entre 250 et 240 avant notre ère, à la rédaction de l'encyclopédie de l'Antiquité finissante que sont les *Printemps et Automnes de Lü Buwei.*

Le fait que ces Écoles partagent le même vocabulaire et que les mêmes notions soient dès cette époque employées dans des domaines si divers illustre bien le *continuum* au sein duquel s'est formée et a évolué la mentalité chinoise. Il nous rappelle l'aversion des Chinois pour une spécialisation qui ignorerait la dimension universelle de toute démarche, de toute action, de toute pensée, même si elles se veulent ou se croient parcellaires.

Deux manuels de stratégie ont traversé les siècles et ont illustré cette matière d'une façon aussi précoce que brillante : celui de **Sun Wu**, appelé aussi Sunzi (Ve siècle avant notre ère), qui reçut de nombreux commentaires (dont ceux de Cao Cao (155-220), fameux stratège et poète qui s'était taillé un royaume sur les décombres de l'empire des Han, et de Du Mu (803-853), poète de l'époque des Tang) et celui de son descendant **Sun Bin** (IVe siècle avant notre ère), perdu dès le IIIe siècle de notre ère sans que son souvenir se soit jamais effacé et dont le texte fut retrouvé dans une tombe du Shantong en 1972.

L'ORGANISATION POLITIQUE

Le confucianisme, le légisme et l'École du *Yin*-et-du-*Yang* ont exercé leur influence sur l'École des stratèges. C'est donc à la fois sur une hiérarchie morale, sur la crainte des châtiments et sur l'existence et la circulation des cinq agents ou plutôt des cinq phases (terre, eau, feu, bois, métal) entre les pôles antagonistes et complémentaires que sont le *yin* et le *yang,* que s'appuie la stratégie militaire chinoise (cf. chap. VII Philosophie). **Il s'agit de comprendre comment, au sein d'un mouvement universel qui pousse toutes choses, toutes situations, tous événements à évoluer selon la loi de l'alternance entre le *yin* et le *yang,* l'équilibre des forces en présence se joue et se déjoue**.

Aucun stratège, bien sûr, ne s'en remet à ses seuls plans, et **la ruse aussi bien que la sophistication de l'équipement font partie intégrante de la stratégie militaire**. Disposer partout des étendards pour faire croire à la présence de troupes nombreuses, simuler des départs, tendre des embuscades, envoyer des espions, entretenir des agents doubles, attirer l'ennemi là où il sera le moins à l'aise pour combattre, utiliser à fond les défauts de caractère (impulsivité, nervosité, susceptibilité) des chefs de l'armée adverse, tout cela fait partie de l'arsenal des stratèges et figure même en bonne place dans les manuels de stratégie. Quant aux machines de guerre, pièges, fossés emplis de piques, inondations ou incendies provoqués (cf. illustrations page suivante), voilà qui fait aussi partie des ressources de l'art militaire. Il n'empêche que l'ensemble de ces méthodes et de ces accessoires concourt à un même but : l'emporter au moindre coût. et pour cela, il est toujours nécessaire d'avoir un plan réfléchi.

Surprendre la réalité en devenir derrière les apparences de l'instant présent, savoir apprécier le moment où les élans vont basculer, faire intervenir des éléments à peine perceptibles en agissant sur le moral de l'adversaire ou en recourant à la ruse, tels sont quelques aspects de la façon dont les préceptes de la stratégie s'enracinent dans un ordre du monde dont ils sont partie prenante.

Un des principes de base de la stratégie chinoise est l'application dans ce domaine de la notion de « non-agir » (*wuwei*). La meilleure des victoires, dans cette perspective, est celle qui est remportée sans combattre : l'observation de la situation, la connaissance du terrain, la prise en compte de l'évolution des choses font qu'il doit devenir possible de s'assurer la supériorité en dépensant le moins possible de ses propres forces, tout en contraignant l'ennemi à s'épuiser. **Il y a davantage de place, dans les traités de stratégie, pour la préparation que pour le combat et l'on y**

évoque autant ce qu'il ne faut pas faire que ce qu'il faut faire.

C'est après les succès spectaculaires remportés par les armées communistes en Chine continentale en 1949 et par les Vietnamiens contre les Français à Dien Bien Phu en 1954 que la stratégie chinoise commença à intéresser véritablement les théoriciens militaires occidentaux. Ils y découvrirent ce qu'on pourrait appeler par analogie avec la théologie négative une **stratégie négative, faisant intervenir le vide, le non-agir, l'observation, l'attente, la défense, la non-défaite plutôt que le combat, l'attaque, la victoire**.

Dans un contexte où la dissuasion joue un rôle militaire croissant, de telles conceptions ne sont pas toujours éloignées des théories les plus modernes sur la guerre. « Si nous pensons, écrit Alain Joxe, à la véritable ascèse qu'on demande désormais aux Casques bleus de pratiquer en disciplinant leurs réflexes acquis dans la tradition du combat offensif du fort au fort, on se rend compte que là aussi Sunzi est d'un intérêt très actuel. »

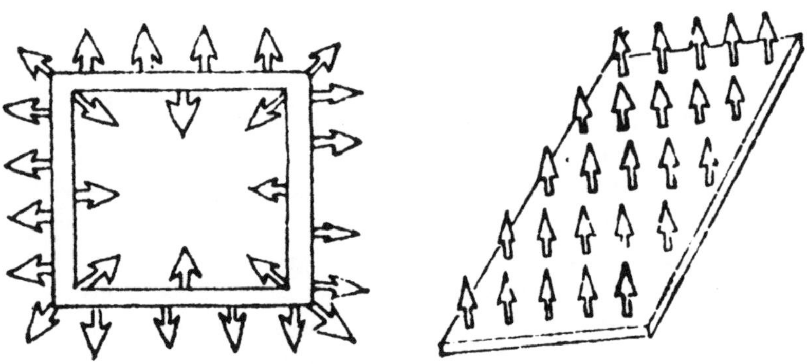

Deux exemples de pièges

道

Dao, la voie

IV

LA VIE ÉCONOMIQUE

La vie économique de la Chine à partir de l'époque des Tang et jusqu'au début du xxe siècle est marquée par la relation particulière existant entre les fonctionnaires-lettrés d'une part, et les marchands et entrepreneurs, de l'autre. Le pouvoir, la loi, le prestige et la maîtrise des règles du jeu sont entre les mains des premiers, alors que la richesse effective et productive se trouve entre celles des seconds.

Méprisés depuis l'Antiquité (Lü Buwei, mort en 238 avant notre ère en est un exemple illustre, qui fut Premier ministre, qui attacha son nom à une œuvre intellectuelle majeure de son temps, mais qui ne parvint jamais à acquérir auprès des lettrés une autre réputation que celle de marchand enrichi), **les marchands n'ont eu de cesse que de trouver des moyens de rejoindre la classe enviée des lettrés.**

Le plus évident de ces moyens consiste à faire faire des études à leurs fils, de façon à leur permettre de se présenter aux examens et d'intégrer la hiérarchie mandarinale. Il existe certes, nous l'avons vu, des voies détournées pour franchir l'écueil du doctorat et acquérir le droit de se présenter directement à l'examen du choix des fonctionnaires (cf. chap. III Le système des examens). Un tel passe-droit ne dispense cependant pas d'étudier, puisqu'il mène non pas au fonctionnariat, mais seulement à un examen susceptible d'y conduire.

L'autre moyen est évidemment **la corruption**. Malgré le nombre de précautions prises pour lutter contre ce fléau, et dont l'éventail fort large va de l'anonymat des copies d'examen aux visites impromptues des censeurs auprès des magistrats de district ou des préfets, en passant par les possibilités d'appel, de recours et de dénonciation prévues par la loi, la corruption fleurit en Chine aussi bien qu'ailleurs. **À partir du moment où la classe marchande ne peut en tant que telle obtenir ni droits ni reconnaissance,**

elle doit se résoudre à vivre au rythme d'accords, de compromis, de faveurs, de décisions qui tous sont modifiables et révocables. Il est donc d'autant plus tentant, et peut-être même d'autant plus nécessaire à la vie même du commerce et de l'industrie, d'avoir recours à la corruption pour exister, subsister et se développer. Le résultat de cette corruption est soit de réussir d'une façon quelconque à pénétrer le milieu des lettrés, soit d'obtenir des conditions politiques favorables à la poursuite des affaires.

Il est curieux de constater que les producteurs et les détenteurs des richesses n'ont jamais songé qu'ils pouvaient prendre la place des lettrés-fonctionnaires. Leur but a toujours été de prendre modèle sur eux et leur espoir, leur rêve, de devenir des leurs.

Il faut noter en outre que **cette catégorie de gens imposables disposant des plus grandes fortunes** (les monastères ne sont pas imposables et les fortunes foncières s'accompagnaient elles aussi, à partir d'un certain niveau, d'activités commerciales et parfois industrielles) **est pour l'État un recours précieux en cas d'inquiétude financière. Il importe autant de la laisser vivre que de la conserver en son pouvoir**. Chaque fois que le gouvernement manque d'argent, il prélève une taxe extraordinaire sur les marchandises en magasin, sur les transactions ou sur les transports. Si la ponction est jugée excessive par les marchands, il arrive qu'ils recourent à la grève en fermant boutique. Mais le dernier mot revient finalement au pouvoir, qui sait toujours corriger ses sévérités par quelque amendement bien tourné ou quelque flatterie bien placée.

On a dit qu'en théorie la terre appartient à l'État. Ce principe a été maintes fois réaffirmé afin de lutter contre la paupérisation des paysans et l'extension de grands domaines finissant par devenir des enclaves de moins en moins dépendantes du pouvoir central. La dynastie des Tang remet à son tour ce principe en honneur, par un système d'attribution des terres cultivables qui les rend théoriquement incessibles et inaliénables. Comme par le passé, ces nouveaux règlements sont tournés et l'on ne tarde pas à assister aux phénomènes trop connus des époques précédentes : la saisie des terres pour dettes, la servitude d'une partie des paysans et l'extension considérable de grands domaines souvent possédés par des familles mandarinales ou par des marchands ayant choisi d'investir dans la terre. Bon nombre de paysans, plutôt que de subir directement les catastrophes naturelles et les charges cumulées de l'endettement et de l'impôt, choisissent délibérément un servage à différents degrés, allant de l'esclavage pur et simple au statut de fermier libre, qui leur assure du moins le gîte et le couvert.

Cela ne fait l'affaire de l'État ni du point de vue de l'impôt sur les terres cultivables (beaucoup de grands domaines sont déclarés comme terres incultes), ni du point de vue de l'impôt sur les personnes, les habitants de ces villas (au sens romain du terme) étant nettement moins aisés à recenser que les paysans propriétaires.

Balazs fait remarquer une **contradiction entre l'opposition des fonctionnaires-lettrés à l'extension des grandes propriétés foncières et le fait qu'un bon nombre d'entre eux se soient trouvés propriétaires terriens**, ne fût-ce qu'en vertu de l'attribution automatique de terres aux fonctionnaires, terres sur lesquelles l'État garde théoriquement un droit de regard.

AGRICULTURE ET SÉRICICULTURE

Il n'est rien d'étonnant à ce que l'agriculture apparaisse de tous temps dans les textes chinois comme « l'activité fondamentale » (*ben*). Elle prit très tôt le pas, en Chine, sur la cueillette, la pêche et la chasse. **Les rituels de l'époque des Zhou (1121-256) nous montrent déjà** une cérémonie qui existe encore au Japon de nos jours : **le Fils du Ciel ouvrant la terre chaque année en prenant lui-même la charrue pour labourer le champ sacré symbolisant les terres fertiles de l'Empire**. Les plus hauts personnages de l'Etat faisaient de même.

Dès cette époque lointaine, la sériciculture prit place aux côtés de l'agriculture, d'une façon tout aussi ritualisée et tout aussi impérative. Non seulement, en effet, l'Impératrice, comme les Dames du Palais, cultivait les mûriers nécessaires à l'élevage des vers à soie, mais elle accomplissait elle-même, parallèlement au rites agricoles de l'Empereur, les rites séricicoles destinés à ouvrir chaque nouvelle saison afin d'assurer dans l'Empire tout entier la bonne exécution de toutes les étapes (depuis la culture des mûriers jusqu'au tissage de la soie en passant par la confection des écheveaux) de cette culture qui revêtait une importance aussi bien rituelle qu'économique. Là encore, il s'agit d'un rite qui perdure dans le Japon contemporain. **La soie, essentielle au départ pour fabriquer les vêtements de cérémonie des dignitaires, devint une véritable monnaie, utilisée aussi bien pour le versement**

des tributs que pour le paiement des impôts. Il était d'ailleurs obligatoire, lorsque quelqu'un recevait des terres en fief, d'y cultiver un nombre déterminé de pieds de mûriers.

L'agriculture nécessitait bien sûr infiniment plus de main-d'œuvre et de terrain que la sériciculture. Aussi est-ce elle que nous allons surtout évoquer. Deux questions fondamentales se posent à son sujet :

– **À qui appartient la terre ?**

– **Qui la cultive ?**

La réponse à la première question traverse toute l'histoire de la Chine. Elle se présenta avec une acuité particulière lors de l'établissement, de l'échec puis de l'abandon des communes populaires dans les dernières décennies du XXe siècle. Mais reprenons le cours de l'histoire.

La terre, dans l'Antiquité, est à la fois une source de revenus et une monnaie de récompense. Les souverains distribuent des fiefs à leurs proches, lesquels deviennent de puissants feudataires susceptibles à leur tour de distribuer des domaines à ceux qui les soutiennent. Ces appropriations successives laissèrent de fort mauvais souvenirs tant du point de vue de la vie paysanne que de celui de la rentabilité pour la collectivité. Aussi la dynastie des Han (-206 +220), lorsqu'elle entreprit de réorganiser l'ensemble de la société, s'efforce-t-elle d'éviter la réapparition de fiefs tout-puissants en empêchant leur transmission héréditaire, d'une part, et en affirmant la propriété de l'État sur les terres cultivables d'autre part. **L'idéal, tiré des textes anciens, demeura toujours l'attribution à chaque famille de paysans d'une superficie de 100 *mu* (environ 6 hectares et demie) de terres cultivables et 20 *mu* de terre à mûriers**. La disparition de la dynastie et la longue période de désordre qui s'ensuivit fut cependant propice à la reconstitution de grands domaines à l'intérieur desquels un minimum sinon de sécurité du moins de défense armée pouvait être assuré. La dynastie des Tang (618-907) tente d'en revenir aux principes anciens de distribution des terres. Celle-ci demeure en partie théorique, puisqu'une fois de plus de grandes propriétés se reconstituent assez vite. Il existe cependant une grande différence avec l'époque antique féodale. C'est que, souligne Balazs, **la source du pouvoir des fonctionnaires lettrés, souvent propriétaires terriens, « n'est pas la propriété, mais la fonction, dont l'exercice effectif détermine les privilèges ». Il y a donc des limites, du moins en théorie, à l'étendue comme à la pérennité de ces propriétés.**

Le fait que **les réformes agraires ponctuent régulièrement l'histoire de la Chine du ve siècle avant notre ère jusqu'à la fin du xxe siècle** montre que le partage équitable des terres, auquel les gouvernements successifs sont intéressés **pour des raisons fiscales autant qu'économiques, et même parfois morales**, est toujours demeuré une utopie à la fois vivace et lointaine.

Dans la Chine des Tang, où la condition paysanne n'est pas plus enviable que dans l'Europe ancienne, **il existe plusieurs catégories de personnes qui travaillent la terre**. Il en va de même jusqu'aux modifications profondes apportées au début de la seconde moitié du xxe siècle par les autorités de la République populaire de Chine, modifications dont une partie importante a déjà été annulée au cours de l'avant-dernière et surtout de la dernière décennie du siècle.

a) **Les premiers sont ceux, paysans libres** en réalité assez rares, **qui se trouvent dans les conditions prévues par les règlements**. Ils ont reçu de l'Etat en viager la surface de terre correspondant à la composition de leur famille, terre généralement attribuée après la pacification de régions auparavant troublées ou bien récemment conquises, ou encore rendues libres à la suite de l'émigration vers le Sud de nombreuses familles paysannes. Dans ce cas de figure, le chef de famille garde la terre jusqu'à ce qu'il ait atteint soixante ans. L'attribution est ensuite transférée à un autre (souvent un de ses fils), lui-même devenant attributaire d'une part au titre de la famille dans laquelle il réside désormais (souvent aussi celle d'un de ses fils). Dans le meilleur des cas, c'est-à-dire en l'absence de guerre ou de catastrophe naturelle, la famille peut ainsi subsister et payer ses impôts.

b) **D'autres sont fermiers ou métayers**, c'est-à-dire qu'ils cultivent des terres appartenant à autrui, moyennant des avantages en nature (grains, semailles, outils) ou bien, dans le cas des fermiers, le partage de la récolte avec le propriétaire. Ils ont pu soit s'engager de leur plein gré, soit être contraints par la nécessité à la vente de leur terre. Il suffit en effet d'une mauvaise saison pour que les paysans soient réduits à emprunter de quoi acheter des semailles ou de nouveaux outils. Les taux de prêt étant usuraires (jusqu'a 6 % par mois), le moindre contretemps survenant à nouveau (corvée intempestive, sécheresse ou inondation) achève de ruiner l'économie familale et oblige à céder les terres.

c) **D'autres enfin parviennent difficilement à survivre en se louant comme journaliers** à des propriétaires de domaines agricoles, **ou en sont réduits à se vendre comme esclaves, éventuellement avec leur famille**.

Les principaux obstacles à la vie paysanne sont donc les intempéries, extrêmement fréquentes en Chine comme on le sait, **les corvées** dont la durée dépasse souvent celle fixée par la loi et empêchent le bon déroulement de la saison agricole, et enfin **les taux élevés de l'emprunt**. Le nombre de paysans libres, qui remonte après chaque réforme agraire, baisse à nouveau rapidement au profit des grands domaines. Ceux-ci proviennent de l'attribution de terres aux fonctionnaires, d'achats plus ou moins forcés réalisés par ces derniers auprès des paysans et d'agrandissements successifs réalisés illégalement par un jeu d'acquisitions et d'héritages ou grâce au déclassement de terres agricoles déclarées comme zones incultes ou terrains de chasse.

Les autres grands propriétaires terriens sont les monastères bouddhistes, expropriés en 845 mais qui n'allaient pas tarder à renaître de leurs cendres, bien qu'avec des proportions moins considérables.

Quoi qu'il en soit, **dans un pays où les conditons naturelles sont particulièrement inclémentes** et où, on l'a vu dans la seconde moitié du XXe siècle, inondations et sécheresses viennent quasi systématiquement contrarier les travaux agricoles, **deux problèmes majeurs se sont posés durant plus de deux millénaires à l'agriculture chinoise. D'une part, les ponctions de main-d'œuvre** opérées par les corvées et l'enrôlement dans l'armée, et **d'autre part, la question de la propriété de la terre**, mettant en cause à la fois la taille des exploitations agricoles rendues fragiles par leur exiguïté et celle des grands domaines qui, ne cessant de croître, s'approprient peu à peu les terres arables et ceux qui les cultivent.

Les conséquences inévitables de cet état de fait sont le **maintien de la paysannerie dans la misère** et son corollaire : les **révoltes paysannes**. Elles ont plusieurs fois éclaté sous la dynastie des Han et elles feront à nouveau irruption sous les Tang, quelque glorieux que soit le souvenir laissé par ces deux dynasties.

MINES ET INDUSTRIE

Les mines et les fournitures militaires nous donnent deux exemples d'activités économiques qui, à l'époque des Tang (618-907) tout comme avant et après eux, **sont strictement encadrées par l'État**. Théoriquement possesseur du sol, l'État l'est aussi du sous-sol. C'est donc lui qui décide de ses modalités d'exploitation.

Bouclier de l'époque des Han

Bouclier de l'époque des Royaumes combattants

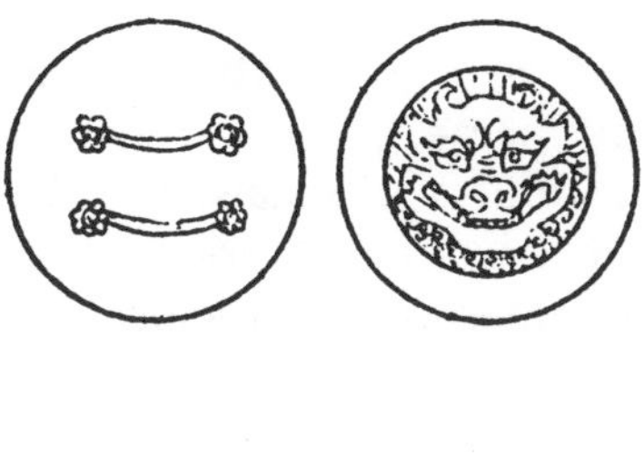

Bouclier de l'époque des Tang

Son intervention directe se fait particulièrement sentir dans le cas du **cuivre** et de l'**argent, métaux essentiels pour la fabrication de la monnaie et dont l'extraction comme l'exploitation fait l'objet d'un monopole d'État.** C'est donc l'Administration qui nomme le personnel dirigeant et parfois même les contremaîtres des mines de cuivre et d'argent. **Les nombreux mineurs et ouvriers fondeurs qui y travaillent sont exemptés de corvée et de service militaire**, mais sont redevables de l'impôt sur les foyers, comme les paysans.

Parallèlement à l'exploitation de ces métaux, **des ateliers d'État fabriquent les monnaies et lingots** demandés par l'Administration des Finances.

La production du **fer**, indispensable **pour la fabrication des outils et des armes**, est soumise elle aussi à un strict contrôle de la part des agents de l'Etat. D'autre part, **les fournitures en armes et en matériels divers** exigées par une armée aussi nombreuse que celle des Tang sont assurées par des ateliers strictement contrôlés par l'Administration (cf. illustrations). La métallurgie a connu très tôt en Chine un développement considérable, et la force hydraulique y est utilisée depuis le Ier siècle de notre ère pour actionner les soufflets. Le premier pont suspendu à chaînes de fer a été construit juste avant les Tang, sous les Sui (589-617), époque à laquelle a aussi été construit pour la première fois un pont à arches segmentaires (610).

D'autre part, **c'est à l'époque des Tang qu'apparaissent en Chine du Sud les premiers ateliers industriels de céramique**. Des progrès dans les procédés de fabrication et la mise au point de fours plus performants permettent en effet la sortie de pièces en nombre considérable qui se différencient de la production artisanale et qui sont exportées en grande quantité d'abord vers les pays voisins puis de plus en plus loin, en suivant la Route de la Soie ou en empruntant les voies maritimes. **Des influences réciproques dans le domaine de la céramique sont nettement perceptibles avec la Perse.**

Dans le domaine de la céramique comme dans bien d'autres, il existe à la fois des ateliers privés et des ateliers d'État. **Dans les ateliers d'État, les recherches technologiques sont particulièrement poussées.** C'est là que de nouvelles machines sont construites et expérimentées sous la surveillance de fonctionnaires. Les réalisations technologiques importantes sont présentées à l'Empereur. De tels ateliers existent non seulement dans la capitale impériale, mais aussi bien dans les deux autres capitales des Tang et dans les principales cités de province.

La mainmise systématique de l'État sur les principales ressources minières comme sur les ateliers les plus performants n'a pas permis, dans la Chine classique, l'éclosion d'un capitalisme industriel et c'est toujours d'une manière strictement encadrée par l'Administration que les activités industrielles s'y sont développées. Dans ce domaine, la République populaire de Chine n'a eu qu'à suivre l'exemple des époques précédentes.

COMMERCE

Là encore, c'est par le mode de relations existant entre les commerçants et l'Administration qu'il faut expliquer l'**absence en Chine d'un capitalisme marchand** du même type que celui qui fleurit en Europe au Moyen-Âge et surtout à la Renaissance. **La classe marchande**, on l'a vu, **a toujours vécu dans la soumission aux lettrés-fonctionnaires** et le rêve des marchands a toujours été que leurs fils pussent passer les examens afin de devenir des lettrés-fonctionnaires (cf. chap. III Les quatre classes).

Deux autres points sont tout aussi importants pour comprendre le contexte de la vie du commerce en Chine. D'une part, les meilleurs éléments de la société sont sélectionnés pour devenir fonctionnaires, cela est considéré comme un fait acquis et admis de tous. D'autre part, les marchands, même s'ils ont la possibilité de devenir fort riches, ne sont jamais à l'abri de ponctions fiscales que nous avons évoquées plus haut et qui les mettent sans recours à la merci de l'Administration. C'est dans ce cadre très particulier qu'il faut donc envisager les pratiques commerciales et leur développement dans l'Empire du Milieu.

Malgré les entraves fiscales et administratives qu'aucune époque n'a négligé de ménager aux marchands, les Chinois ont toujours passé pour un peuple commerçant. L'Antiquité nous a laissé les noms de plusieurs négociants illustres dont un, Lü Buwei, mort en 238 avant notre ère, mérita le nom de « Faiseur de Rois ».

L'époque des Tang a été celle d'un remarquable essor commercial, tant à l'intérieur de l'Empire que du point de vue des échanges avec l'étranger. Un pays immense, peuplé de plus de 50 millions de personnes et comprenant plusieurs dizaines de villes de plus de cent mille habitants, ne peut manquer d'être le théâtre d'une intense activité marchande englobant le transport, le magasinage et le négoce des denrées. **La classe marchande, exerçant une activité universellement méprisée (des lettrés, des paysans comme des militaires), est réputée se livrer à des travaux dégradants et parasitaires.** Il n'y a guère de place pour elle dans le système législatif, sauf pour la répression des fraudes et tricheries caractérisées. Sur les nombreux articles du code des Tang, seuls six traitent du commerce.

Le lieu privilégié du commerce est bien sûr la ville. Chaque agglomération réunissant au moins quinze mille habitants comporte un marché fonctionnant sous l'autorité d'un Intendant général du marché (*shiling*). Les activités des marchés sont géographiquement réparties en rangées quadrillées, ce dont témoigne l'expression qui désigne aujourd'hui encore la banque (*yinhang*, m à m. « rangée consacrée au [négoce de] l'argent-métal »). Avec l'extension du commerce, il devient difficile de contenir les marchands dans le strict emplacement du marché et ils obtiennent de tenir boutique dans les rues des villes. À partir de l'époque des Tang, **les commerçants sont organisés en guildes, dont les chefs sont responsables de la bonne marche et traitent avec l'Administration.** C'est souvent le magistrat local qui choisit puis nomme les chefs des différentes guildes.

Les ventes de certaines catégories de marchandises (par exemple les esclaves, le bétail) donnent obligatoirement lieu à un contrat écrit. Toutes, d'autre part, **sont soumises à une taxe ordinaire de 3,3 %, à laquelle viennent souvent s'ajouter des prélè-**

vements extraordinaires de toutes sortes (sur les marchandises en magasin, sur les transports, sur le chiffre d'affaires, sur certaines catégories de biens...), décidés par l'Administration en fonction de l'état des finances gouvernementales ou locales.

Un certain nombre de denrées commercialement stratégiques, comme le sel, l'alcool, le thé (qui devient à partir des Tang un article de première nécessité) **ou la soie, sont placées sous le contrôle de l'Etat qui en détient le monopole**. Les monopoles sont organisés soit sous forme de régie, soit sous celle d'un réseau commercial de commerçants privés seuls autorisés à vendre telle ou telle denrée. Étant directement intéressés au respect du monopole, ces marchands veillent eux-mêmes à ce qu'aucun point de vente non autorisé n'écoule la marchandise, ce qui diminue la tâche des agents de l'État.

La nécessité de surveiller l'écoulement des denrées sous monopole a conduit l'Administration à créer un Office des Transports, qui assure l'intervention de l'État dans un domaine de l'activité commerciale qui jusque-là lui échappait encore.

Pour le sel, un système de magasins officiels est en outre organisé sur le modèle des greniers de l'État destinés à réguler le prix des céréales. Tout comme ces derniers, **les dépôts de sel appartenant à l'État, et qui sont en théorie destinés à maintenir des prix abordables, sont aussi bien utilisés à des fins spéculatives**. L'Administration elle-même, dans certains cas, s'inspire en effet des méthodes reprochées aux marchands pour renflouer ses caisses.

L'existence de contrôles de l'État aux différents stades de la fabrication, de la circulation et du magasinage des denrées n'empêche pas l'édification de colossales fortunes marchandes, notamment par le négoce des biens faisant l'objet d'un monopole. La spéculation et la corruption prennent en effet leur place dans les rapports entre l'Administration et les marchands, en dépit des efforts de nombreux ministres attentifs à ces fléaux et à l'appauvrissement qui en résulte aussi bien pour les particuliers que pour les caisses de l'État.

De même, la réglementation des transports ni la création de commissaires au commerce maritime pour surveiller le trafic portuaire avec les pays étrangers n'empêchent les gouverneurs des localités côtières de s'enrichir d'une façon parfois extravagante malgré les instructions officielles qui enjoignent de bien traiter **les négociants étrangers** afin de ne pas les décourager de venir en Chine. Ceux-ci **viennent de plus en plus nombreux et des colonies étrangères s'installent même dans certains ports**. C'est ainsi qu'à Canton il y a une communauté arabe de plusieurs dizaines de milliers de personnes à l'époque des Tang. Elle bénéficie de ses coutumes, sa religion, ses mosquées, et s'est établie dans un quartier à part dont les responsables ont avec l'Administration des relations organisées sur le modèle de celles qui existent avec les chefs des guildes marchandes chinoises. Des commerçants étrangers viennent même jusque dans les plus grandes villes de l'intérieur de la Chine et y demeurent parfois plusieurs années. Le commerce extérieur se fait principalement avec les pays limitrophes de l'Asie centrale, le Tibet, la Perse, l'Arabie, le Japon, la Corée, la péninsule indochinoise et les Indes. Pour les pays plus lointains, des chaînes de caravanes servent d'intermédiaire.

La puissance économique du commerce, florissant à l'époque des Tang et qui ne devait plus diminuer par la suite, ne s'accompagne pas directement, on en a vu les raisons, d'une montée en puissance de la classe marchande sur le plan politique. **Il faudra attendre plus d'un millénaire encore pour que des marchands ou des banquiers accèdent, sous la République de Chine, à des postes de responsabilité en nombre proportionnel à leur importance économique.**

MONNAIE

Certaines denrées, comme le grain ou la soie, étaient couramment utilisées, à l'époque des Tang (618-907) et même plus tard, pour le paiement de l'impôt. Une autre façon de s'acquitter de l'impôt est le travail fourni par certaines catégories de contribuables sous forme de corvées. Cela n'empêche nullement que **l'on a depuis fort longtemps recours au métal, sous forme de pièces de monnaie ou de lingots, pour régler des paiements en numéraire, y compris, depuis l'époque des Han (-206 +220), certains impôts**. C'est à l'époque des Tang que la monnaie, sous les différentes formes que nous allons énumérer, commence à prendre le pas sur les autres formes de paiement. C'est ainsi que le traitement des fonctionnaires, jusqu'alors exprimé en boisseaux de grains, l'est désormais en unités monétaires, tout comme le montant d'un certain nombre d'impôts.

Les pièces de monnaies sont en cuivre, rondes comme le ciel et percées en leur centre d'un trou carré comme la terre. Elles portent le nom de *qian*, traduit généralement par « sapèque » et qui aujourd'hui encore désigne les espèces. Ces pièces se trouvent, au moyen d'un lien passé en leur orifice central, réunies en ligatures par mille. **Les petites sommes sont exprimées en nombre de sapèques (pièces),**

les sommes importantes l'étant généralement en nombre de ligatures, appelées traditionnellement « taëls » en français. En principe, chaque ligature ou taël pèse environ 4 060 g et contient 83 % de cuivre, lorsque le poids et l'aloi sont bons. Une ligature « pleine » contient mille sapèques et il exista des ligatures « diminuées » qui en contenaient 750. **La tentation est forte pour l'État, seul émetteur légal de monnaie, de modifier le titre de l'alliage lorsque le Trésor est en difficulté**, ce qui fut presque chronique à partir de la révolte d'An Lushan en 755 (cf. chap., II L'Empire a) Les provinces et les territoires sous tutelle). Il faut désormais lutter à la fois contre la thésaurisation de pièces d'un meilleur aloi que les nouvelles, et contre les faux-monnayeurs auxquels la politique changeante de l'État en matière de monnaie fait la partie belle.

On utilise aussi les lingots d'argent, ou même d'or, dont le titre est constant et contrôlé, et qui sont ainsi une monnaie plus sûre que les pièces.

Le développement du négoce à grande échelle et des transports sur de longues distances se heurte toutefois à d'importants obstacles. L'un d'entre eux concerne les transports de fonds. Le poids considérable des ligatures et même des lingots, le danger de les avoir avec soi, les prélèvements de tous ordres qui sont infligés de façon souvent imprévisible aux détenteurs de fonds en déplacement, ajoutés au manque chronique de numéraire incitent les commerçants de l'époque des Tang à trouver des solutions originales. C'est ainsi qu'ils inventent une **nouvelle forme de paiement : le papier-monnaie**. Celui-ci commence par prendre la forme de lettres de change permettant à un négociant d'obtenir, contre dépôt d'une marchandise en un lieu donné, un certificat qui lui serait remboursé en numéraire dans une localité éloignée de la première. Ce remboursement est effectué soit par un représentant de la firme auprès de laquelle le dépôt initial a été constitué, soit par un client fidèle et régulier de cette firme.

Une telle monnaie, reposant sur la nécessaire confiance de chacun de ses utilisateurs, porte pour cette raison le nom de **monnaie fiduciaire**. Intervenant à l'origine entre des personnes privées au cours du VIIIe siècle, cette innovation est bientôt reprise par l'État, qui en devient l'unique exploitant autorisé. Une fois que l'Administration a décidé de s'approprier cette forme inédite de monnaie, les choses se passent de la façon suivante : un négociant dépose une somme d'argent auprès d'un fonctionnaire qui lui délivre un reçu. Rendu au terme de son périple, il présente ce reçu, appelé **argent-volant (*feiqian*)**, aux autorités locales qui le remboursent en numéraire, moins une commission fixée à l'avance. Ainsi la sécurité du transfert de fonds est-elle à la fois assurée et garantie, et l'État y trouve son compte.

La place grandissante prise par les monnaies (numéraires, lingots, monnaie fiduciaire) ne doit cependant pas masquer la **persistance pour de longs siècles encore de formes de paiements en nature**. Ainsi les textes officiels de la dynastie des Song (960-1279) énumèrent-ils différents modes de perception de l'impôt : en monnaie métallique (pièces et lingots), en grains, en dix sortes de tissus et en denrées variées (animaux domestiques, cuir, corne, laine, thé, sel, bois, fourrages, fruits, plantes médicinales, huiles, papier, charbon, laque, cire).

Quelques chiffres :

Les textes, écrits à cette époque exclusivement par les lettrés, donnent fort peu d'indications chiffrées relatives à la vie quotidienne. On sait cependant qu'en 736 :

– Un fonctionnaire gagne (selon son rang) entre 1 917 et 31 000 sapèques par mois.

– La rentrée moyenne annuelle de l'impôt est estimée par les services fiscaux à 2 600 sapèques par contribuable.

– Quinze sapèques quotidiennes suffisent à se nourrir modestement dans les cantines ambulantes qui de nos jours encore parsèment les agglomérations chinoises.

MESURES

Si les noms des poids et mesures utilisés dans les pays chinois n'ont guère varié avec le temps, il n'en va pas de même pour les quantités qu'ils recouvrent.

On sait que les Chinois ont utilisé dès l'Antiqité le zéro et le système décimal. Aussi ces deux facteurs entrent-ils pour une certaine part dans la définition des poids et mesures. A côté des noms chinois, nous donnerons les traductions traditionnelles telles que l'Institut Ricci les a recensées pour l'établissement de son dictionnaire.

a) **Mesures de longueur :**

1 *chi* (pied) = 0,32 m.
1 *cun* (pouce) = 0,1 *chi* (pied).
1 *fen* = 0,01 *chi*.
1 *bu* (pas) = 5 *chi* (5 pieds = 1,60 m).

1 *zhang* (toise) = 2 pas (*bu*) = 10 pieds (*chi*).
1 *li* = 100 toises (*zhang*) = 576 m.
Les distances entre localités ou les distances parcourues sont généralement exprimées en *li*.

b) **Mesures de surface :**

1 *fang bu* (pas carré) = 25 *fang chi* (pieds carrés).
1 *fang zhang* (toise carrée) = 4 pas carrés (*fang bu*).
1 *fen* = 6 toises carrées (*fang zhang*).
1 *mu* = 10 *fen* = 6,144 ares.
1 *qing* = 100 *mu* = 6,144 hectares.
La surface des exploitations agricoles est exprimée généralement en *mu*.

c) **Mesures de poids :**

1 *dan* (picul) = 100 *jin* (livres) = 59,68 kg.
1 *jin* (livre) = 596,8 g.
1 *liang* (once) = 1/16 de livre = 37,30 g.
1 *qian* = 0,1 *liang*.
1 *fen* = 0,01 *liang*.
1 *li* (ce caractère n'a rien a voir avec le *li* mesure de longueur) = 0,001 *liang*.

d) **Mesures de capacité :**

1 *dan* (ce caractère n'a rien à voir avec le *dan* mesure de poids) = 10 *dou* (boisseaux).
1 *dou* (*boisseau*) = 10 *sheng*.
1 *sheng* = 1,035 litre.
1 *ge* = 0,1 *sheng*.
1 *shuo* = 0,01 *sheng*.
1 *cuo* = 0,001 *sheng*.

Les récoltes et le montant des impôts en grains sont généralement exprimés en boisseaux (*dan*). On cite de nombreux cas de falsification de cette mesure de capacité au détriment des paysans (double fond, mesure plus étroite que la norme, racloir bombé, bois trop épais, etc.). En théorie, une telle falsification est sévèrement punie par la loi.

L'HOMME CHINOIS

學

Xue, l'étude

V

LE TEMPS

« **Aucun philosophe chinois n'a voulu voir dans le Temps un paramètre** », notait Marcel Granet. Ainsi la perception chinoise de l'Histoire, de la succession des événements et aussi bien de l'existence humaine ne s'inscrit-elle pas, comme c'est le cas en Occident, dans une temporalité ayant la particularité d'être pourvue d'un début et se dirigeant vers une fin.

Il est capital, pour nous, d'inscrire la réalité du présent au sein d'un déroulement que nous mesurons au moyen d'unités de temps exactement semblables entre elles en quantité comme en qualité, et dont le décompte commence une fois pour toutes à un moment donné (naissance supposée de l'univers pour la science moderne, fondation de Rome pour les anciens Romains, naissance du Christ pour les chrétiens, création du monde pour les juifs, tenue de la première olympiade pour les anciens Grecs, etc.). Nous disposons ainsi de points de repère précis qui nous permettent de classer les événements en fonction d'une entité que nous appelons Temps et qui constitue un concept fondamental de notre appréhension du monde au sein duquel nous vivons.

Il n'en va pas de la sorte au sein du monde chinois, où l'on n'a jamais ressenti la nécessité de donner à l'Histoire la dimension d'une temporalité progressive. C'est ainsi que les Chinois n'ont à aucun moment de leur histoire éprouvé le besoin de chiffrer la succession des dynasties (comme nous le faisons pour les dynasties de l'Égypte ancienne) ni celle des unités de durée (cycles de soixante années) qui correspondent pour eux à ce que sont pour nous les siècles, auxquels nous attribuons des numéros en fonction d'une année zéro définie par les autorités religieuses chrétiennes. **De même, et pour des raisons philosophiquement analogues, les souverains chinois d'une même dynastie n'ont**

jamais repris systématiquement le nom de leurs prédécesseurs (à l'instar des Louis, rois de France, ou des papes Jean) **en venant prendre place au sein d'une progression chiffrée.**

Il faut dire que les nombres ont au premier chef en Chine une valeur qualitative. Avant même d'être des instruments de calcul, ils constituent des emblèmes de la réalité, permettant de relier entre elles les différentes choses du monde comme par exemple les sons, les couleurs, les saveurs, les orients, tous affectés du chiffre cinq. Le fait que chacune de ces entités soient au nombre de cinq ne constitue pas tant une indication quantitative que la référence à un système de correspondances entre les choses, système au sein duquel elles se trouvent classées par cinq, par six, par huit, par douze, etc. de telle façon que c'est véritablement un mode d'existence de ces choses qui se trouve signalé de la sorte.

D'une part, donc, les Chinois ne vivent point dans un temps linéaire ayant un unique début et destiné à avoir une fin, et d'autre part, ils ne se sont guère préoccupés d'une comptabilité globale du temps propre à replacer chaque moment dans une totalité non renouvelable au sein de laquelle s'écouleraient des unités de calcul égales entre elles. Cela signifie que la notion de début est pertinente chaque fois qu'un événement intervient qui en justifie la mise en jeu. Chaque dynastie, nous le verrons, voit ainsi le temps recommencer sans pour cela que soit nié ou anéanti le temps de l'époque précédente, mais sans non plus que soit établi avec ce dernier un lien chronologique du type de celui auquel nous sommes accoutumés.

Aussi bien le calcul du temps écoulé ne revêt-il un intérêt aux yeux des Chinois qu'à l'échelle de la vie humaine, laquelle prend en compte les quelques générations antérieures et les quelques générations postérieures au sujet pensant. Cela se matérialise par la présence dans le Temple des Ancêtres de la dynastie régnante des tablettes funéraires portant le nom des quatre souverains précédents. Lorsqu'un Fils du Ciel meurt, on ajoute sa tablette funéraire et on retire celle de son cinquième ancêtre, lequel va rejoindre dans l'anonymat le groupe des Ancêtres dynastiques. On voit donc par là que les Chinois n'ont pas conçu la nécessité d'une chronologie prétendant s'ériger en mesure absolue du temps passé et à venir, à laquelle par ailleurs on sait que la science moderne a actuellement renoncé.

C'est sur le modèle du retour des saisons qu'a été conçu un temps cyclique se mesurant en fractions de soixante années,

cycles qui n'ont pas davantage besoin d'être numérotés ou identifiés les uns par rapport aux autres que les différents printemps ou les différents automnes.

Ajoutons que le caractère qui semble le plus proche de notre mot « temps », caractère qui se transcrit *shi*, se prononce à peu près « cheu » et s'écrit avec la clef du soleil, indiquant par là une périodicité calculée d'après le retour journalier et saisonnier de cet astre, signifie dans la langue classique « saison, époque, moment opportun ». Nous sommes loin du Temps sur lequel méditait saint Augustin au soir de la philosophie antique...

CALENDRIER

Le premier acte officiel d'un souverain est de promulguer un Calendrier, acte réitéré par chaque Fils du Ciel lors de son avènement et renouvelé chaque année. Ainsi qu'il apparaît dans des chapitres constamment cités des *Printemps et automnes de Lü Buwei,* texte encyclopédique datant du milieu du IIIe siècle avant notre ère, **le calendrier met en relations étroites** les saisons, les mois, les jours, les heures, avec les cinq agents (ou éléments : bois, feu, terre, métal, eau), les cinq couleurs, les cinq sons, les cinq saveurs, les cinq senteurs, les vents, les orients, les animaux, les plantes, les différentes parties du corps humain, les sentiments, les Esprits, les qualités des hommes ainsi que les rapports qu'ils entretiennent entre eux. Une telle liste est loin d'être exhaustive, elle comprend en effet **tous les éléments du monde, qu'ils soient visibles ou invisibles**. Les relations de correspondance qu'elle suggère se trouvent placées sous l'égide et dans la perspective du mouvement pendulaire incessant qui anime toutes choses du monde. Ce mouvement est conçu à son tour comme une oscillation entre les deux pôles universels que sont le *yin* et le *yang* (cf. chap. VII Philosophie).

On voit que, loin d'être seulement un système chiffré de repères chronologiques, **le calendrier rejoint la cosmologie, la politique, la stratégie en passant par l'agriculture, la morale sociale et individuelle et aussi bien la médecine et la musique**.

Le calendrier chinois est lunisolaire. Une année y comporte en principe douze mois, mais étant donné qu'il est établi en tenant compte des phases de la lune, un décalage existe entre les vingt-

Calendrier traditionnel chinois (4 saisons, 12 lunes, 24 périodes)

PRINTEMPS	1re lune (environ février de notre calendrier)	
	Du 1er au 15	Commencement du printemps *(li chun)*
	Du 16 au 30	Eau de pluie *(yu shui)*
	2e lune (environ mars)	
	Du 1er au 15	Réveil des insectes *(jing zhe)*
	Du 16 au 30	Milieu du printemps *(chun fen)*
	3e lune (environ avril)	
	Du 1er au 15	Pluie des céréales *(gou yu)*
	Du 16 au 30	Lumière pure *(qing ming)*

ÉTÉ	1re lune (environ mai)	
	Du 1er au 15	Commencement de l'été *(li xia)*
	Du 16 au 30	Formation des épis *(xiao man)*
	2e lune (environ juin)	
	Du 1er au 15	Barbes des céréales *(mang zhong)*
	Du 16 au 30	Solstice d'été *(xia zhi)*
	3e lune (environ juillet)	
	Du 1er au 15	Petites chaleurs *(xiao shu)*
	Du 16 au 30	Grandes chaleurs *(da shu)*

AUTOMNE	1re lune (environ août)	
	Du 1er au 15	Commencement de l'automne *(li qiu)*
	Du 16 au 30	Fin des chaleurs *(chu shu)*
	2e lune (environ septembre)	
	Du 1er au 15	Rosée blanche *(bai lu)*
	Du 16 au 30	Milieu de l'automne *(qiu fen)*
	3e lune (environ octobre)	
	Du 1er au 15	Rosée foide *(han lu)*
	Du 16 au 30	Gelée blanche *(shuang jiang)*

HIVER	1re lune (environ novembre)	
	Du 1er au 15	Commencement de l'hiver *(li dong)*
	Du 16 au 30	Petite neige *(xiao xue)*
	2e lune (environ décembre)	
	Du 1er au 15	Grande neige *(da xue)*
	Du 16 au 30	Solstice d'hiver *(dong zhi)*
	3e lune (environ janvier)	
	Du 1er au 15	Petits froids *(xiao han)*
	Du 16 au 30	Grands froids *(da han)*

huit jours du mois lunaire et la durée du mois solaire. Ce décalage est comblé régulièrement par l'adjonction aux douze mois lunaires d'un treizième mois, dit mois intercalaire, à la manière du vingt-neuf février du calendrier actuel occidental. Les années comportant un mois intercalaire, et qui sont appelées années embolismiques, sont au nombre de sept par période de dix-sept ans. On notera au passage que le même caractère (*yue*) désigne le mois et la lune.

Les nombreuses colonies chinoises établies en Occident ont rendu familière aux Occidentaux la variation de **la date** choisie pour être celle **du nouvel an chinois**. Cette date, fixée astronomiquement, **se situe entre la fin janvier et la fin février de notre calendrier**.

Chaque mois est divisé en trois décades, et chaque année est divisée à la fois en douze mois luni-solaires, d'une durée de 29 (« mois courts ») ou de 30 jours (« mois longs »), et en vingt-quatre périodes de quinze jours environ qui sont établies selon la position du soleil dans les douze parties du zodiaque.

On retrouve encore ce chiffre de douze dans la façon dont les Chinois désignent, depuis l'époque des Zhou (1121-256 av. n. è.), chacune des soixante années dont l'ensemble forme un cycle complet jouant le rôle d'un siècle pour nous. Ce cycle sexagésimal est en effet constitué de la combinaison de deux séries de signes : une série de douze appelés « rameaux terrestres » (*dizhi*) et une série de dix appelés « troncs célestes » (*tiangan*). Chaque année est désignée par deux caractères de telle façon que la première année d'un cycle soit désignée par les deux premiers caractères de chaque série, en commençant invariablement par celle des troncs célestes. On obtient ainsi soixante années, la soixante et unième étant à nouveau désignée par les premiers caractères de chaque série. À chaque rameau céleste correspond, selon le système général des correspondances, un signe du zodiaque, une heure de la journée, une direction, un animal qui sera emblématique de l'année et toute une série d'éléments quantifiés (c'est-à-dire, dans la mentalité chinoise, qualifiés) par douze. L'existence en Occident de nombreuses communautés chinoises nous a habitués aussi à ces emblèmes animaliers. Les voici dans l'ordre :

le rat,
le bœuf,
le tigre,
le lièvre,
le dragon,
le serpent,
le cheval,
le bélier,
le singe,
le coq,
le chien,
le cochon.

Ce mode de calcul sexagésimal a été inauguré en 2697 avant notre ère et s'est poursuivi sans interruption depuis cette époque. Nous sommes donc actuellement, pour la période allant de 1984 à 2044 du calendrier grégorien, dans le soixante-dix-neuvième de ces cycles. L'astrologie fait également appel à ces soixante combinaisons de caractères pour désigner les mois, les jours et les heures nécessaires à l'établissement d'un thème destiné à servir de support à la divination (cf. chap. VI, Divination).

Une unité de décompte intermédiaire existe entre l'année et le cycle de soixante ans : l'ère, dont la durée est très variable. Il fut en effet de tradition, entre le deuxième siècle avant notre ère et 1911, de découper le temps en périodes appelées *nianhao*, que nous traduisons par « ère ». Chaque souverain, au début de son règne puis chaque fois qu'il l'estime nécessaire, réinaugure le temps en proclamant l'ouverture d'une nouvelle période qui reçoit un nom. Le nombre de ces périodes par règne, comme leur durée, est à la discrétion du Fils du Ciel tout en dépendant bien sûr des circonstances particulières à telle ou telle époque. Lors des deux dernières dynasties, celles des Ming et des Qing, il n'y eut plus, sauf une unique exception sous les Ming, qu'une seule ère, ou *nianhao*, par règne. Cela fait que les souverains de ces dynasties sont le plus souvent désignés par le nom de leur *nianhao*, comme c'est le cas au Japon aujourd'hui encore.

Lorsqu'on veut indiquer la date précise d'un jour, on donne les indications suivantes : 3ᵉ jour de la 2ᵉ lune de l'année du rat, ou bien, 3ᵉ jour de la 2ᵉ lune de la 8ᵉ année de l'ère Kaiyuan.

En prenant l'ère comme unité de calcul du temps, on date par exemple un événement de la cinquième année de telle ère. Dans le cas de similitude entre deux noms d'ère, il suffit de préciser le nom de règne ou le nom posthume du souverain.

Le calendrier traditionnel, s'il a été remplacé officiellement par l'adoption du calendrier occidental, **reste** cependant **en vigueur** sous le nom de « calendrier agricole » (*nongli*) **pour dater toutes les fêtes** (cf. chap. IX, Repas, banquets et beuveries).

Les plus importantes sont :

la fête du Printemps, ou fête du nouvel an (*guonian* ou *yuandan*), qui a lieu le premier jour du premier mois lunaire,

la fête du Double-Cinq (*duanwu jie*), qui a lieu le cinquième jour du cinquième mois lunaire et qu'on appelle aussi fête des bateaux-dragons, qui est une fête de purification,

la fête de la Mi-Automne (*zhongqiu jie*), le quinzième jour du huitième mois lunaire, et qui est la fête de la lune.

Que ce soit dans le calendrier dit aujourd'hui agricole ou dans le calendrier occidental, les mois en Chine portent des numéros de un à douze et n'ont point de nom. Le mois intercalaire est simplement désigné sous ce nom de « mois intercalaire (*runyue*) ».

MESURE DU TEMPS

« **Six siècles d'horlogerie mécanique en Chine ont précédé l'apparition des horloges en Europe occidentale** », rappelle Joseph Needham. L'on dispose en Chine à l'époque des Tang (618-907) d'horloges équipées d'un échappement à chaînes et d'un engrenage planétaire lunisolaire, donnant l'heure avec une marge d'erreur de moins de deux minutes par vingt-quatre heures. Des appareils assez précis de mesure du temps avaient été construits dès la dynastie des Han (-206+220), ce qui donna tôt un caractère défini à la division de la journée chinoise en douze heures.

L'heure chinoise a une durée double de la nôtre, laquelle est appelée pour cette raison « petite heure » (*xiaoshi*) en chinois moderne. Chaque heure du jour se trouve placée sous le signe d'un animal emblématique (les mêmes et dans le même ordre que pour les années) selon l'ordre suivant :

première heure : 23h-1h, heure du rat,
deuxième heure : 1h-3h, heure du bœuf,
troisième heure : 3h-5h, heure du tigre,
quatrième heure : 5h-7h, heure du lièvre,
cinquième heure : 7h-9h, heure du dragon,
sixième heure : 9h-11h, heure du serpent,
septième heure : 11h-13h, heure du cheval,
huitième heure : 13h-15h, heure du bélier,
neuvième heure : 15h-17h, heure du singe,
dixième heure : 17h-19h, heure du coq,
onzième heure : 19h-21h, heure du chien,
douzième heure : 21h-23h heure du cochon.

Durant les heures de nuit, de la onzième à la troisième heures incluses, les portes des villes et des quartiers sont fermées et des rondes de guet surveillent les passants.

À partir du moment où les appareils de mesure du temps deviennent suffisamment précis, la durée de chaque heure est constante, tout en variant un peu selon la saison, les heures de nuit étant plus longues en hiver qu'en été. Auparavant, il y avait eu des cadrans solaires, sur lesquels comme en Occident on pouvait lire des devises comme « un pouce d'or aurait du mal à acheter un pouce du temps qui passe », ainsi que des clepsydres.

JOURNÉE DU CHINOIS

De même qu'on faisait (et que dans bien des cas on fait encore) appel au géomancien pour définir l'orientation des pièces et des ouvertures d'une maison ou d'un bâtiment avant sa construction, **on se renseignait (et on le fait encore) pour savoir si les jours à venir sont fastes ou néfastes** (cf. chap. VI, Divination).

Pour cela, on a recours à une méthode combinant la désignation des jours par les deux caractères (un tronc céleste et un rameau terrestre) avec le système des correspondances dit « *yin-yang* cinq agents » (cf. chap. VII, Philosophie). Selon ces critères, certains jours sont réputés adaptés à tel ou tel type d'activité, ou encore sont déclarés néfastes à tout dessein. C'est ainsi que par exemple six jours dans le mois sont impropres à la venue d'un médecin dans une maison. Les Chinois ont toujours eu coutume de consulter les sorts avant de fixer une date à laquelle entreprendre quoi que ce soit de déterminant (engagement, contrat, rendez-vous important, inauguration...).

L'expansion rapide de l'imprimerie dès l'époque des Tang permet la diffusion de deux sources importantes d'information pour la vie économique et politique de tout le pays : **l'almanach**, d'apparition un peu postérieure à la dynastie des Tang, donnant la date des solstices et des équinoxes, ainsi que des informations sur celle des cinq phases (bois, feu, terre, métal, eau) qui est dominante pour chaque jour, **et aussi une gazette officielle** attestée dans la première moité du VIIIe siècle, probablement sous forme xylographiée, et qui contient les dernières nominations, destitutions, annonces du décès des hauts dignitaires et autres événements intervenant dans les affaires du pays. L'on a donc soin, avant de décider de ce qu'on va faire de sa journée, de s'informer des augures de tous ordres sous lesquels elle se présente.

La journée chinoise commence très tôt, par une salutation devant l'autel domestique (cf. Culte des ancêtres), puis un premier repas consistant en riz (ou nouilles), légumes, soupe (cf. chap. IX, Repas, banquets et beuveries). S'il n'est pas trop tôt et que l'on vive dans la même maison que ses vieux parents, on leur rendra visite avant toute autre activité, pour s'enquérir de leur santé et de leurs besoins. Les audiences officielles, que ce soit au Palais ou au siège de la magistrature locale, ont souvent lieu dès la quatrième heure (entre 5 h et 7 h). Les affaires, qu'elles soient administratives ou commerciales, se traitent jusqu'au milieu de l'après-midi, en tenant compte comme on l'a dit des jours et éventuellement des heures fastes et néfastes. L'on ne travaille guère, dans l'Administration et le haut négoce, après le milieu de la neuvième heure (vers 16 h).

Alors commence la partie de la journée consacrée aux loisirs, réceptions, visites. C'est à ce moment que les notables reçoivent, une fois traitées les affaires du jour. C'est aussi le moment des visites dans les « quartiers des Fleurs et des Saules », lieux de plaisir où sont installées toutes sortes de restaurants et de maisons de prostitution (Cf. chap. IX, Les loisirs), ou bien de l'étude pour ceux, nombreux parmi les mandarins, qui possèdent d'abondantes bibliothèques et qui cumulent avec leurs responsabilités administratives une activité de peintre, de poète, de calligraphe (cf. chap. VIII, Les arts).

Si l'on se rend à une fête ou à un banquet, on ne manquera pas, le cas échéant, d'aller saluer auparavant ses parents et de toutes façons l'on s'inclinera devant l'autel domestique avant de se coucher.

En dehors des jours des grandes fêtes (cf. chap. VI, Fêtes), **il y a pour chaque activité la fête du Saint-Patron,** ancien personnage du métier divinisé après sa mort. Ce jour est consacré aux réjouissances et cérémonies chez soi et dans le temple du Patron. Il est chômé pour tous les membres de la guilde ou les professionnels concernés. **Les fonctionnaires ont droit**, pour leur part, en dehors des jours précis des fêtes, **à un jour de congé par décade, une cinquantaine de jours par an répartis en courtes périodes** (généralement à l'occasion des grandes fêtes) **et deux ou trois décades tous les trois ans** pour retourner dans leur famille.

Bien sûr, il n'en va pas de même pour les petits vendeurs, les artisans ainsi que ceux, bateleurs, courtisanes, jongleurs, chanteurs, dont le métier est de distraire les autres. Quant à la vie paysanne, elle est exclusivement réglée sur les travaux agricoles et, mis à part les jours de grandes fêtes, elle est tout entière consacrée au labeur.

ÂGES DE LA VIE

C'est **avant même la naissance** d'un enfant qu'on se préoccupe de ce qu'il sera et deviendra. Idéalement, et dans les familles citadines, il s'agira d'un garçon qui deviendra un riche lettré, ce qu'**un certain nombre de prières, de talismans et de cérémonies votives** est supposé assurer.

Au moment de la venue au monde de l'enfant, la date, l'heure et la minute de la naissance sont précieusement notées afin d'être communiquées au devin. Qu'il s'agisse d'un garçon ou d'une fille, il y a lieu d'accomplir des rites et des pratiques destinés d'une part, à accueillir le nouveau-né et d'autre part, à le protéger contre les influences néfastes. En font partie **le bain du troisième jour**, dans lequel on jette des pièces de monnaie et des fruits et après lequel on vêt les garçons de rouge et les filles de vert, puis **les festivités du mois révolu** (*manyue*) au cours desquelles on rase la tête de l'enfant, ce qui continue à se pratiquer de nos jours. Une quantité d'amulettes en tous genres sont offertes à ces occasions à l'enfant et à ses parents.

Le centième jour de la naissance et le premier anniversaire (jour où l'enfant atteint en âge chinois deux ans, car le nouveau-né est considéré comme ayant un an) sont également l'occasion de cérémonies au cours desquelles la station devant l'autel domestique ainsi que les mets qui y sont disposés sont plus considérables que d'habitude.

C'est **à l'âge de sept ans que commence l'instruction proprement dite**. Le petit garçon commence alors à fréquenter l'école ou un précepteur afin de se familiariser avec la lecture, l'écriture et les textes classiques. Il n'est pas rare, dans les familles aisées, que les filles, elles aussi, reçoivent ce type d'éducation littéraire, qui s'ajoute alors pour elles à l'initiation aux travaux d'aiguille. Dès l'époque des Han (-206+220), des femmes se distinguèrent parmi les lettrés, même si elles y furent toujours une très petite minorité (cf. chap. X, Éducation et école).

L'éducation et l'instruction ayant pour but principal l'insertion du jeune au sein de la communauté familiale et sociale, elles mettent avant tout l'accent sur les valeurs de cohésion et d'harmonie au sein du groupe. **Il ne s'agit pas de former des adultes destinés à s'émanciper de leurs parents puis à les quitter, mais des gens capables de continuer une chaîne immémoriale compre-**

nant des dizaines de générations dont plusieurs à chaque époque sont en principe destinées à vivre sous le même toit. Une famille idéale comprend en effet les grands-parents, les parents, les enfants établis et leur progéniture. On se doute que seules les familles de la haute société ont les moyens de correspondre à ce modèle, néanmoins profondément ancré dans les mentalités et transmis par les textes (cf. chap. X, Famille, femmes, enfants).

C'est en droit à partir de vingt ans et en fait aux environs de **trente ans** que **les garçons** de la haute société **se marient**, avec des femmes un peu plus jeunes qu'eux mais de la même génération. À cet âge, le garçon a pu passer les examens et déjà faire ses preuves. De nombreuses et longues cérémonies marquent le mariage, étape capitale dans une existence, bien qu'il ne soit ni indissoluble ni investi d'une quelconque valeur religieuse. Il est remarquable que le fait de s'être marié pauvre et de s'être enrichi par la suite constitue un obstacle légal absolu à la répudiation d'une épouse.

Les fonctionnaires, les gros négociants sont appelés à voyager et à vivre loin de leur famille. Ils laissent généralement femme et enfants au foyer paternel et reviennent les voir quand ils le peuvent.

Un fonctionnaire prend normalement sa retraite avant soixante-dix ans. À cette occasion, il peut recevoir de la part de l'État une gratification exceptionnelle, mais jamais de revenu fixe jusqu'à sa mort, dans la mesure où il paraît naturel que des parents âgés soient entretenus par leurs enfants.

Dans les autres couches sociales, le père de famille continue à travailler jusqu'à ce que ses fils puissent reprendre ses activités. Ceci n'a changé que dans les dernières décennies du XXe siècle, lorsque la politique de l'enfant unique eut réduit considérablement les possibilités économiques des familles et contraint l'État à envisager un système de retraite à l'occidentale.

RITES DE PASSAGE
(ÉTAPES DE LA VIE)

Les tous premiers rites, on l'a vu, **précèdent la naissance**. Ils consistent notamment en cadeaux faits à la future mère par ses parents au cours du dernier mois de la grossesse. D'autres cadeaux rituels sont faits le jour de l'accouchement, puis tous les sept jours jusqu'au vingt et unième. On a évoqué déjà les rites du troisième jour et ceux du **premier mois**, ces derniers comportant notamment la **première sortie**.

C'est le jour du premier anniversaire qu'a lieu la cérémonie du choix de la carrière future : on présente à l'enfant un pinceau, des livres, un abaque, des pièces de soie, des aiguilles (cette liste n'est pas limitative) et le premier objet qu'il saisit est supposé indiquer ses dons et ses inclinations.

À sept ans, après le choix d'un jour faste, l'enfant inaugure ses études. C'est à l'époque des Tang, en raison de l'apparition de l'imprimerie, que l'enseignement commence à se répandre considérablement. Le choix de ce premier jour d'études est fait par le devin, généralement un *daoshi* (prêtre taoïste), en fonction des huit caractères (deux pour l'année, deux pour le mois, deux pour le jour et deux pour l'heure de la naissance) formant le thème astrologique. D'une façon générale, chaque événement de la vie est en Chine une occasion de faire appel à la divination par les huit caractères (*ba zi*), celle-ci étant souvent associée à la consultation des huit trigrammes (*ba gua*) à l'aide lesquels sont formés les 64 hexagrammes du *Livre des mutations* (*Yijing*, anciennement transcrit *I King* ou *Yi King*) (cf. chap. VI, Divination).

Les principes de l'éducation comme ceux des études reposent avant tout sur la nécessité de l'acquisition d'une politesse, d'une urbanité destinées à rendre harmonieuses les relations sociales. L'idée d'un épanouissement individuel n'en est cependant pas absente, puisqu'il s'agit aussi de reconnaître les dons d'un enfant afin de les cultiver, mais le statut individuel a toujours été considéré, en Chine, comme étroitement subordonné au réseau familial et social.

La fin de l'enfance est marquée **pour les filles** ayant atteint **leur quinzième année** par le port des épingles de tête **et pour les garçons** par l'imposition par le chef de famille, en **leur vingtième année**, du bonnet viril. Ces événements, qui ont lieu lors de la fête des morts, le troisième jour du troisième mois, coïncident avec les cérémonies d'hommage aux ancêtres. Ils ont donc lieu durant des réunions familiales devant l'autel domestique. **Après cette étape, les enfants sont considérés comme des adultes, sans toutefois qu'il soit mis fin à leur dépendance vis-à-vis de leurs parents, cette dépendance durant autant que la vie des parents.**

L'étape suivante d'une vie est constituée par les fiançailles et le mariage, appelé « la grande affaire ». C'est par un intermédiaire (généralement une entremetteuse patentée) que passent les familles des futurs époux pour entrer en contact entre elles. La dimension économique du mariage est un facteur déterminant pour le choix des alliances entre familles. L'entremetteuse sait quelle famille elle peut rapprocher de quelle autre et en tout cas elle connaît parfaitement la procédure à suivre pour que personne ne risque de perdre la face si les préliminaires devaient demeurer sans suite. La première forme officielle d'un rapprochement espéré est l'**échange de cartes** portant les huit caractères composant le thème de chacun des fiancés ainsi que des renseignements sur les familles (titres et fonctions des ascendants, identité du chef de famille…). Une fois acquise la certitude que les thèmes et la position sociale des deux jeunes gens sont complémentaires, on peut choisir un jour faste pour l'**échange des coupes**, qui constitue la première rencontre (en tous cas la première entrevue officielle) des deux promis. Des cadeaux rituels sont ensuite envoyés par chaque famille, selon un calendrier précis. **Le mariage lui-même consiste en l'arrivée de la fiancée dans la maison de sa future belle-famille, en palanquin et avec une suite aussi nombreuse et brillante que le permet la fortune de sa famille**. Des rites de salutation aux morts et aux vivants ont alors lieu et l'on prend soin de porter la jeune épouse afin qu'elle ne foule ni le seuil ni le sol de la maison lors de sa première entrée.

Par la suite, **chaque prise de fonction ou chaque ouverture de négoce ont lieu un jour choisi comme faste et sont l'occasion de cérémonies votives.**

Lorsque la mort approche pour un membre de la famille, on prépare le vêtement rituel avec lequel il sera enterré et, chaque fois que c'est possible, on l'en revêt avant le trépas. Ce moment venu, tous les membres de la famille prennent le deuil, ainsi que les domestiques et les clients (au sens latin du terme, c'est-à-dire tous ceux qui, parents pauvres et relations diverses, sont entretenus aux frais de la famille). **Prendre le deuil signifie s'habiller de couleur blanche, de manière simple et s'interdire un certain nombre d'activités**. Une tenue de deuil, de lin blanc avec un bonnet de coton, est réservée aux cérémonies proprement dites ponctuant le temps des funérailles, lequel peut durer plusieurs semaines. La durée et l'intensité du deuil sont strictement précisées par les rituels. Le décès des parents met par exemple un fonctionnaire hors d'état d'exercer ses fonctions trois années durant (ces trois années sont en principe calculées de la façon suivante : un jour compte pour la première année, un an pour la seconde année et un jour à nouveau symbolise la troisième). Selon la proximité du lien avec le défunt, on doit observer le deuil pour une période variant de quelques jours aux trois années du deuil parental.

Là encore, il importe de se faire indiquer les jours propices à chacune des étapes des cérémonies mortuaires, de la mise en cercueil provisoire jusqu'à la mise en bière et à l'enterrement. On fabrique (cela se fait toujours) en papier les biens nécessaires au confort du défunt dans l'au-delà : chars et attelages, instruments divers (aujourd'hui automobiles, appareils électro-ménagers, ordinateurs). L'emplacement de la tombe est choisi en fonction de critères géomantiques faisant intervenir le système *yin-yang* cinq agents (cf. chap. VII, Philosophie).

La vie entière est ainsi rythmée par des rites et des cérémonies mettant en jeu un grand nombre d'éléments symboliques choisis avec soin et dont il importe de respecter l'ordre, la provenance et la disposition.

VI

LA VIE RELIGIEUSE

Les Chinois sont-ils religieux ? Poser la question a déjà l'air d'y répondre. Se pourrait-il pourtant qu'un peuple à la civilisation millénaire, vivant en un pays couvert de temples et de chapelles, d'autels et de monastères, ne soit pas religieux ?

Laissons d'abord parler des spécialistes, c'est-à-dire des religieux catholiques envoyés « à la Chine » comme on disait alors. Jean de Pérouse écrivait en 1326 : « On admet ici cette opinion ou plutôt cette erreur que **chacun peut faire son salut dans sa religion** ». En 1699, le Père de Prémare notait des bonzes qu'« ils ne sont guère mieux vus auprès du peuple [...] dont toute la religion ne consiste qu'en **des superstitions bizarres, que chacun se forme à sa fantaisie** ». Le Père Huc à son tour, au milieu du XIXe siècle, affirmait dans son passionnant *Empire chinois* qu'il avait fallu « des lois draconiennes pour tenir dans le devoir ces **populations matérialistes, vivant sans Dieu, sans religion et, par conséquent, sans conscience.** » Cette belle unanimité, qui couvre plus de cinq siècles, pourrait aussi bien concerner l'époque qui nous sert de référence, celle de la dynastie des Tang (618-907).

Si l'on considère qu'une religion se reconnaît à la foi en des dogmes, en une création divine du monde et en l'existence de divinités n'ayant rien de commun avec les pauvres humains que nous sommes, il faut admettre que les Chinois ne sont pas religieux. Peut-être même la présence dans l'empire des Tang de tant de religions différentes (taoïsme, bouddhisme, manichéïsme, islam, mazdéïsme, christianisme nestorien, judaïsme) ayant pignon sur rue, temples, ministres et cérémonies, est-elle le signe d'un manque d'intérêt en profondeur pour la chose religieuse. Les Chinois n'ont guère manifesté d'opposition de principe à l'apparition chez eux de religions nouvelles, pourvu qu'elles ne vinssent pas heurter leurs convictions morales et que leur prosélytisme ne remît pas en cause les fondements mêmes de la société. Le succès du bouddhisme, d'ailleurs pris au début (vers la fin du Ier siècle de notre ère) pour un avatar du taoïsme, en est la preuve, ainsi que le coup de frein mis à son expansion en 845, qui s'accompagna d'un raidissement certain vis-à-vis des autres religions étrangères.

Granet faisait remarquer, à propos de ce qu'il appelle « la religion officielle », tout droit venue du confucianisme, que « **le cas est assez curieux d'une religion sans clergé, d'une religion dont la partie dogmatique est sans importance véritable, religion simplement fondée sur le conformisme social et à base de positivisme moral** ». Dans pareil cas, force est de constater que le mot de « religion » recouvre plutôt un certain nombre de cérémonies rituelles destinées à assurer la pérennité d'un ordre cosmique auquel l'ordre social est conçu comme étroitement lié.

C'est donc l'image d'une relative indifférence religieuse que donne la Chine d'une façon générale, et la Chine des Tang en particulier, si encore une fois l'on prend le mot « religion » au sens que nous autres Occidentaux lui accordons habituellement.

Il faut cependant se garder d'en conclure que les Chinois ne se rendent ni aux temples ni aux autels. Bien au contraire, ceux-ci sont aussi nombreux que fréquentés, comme ils le sont à nouveau en République populaire de Chine depuis la libéralisation de la politique religieuse. Ces lieux de culte ou de cérémonies sont consacrés à toutes sortes de divinités dont la particularité est d'être proches de leurs fidèles. Il s'agit en général de personnes dont la vie exemplaire a justifié qu'elles soient érigées au rang des dieux, ou bien de divinités locales au sens le plus large : depuis le dieu du lit ou de la porte d'entrée jusqu'à celui de la montagne ou du cours d'eau voisins, et les personnalités divinisées vont du général illustre au poète de génie, en passant par le saint Patron de chaque corporation et les dieux de chaque partie du corps humain.

Le taoïsme, dont il faut distinguer la forme religieuse de l'aspect philosophique, a parfaitement intégré ces milliers de déités et en explique la présence en des mythologies fort complexes. Le bouddhisme, dont l'expansion extraordinaire reçut un coup d'arrêt notamment pour des raisons administratives et fiscales en raison de l'incroyable richesse de ses établissements, fait lui aussi assez bon ménage avec cette myriade de protecteurs de toute sorte.

En somme, et bien que la ferveur religieuse ni les chemins de la mystique ne soient demeurés inconnus à la Chine, **c'est dans la perspective générale d'une conservation (ou d'une restauration)**

de l'ordre du monde, lequel concerne aussi bien l'organisation de la famille et l'économie de la maison que les phases de la lune ou les rites relatifs à l'agriculture qu'il convient de replacer les croyances et les pratiques religieuses des Chinois.

LES « TROIS RELIGIONS »

L'expression *sanjiao,* que l'on traduit tantôt par « **les trois enseignements** » et tantôt par « les trois religions » désigne communément en Chine, depuis le ve siècle de notre ère, l'ensemble formé par **le confucianisme, le taoïsme et le bouddhisme**. Que les Chinois ne se reconnaissent pas dans les cloisonnements étanches que nous avons soin de mettre entre les doctrines, les Écoles et les théories se vérifie encore en cette matière. Vers 434 de notre ère, Huilin avait écrit un ouvrage auquel il avait tout d'abord donné comme titre : *De l'Égale Bonté des trois enseignements (Junshan lun).* Cette idée fut régulièrement reprise au cours des siècles dans la phrase devenue adage : « **Les trois enseignements ne font qu'un** ».

S'il faut garder en tête la perméabilité doctrinale qui caractérise la mentalité chinoise, il importe néanmoins de rappeler ce qui sépare ces trois courants, ces trois modes de vie, ces trois perceptions du monde qui se sont souvent opposés avec âpreté, tout en se faisant des emprunts croisés.

1) **Le confucianisme est de toute évidence le moins religieux de ces trois enseignements.** Fondé avant tout sur les rapports entre les règles de la nature et les interdits moraux, rapports dont la ritualisation assure l'efficacité, il s'appelle en chinois « École des Lettrés » (*rujia*). **Il fait de l'observation du monde et de la transmission de cette observation par l'enseignement la base même de l'organisation sociale.** Ainsi n'y professe-t-on point que la famille a un chef parce qu'un Dieu l'a voulue ainsi, mais parce que la Nature nous montre, d'une part, l'impossibilité de subsister dans l'anarchie, et d'autre part, l'existence d'une hiérarchie aussi bien chez les animaux que dans les choses elles-mêmes. Une attitude ne sera pas réputée bonne parce qu'elle est conforme à une morale préétablie, mais parce qu'elle s'insère harmonieusement dans l'économie générale du cosmos. Il s'agit, par l'efficacité de ses principes et de sa conduite, de

favoriser le déroulement harmonieux des cycles vitaux essentiels à la pérennité du monde. En même temps qu'il affirme son horreur des dogmes, Confucius (551-479 av. n. è.) affiche une attitude ambiguë vis-à-vis des dieux : il se comporte « comme si » les dieux existaient, car il ne saurait être mauvais pour les humains qu'ils aient l'impression que leur conduite soit sous surveillance.

Destiné à ses origines à former des conseillers et idéalement des gouvernants eux-mêmes, le confucianisme fut, à l'époque des Han (-206+220), organisé en idéologie officielle. Il finit par y avoir des temples de Confucius dans toutes les sous-préfectures, sans que ce dernier soit à proprement parler divinisé. Il n'y eut bientôt plus, en effet, de statue du Maître dans les temples qui lui étaient dédiés, afin d'éviter toute forme d'idolâtrie. Sa tablette y est présente, ainsi que celles de ses disciples et de grands lettrés, et les bâtiments adjacents au temple sont affectés à l'enseignement et à l'étude. Les cérémonies les plus importantes qui s'y déroulent, comme cela est toujours le cas à Taïwan, en Corée, au Japon, à Singapour et maintenant à nouveau en République populaire de Chine, sont organisées à l'occasion de chaque anniversaire de sa naissance (le 27e jour de la 8e lune). Ces cérémonies ne font appel à aucun clergé, ce sont les mandarins et les enseignants qui y officient. **Ainsi les formes extérieures d'une sorte de religion sont-elles bien là, sans toutefois qu'il y ait prêtres, prières ni adoration, mais plutôt recueillement et méditation, soutenus par des musiques et des défilés rituels**.

Dépourvu de divinités au sens personnalisé de ce terme, le confucianisme reconnaît l'existence de forces naturelles qui, bien qu'inexorables, sont en jeu dans le monde. La survie après la mort est diversement considérée, souvent de manière plus symbolique que réelle (nous y reviendrons à propos du culte des ancêtres) et en tout cas bien éloignée de la recherche de l'immortalité menée par les taoïstes.

2) **Le taoïsme** est sans doute aussi ancien que le confucianisme, et une légende maintes fois reprise fait de Confucius le disciple de Laozi (Lao-tseu). De même que le confucianisme, et dans les mêmes termes, le taoïsme s'assigne pour objectif d'aider chacun à « nourrir ses souffles vitaux, *yang qi* » (cf. chap. VII, Philosophie). Mais au lieu de partir de l'inéluctabilité de la vie en société, et donc de considérer les rapports entre les humains comme un élément naturel au même titre que les relations entre l'homme et le monde

dont il fait partie, le taoïsme **entend privilégier une forme de retour à la vie spontanée, instinctive, authentique, brimée par les compromissions et les dévoiements que nécessite l'établissement d'une société, d'une hiérarchie et de règles morales, sociales, politiques**.

Ce souci d'une écoute des voies de la nature prend deux aspects, tous deux reconnus comme taoïstes : l'un philosophique et l'autre plus proprement religieux.

– Le premier insiste sur la méditation à partir de textes comme le *Daodejing* (anciennement transcrit *Tao tê king*) supposé œuvre de Laozi, le *Yijing (Livre des Mutations*, commenté aussi bien par les confucianistes), ou le *Zhuangzi* (anciennement transcrit *Tchouang tseu*) datant de l'époque des Cent Écoles (Vᵉ-IIIᵉ siècles av. n. è.), textes qui eurent une riche postérité philosophique.

– Le second, qui se développe à partir du IIᵉ siècle de notre ère, divinise Laozi en se réclamant à la fois d'une tradition ésotérique remontant à Huangdi, l'Empereur Jaune (également divinisé), et d'une série de textes miraculeusement révélés. Les enseignements de ces courants à tendance religieuse et parfois mystique sont souvent regroupés sous le nom de Huanglao (« Huang » pour Huangdi, l'Empereur Jaune et « Lao » pour Laozi). C'est dans ce cadre que furent élaborés **une série de rites, de pratiques, de talismans et de cérémonies magico-religieuses où la prière, la transe et l'extase ont leur part**. Ces cultes sont servis par des prêtres parfois organisés en sociétés secrètes (dont certaines jouèrent un rôle politique important en canalisant les mécontentements populaires) et parfois réunis officiellement en monastères. Le lieu du culte et de l'invocation des divinités peut être soit un endroit magiquement déterminé par l'officiant, soit un temple ou une chapelle. Dans tous les cas, le but des cérémonies est d'entrer en contact avec les dieux afin d'apprendre d'eux ce qu'il convient de faire pour apaiser leur courroux, appeler leur bienveillance ou bénéficier de leurs conseils. Ces cérémonies ne sont pas sans rapport avec les pratiques chamaniques.

Pour le taoïsme religieux, le monde, dans sa double dimension microcosmique et macrocosmique, est peuplé de dieux. Ceux-ci sont parfois des humains ayant, par sagesse et initiation, réussi à vaincre la mort. Il existe donc une voie qui, à travers un certain nombre de pratiques, d'ascèses et d'exercices à résonance magique, est susceptible de conduire l'adepte jusqu'à l'immortalité.

Il existe également une dimension médicale de la tradition taoïste, sur laquelle nous reviendrons (cf. chap. X, Santé et médecine).

3) **Le bouddhisme** enfin, venu des Indes où avait vécu Siddârtha (nom personnel du Bouddha, connu aussi sous son patronyme Gautama et son surnom Sâkyamuni) entre le VIe et le Ve siècles avant notre ère (soit exactement à l'époque de Confucius), est attesté en Chine dès le Ier siècle de notre ère.

L'enseignement premier du Bouddha concerne les Quatre Vérités :

- **la vie est douleur,**
- **la douleur provient du désir,**
- **le désir est maîtrisable,**
- **la douleur peut être vaincue par la pensée juste.**

Vaincre la douleur, c'est réussir, par des pratiques et des méditations appropriées, à sortir du cycle des réincarnations dans lequel les fautes qu'ils ont commises rejettent inéluctablement les humains. Ceux qui ont réussi à se purifier suffisamment pour accéder à l'extinction du désir, du désir de vivre et de se plonger dans l'illusion constituée par l'existence, ceux-là sont des Saints et des Éveillés. Siddârtha est l'un de ces Éveillés. Il n'est en aucune façon un dieu et a toujours refusé d'être considéré comme tel.

Le bouddhisme s'est réparti en de multiples écoles, sectes et rameaux.

a) Le **Grand Véhicule (*Mahâyâna*)** professe l'universalité du salut et la nécessité pour celui qui a atteint l'éveil de demeurer au sein de l'illusion de ce monde pour sauver autrui. Il apparaît en Chine à la fin du Ier siècle de notre ère.

b) **Le Petit Véhicule (*Hinayâna*)** professe une voie de salut individuel).

Au IVe siècle de notre ère, Zhu Daosheng affirma que l'on pouvait devenir Bouddha à la suite d'une **illumination instantanée**. C'est là l'origine de ce qui deviendra par la suite le **bouddhisme chan** (*zen* en japonais, traduction chinoise du sanscrit *dhyâna*) qui professe la possibilité pour l'esprit de bondir d'une réalité à l'autre.

c) A la fin du VIIe siècle apparut le **bouddhisme tantrique (*Tantrayâna* ou *Vajrayâna*)** se présentant comme l'aboutissement du Grand Véhicule et s'appuyant sur un texte du *Sûtra sur la tête du Diamant*. Cette forme du bouddhisme constitue une pratique de *yoga*, impliquant le corps aussi bien que l'esprit et fait appel à des pratiques physiques, notamment sexuelles.

En son début, et en raison de l'emploi du vocabulaire taoïste pour traduire en chinois les notions du bouddhisme exprimées en sanscrit, ce dernier fut pris en Chine pour un courant taoïste.

Plusieurs siècles d'effort de la part de nombreux traducteurs mirent fin à cette erreur et inaugurèrent des luttes sévères entre les deux fois pour la conquête des fidèles (et aussi, prétendent les Lettrés confucianistes, pour la destination de leurs offrandes).

Il exista, et il existe toujours, de nombreuses interprétations des fondements du bouddhisme. **L'une des divergences importantes sépare les « subitistes »**, professant que seule l'illumination peut faire parvenir au salut, **des « gradualistes »** qui affirment la nécessité de recourir aux bonnes actions et aux gestes pieux (récitations des sûtras, offrandes, participation à des cérémonies religieuses) pour parcourir graduellement le chemin conduisant à l'Éveil.

Nous avons insisté sur la perméabilité et les influences réciproques qu'ont exercées entre eux ces trois enseignements. Il ne faut pas non plus passer sous silence les confrontations et les anathèmes auxquels chacun donna lieu de la part des deux autres. Ainsi le confucianiste Han Yu, au IXe siècle, a la dent très dure contre le bouddhisme et même contre le taoïsme. Mais l'histoire les a mêlés à tel point dans la conscience populaire qu'il serait difficile de prétendre les dissocier entièrement. Le confucianisme, surtout à l'époque des Song (XIIe siècle de notre ère), a trouvé de grandes sources d'inspiration dans la mystique bouddhiste, qu'il cultive notamment en se souvenant de certains traits de Mengzi (IIIe siècle avant notre ère). Il a aussi puisé, tout comme le taoïsme, à la source antique de l'École du *Yin*-et-du-*Yang*. Le bouddhisme, quant à lui, s'est nourri des controverses avec le taoïsme au point qu'ils sont parfois devenus, dans la religion populaire, peu discernables. Ce n'est pas encore le cas à l'époque des Tang, époque triomphante d'un bouddhisme politiquement tout-puissant et qui, par la suite, n'a jamais recouvré sa splendeur d'alors.

LE CULTE DES ANCÊTRES

Le culte des ancêtres illustre bien la façon dont la mentalité chinoise, immergée au sein d'un *continuum*, répugne à établir entre l'humain et le divin, le mortel et l'immortel, l'immanent et le transcendant, ces barrières infranchissables qui nous sont si familières. Le tour que devait prendre au XVIIIe entre Chinois et missionnaires, entre les missionnaires eux-mêmes et finalement entre les missionnaires et la papauté, la fameuse « querelle des rites », dont l'origine est de savoir si les hommages rendus aux ancêtres sont religieux (c'est-à-dire, dans la langue des missionnaires, superstitieux) ou civils (c'est-à-dire relevant des relations entre les générations) montre l'ambiguïté de la vision occidentale de la Chine.

Dans les temps archaïques, seul le souverain pratiquait le culte des ancêtres. Celui-ci s'est étendu ensuite aux grandes familles avant de gagner l'ensemble de la population et de se mêler d'éléments taoïstes et bouddhistes. Sa manifestation la plus grandiose demeure, à l'époque des Tang (618-907) et jusqu'à l'abolition de l'Empire en 1911, le culte des Ancêtres impériaux. L'Empereur se rend en grande pompe au Temple des Ancêtres impériaux où figurent en place principale, outre la tablette du premier Ancêtre de la dynastie, les tablettes des quatre derniers ascendants du souverain. À la mort de ce dernier, sa tablette entre à son tour dans ce groupe de quatre et la cinquième va rejoindre les autres dans une chapelle latérale. Les grandes familles ont habituellement une chapelle réservée aux Ancêtres, tandis que les simples particuliers ont (et cela souvent perdure de nos jours) chez eux, à la place d'honneur de la pièce principale de la maison, un autel domestique portant la tablette d'un lointain ancêtre symbolisant tous les défunts de la famille, souvent accompagnée de celle des deux précédents chefs de famille (cf. chap. X, Habitations).

Qu'il s'agisse de l'Empereur, d'un Grand ou d'un particulier, le schéma du culte ancestral est le même. D'une manière réelle ou symbolique, l'Esprit des ancêtres est supposé résider dans leur tablette et le chef de famille accomplit devant ces tablettes, en présence de la famille, un certain nombre de rites. Ceux-ci, consistant en offrandes, libations et salutations, plus rarement en invocations ou en prières, ont lieu **soit lors de fêtes calendériques, soit à l'occasion d'événements familiaux auxquels il importe d'associer les aïeux : mariages, naissances, décès, réussite aux examens, promotions**, etc.

Il est certain que les convictions de chacun donnent un contenu différent au culte ancestral. Pour des **Lettrés confucianistes** qui ne croient ni à la réincarnation ni à la survie après la mort, l'autel familal est le **symbole de la cohésion de la famille** et de la force de l'union entre les générations. Pour les **taoïstes** qui croient en une forme de **survie de l'esprit**, les ancêtres sont bien présents dans leur tablette, consacrée juste après leur mort et ointe de sang sacrificiel, et il s'agit non seulement de les associer à la vie familiale, mais aussi bien de ne pas les mécontenter en les négligeant. Pour les **bouddhistes**, il y a lieu en outre de prier afin de leur assurer une **réincarnation** la moins pénible possible. Dans la majorité des cas, c'est un ensemble confus de ces trois convictions qui anime les cérémonies familiales.

LE CULTE OFFICIEL

Largement inspirée par le confucianisme et par l'École cosmologiste du *Yin*-et-du-*Yang*, la religion officielle s'exprime au moyen de **rites** qui, souligne Marcel Granet, ont un trait en commun : « **La piété qu'ils servent ressemble aussi peu que possible à de l'idolâtrie et les bénéfices que le fidèle pense en retirer ne sont, à aucun degré, des bénéfices personnels.** »

C'est ainsi que le chef de famille rendant hommage à ses ancêtres, l'Empereur dédiant un culte au Ciel et à la Terre, le magistrat officiant lors des fêtes saisonnières n'adressent à aucun moment de prières individuelles aux puissances qu'ils honorent. Dans chaque cas, il s'agit bien plutôt d'assurer, par le biais de l'ordre régnant au niveau humain, la pérennité de l'ordre naturel, de l'ordre cosmique. Chaque cérémonie a pour but de conforter l'ordre des choses en en réaffirmant les conditions d'existence. Le recommencement des saisons, l'ouverture de la terre aux travaux agricoles, la proclamation du calendrier n'ont point d'autre objectif. **L'Empereur lui-même, lorsqu'il s'adresse aux Puissances, ne leur demande rien d'autre que de protéger la dynastie et de veiller sur le bonheur du peuple, en usant pour cela de formules impersonnelles et immuables.**

Les cérémonies requérant la présence du Fils du Ciel sont particulièrement spectaculaires. Certaines d'entre elles, décrites dans les *Printemps et automnes de Lü Buwei* (en 240 environ avant notre ère) et reprises dans les éditions réalisées à l'époque des Han (-206+220) de différents rituels supposés remonter à la dynastie des Zhou (1121-256 av. n. è.), énumèrent des prescriptions comportant des dates, des orientations, des couleurs, des formes de vêtements et d'objets sacrificiels, des mets précis à consommer par le Fils du Ciel et d'autres à offrir aux Puissances, le tout **en accord avec le système des correspondances dans le cadre de la théorie *yin/yang*-cinq agents** (cf. chap. VII, Philosophie).

L'Empereur sacrifie au Ciel et à la Terre, aux Ancêtres impériaux, au Dieu du Sol et au Prince Millet. Les magistrats locaux, pour leur part, effectuent des cérémonies en l'honneur des dieux des régions, des anciens sages et des héros divinisés. Enfin, un culte officiel est rendu à Confucius deux fois l'an, au cours du deuxième et du huitième mois de l'année lunisolaire.

DIVINATION

Qu'il s'agisse de fixer la date d'une cérémonie religieuse, d'un mariage, de la signature d'un contrat ou d'un enterrement, il convient, autrefois comme aujourd'hui, de choisir un jour faste (cf. Âges de la vie). De même est-il d'usage de consulter les sorts avant d'entreprendre un voyage, et *a fortiori* une campagne militaire ou même une chasse. **Ce que l'on attend de cette consultation n'est pas tant une certitude quant à l'issue de l'opération projetée qu'une assurance que les circonstances sont bonnes pour l'engager.** Les premières opérations de divination dont nous ayons gardé trace se sont déroulées à partir du XVIIe siècle avant notre ère. L'on évidait certaines parties de carapaces ventrales de tortues ou d'os plats (omoplates de cerfs ou de moutons) que l'on présentait ensuite au feu. Sur les endroits préalablement évidés ne tardaient pas à apparaître des craquelures que l'on interprétait (cf. illustrations page suivante).

À partir du IIIe siècle avant notre ère, on procéda principalement à deux types de recherches, toujours en usage. D'une part, on s'enquiert des **huit caractères** (deux pour l'année, deux pour le mois, deux pour le jour et deux pour l'heure) de la ou des personnes concernées par le projet. Cela permet déjà, en vertu du système des correspondances, de s'assurer que telle orientation, telles date et heure, tel type d'action sont compatibles avec la circulation des souffles vitaux déterminants pour une personne donnée.

D'autre part, on consulte le ***Livre des mutations (Yijing)*** qui, au moyen d'opérations appropriées menées à l'aide de cinquante baguettes d'achillée, indique, par l'analyse globale puis trait par trait des deux trigrammes composant un hexagramme, les conditions générales dans lesquelles se trouvent les différents protagonistes de l'entreprise visée.

Il existe bien d'autres méthodes de divination : **l'astrologie, la physiognomonie, les cinq pièces tirées à pile ou face, la question posée en jetant par terre deux morceaux de bois en forme de demi-lune bombée** après avoir invoqué la divinité dans le temple de laquelle on opère. Dans ce dernier cas, les deux parties bombées tour-

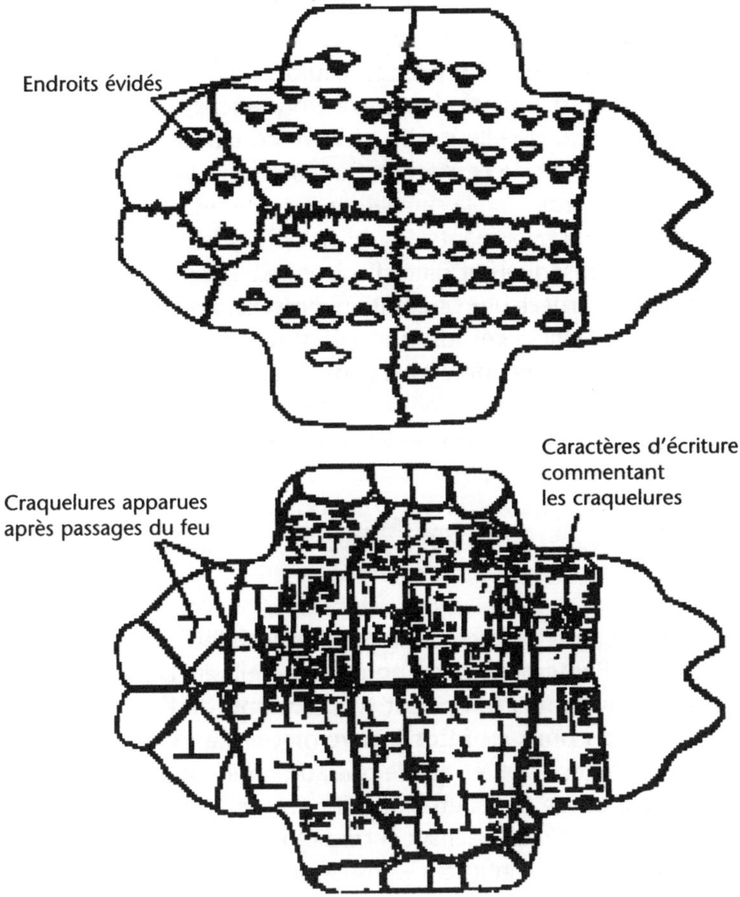

La divination sur carapace de tortue.

nées vers le sol indiquent une réponse négative, une partie tournée dans chaque sens signifie une réponse positive, tandis que les deux tournées vers le haut n'indiquent aucune tendance. Toutes ces formes de divination se pratiquent toujours, et les devins chinois ont autant de succès que leurs collègues occidentaux !

Les almanachs officiels donnent une liste des jours fastes et néfastes de l'année à venir et il existe à la Cour des spécialistes de la divination qui sont régulièrement consultés. Pour les simples particuliers, des praticiens (parfois laïques, parfois aussi moines taoïstes ou bouddhistes) sont à leur disposition dans la rue ou dans des échoppes, tout comme les astrologues ou les voyants en Europe aujourd'hui.

Enfin **la géomancie (m. à m. « vent-eau »** ***fengshui*****)**, fort à la mode aujourd'hui en Occident, **s'efforce, à l'aide notamment de la boussole géomantique, d'apprécier, toujours dans le cadre du système** ***yin-yang*****-cinq agents, les correspondances entre une personne et la maison qu'elle désire se faire construire ou la tombe dans laquelle il s'agit de l'enterrer**. Ces correspondances font entrer en jeu les points cardinaux, la circulation des souffles vitaux, des vents et des cours d'eaux avoisinants, les reliefs et accidents du terrain, les huit caractères individuels et bien d'autres facteurs qui ont pour but de déterminer la meilleure orientation possible, c'est-à-dire la plus faste au sens des influences fastes et néfastes, de la maison ou de la tombe. D'une façon générale, il est considéré comme faste pour une habitation d'être placée sous l'influence de souffles vivifiants et solaires *yang* et à l'abri des souffles glacials *yin*, porteurs du froid et de la mort.

FÊTES

On a indiqué plus haut (cf. Calendrier) les trois fêtes les plus importantes, celle du Printemps (ou du nouvel an), celle du Double-Cinq et celle de la Mi-Automne. Mais **c'est tout au long de l'année que le goût des Chinois pour les fêtes trouve matière à s'exprimer**.

D'une façon générale, et quelle que soit l'origine de chacune de ces fêtes (et il arrive que cette origine se perde dans la nuit des temps et l'obscurité de récits contradictoires), les fêtes ont une visée propitiatoire et purificatrice. Souvent issues de la vie agricole, mêlées de symbolique taoïste et bouddhiste, les fêtes populaires sont regardées par les lettrés avec bienveillance, et bien souvent des festivités officielles viennent en renforcer le faste et le prestige.

C'est un mois à l'avance que l'on commence à préparer le nouvel an. Ce mois est rythmé par des banquets et des réunions, et aussi par des offrandes de mets rituels (plats de légumes, bouillie de haricots rouges) le vingt-quatrième et le vingt-cinquième jours du douzième mois, destinés au Dieu du Foyer en partance pour son apport annuel au Ciel, ainsi qu'aux différents Génies de la Maison. D'autres offrandes sont encore présentées à la fin du mois et, une fois que l'on a fini, la veille du jour de l'an, de chasser tous les miasmes maléfiques, on se prépare à festoyer, chacun vêtu de neuf, pour accueillir le nouveau printemps. **Au son des pétards et des tambours qui ne cessent de retentir dans les rues pour achever de chasser les Esprits malfaisants,**

Les principales fêtes traditionnelles chinoises

1re lune
1: Jour de l'an
13 : Accrochage des lanternes
15 : Fêtes des Lanternes
18 : Décrochage des lanternes
3e lune
3 : Fête de la Pure Clarté, hommage aux ancêtres
5e lune
5 : Fête des Bateaux-dragons, en souvenir du suicide de Qu Yuan en - 278
8e lune
15 : Fête de la Mi-Automne, ou Fête de la Lune
27 : Anniversaire de la naissance de Confucius en -551
9e lune
9 : Fête du Double-Yang
11e lune
Solstice d'hiver : Sacrifice au Ciel
12e lune
24 : chaque dieu du foyer monte faire son rapport à l'Empereur de Jade et s'en revient à la fin du mois.

on se recueille devant l'autel domestique, devant lequel on a disposé toutes sortes de plats et de sucreries aussi variés qu'appétissants, et l'on banquète du soir au matin avec ses hôtes.

Quinze jours plus tard a lieu la **Fête des Lanternes**, célébrée à l'occasion de la première nuit de pleine lune qui suit le nouvel an. Les lanternes, qui ont été accrochées le treize du mois et que l'on décroche le dix-huit, ornent les cours et les porches des temples et des maisons, et l'on en suspend à profusion dans les rues. Là encore, **trois nuits durant, ce ne sont que festivités, abondance de victuailles (selon les moyens de chacun...) et de boissons fermentées**. Les maisons rivalisent alors d'ornements et d'illuminations. Partout des musiciens, danseurs, acteurs, acrobates donnent des représentations devant les temples ou chez de riches particuliers (cf. chap. IX, Repas, banquets et beuveries).

Le huitième jour du deuxième mois est le **jour des courses de bateaux-dragons**, affrêtés par chacune des guildes dont on célèbre en ce jour la divine Patronne. Musiciens, victuailles, beuveries se déchaînent là encore.

Au début de la troisième lune, quinze jours après l'équinoxe de printemps, a lieu la **Fête des Tombeaux**, occasion de purifications et d'offrandes.

Le huitième jour de la quatrième lune, jour anniversaire de la **naissance du Bouddha Sâkyamouni**, on lave cérémonieusement les statues le représentant et les moines vont quêter.

Le cinquième jour du cinquième mois, **Fête du Double-Cinq**, journée particulièrement néfaste, est l'occasion de chasser les mauvaises influences à l'aide de toutes sortes de charmes, de talismans, d'amulettes. Cette fête de purification s'accompagne d'un défilé de bateaux-dragons sur les lacs et les cours d'eau, sur les rives desquels s'amasse une foule nombreuse.

La troisième très grande fête de l'année est la **Fête de la Mi-Automne, ou Fête de la Lune**, qui a lieu le quinzième jour du huitième mois lunisolaire. On confectionne des gâteaux de lune, on récite des poèmes, on joue du *qin*, et, bien sûr, on boit beaucoup et on banquète joyeusement. C'est encore une nuit blanche.

La **Fête du Double-Yang**, au neuvième jour du neuvième mois (neuf est le chiffre du *yang*), doit être marquée par des sorties sur des hauteurs : l'on se rend sur des collines ou à flanc de montagne pour y consommer les mets de tradition accompagnés d'alcool.

Au cours du onzième mois, le **solstice d'hiver** est célébré à la capitale par l'Empereur et en province par les magistrats locaux, lors de grandioses cérémonies officielles.

PRÊTRES ET MOINES

Le syncrétisme religieux particulier à la mentalité chinoise trouve son fondement, on l'a dit, dans une indifférence aux dogmes. Cette indifférence **n'a jamais empêché les Chinois de faire appel**, dans certaines situations déterminées, à des **spécialistes des cérémonies religieuses**. Le nombre de ces spécialistes est fonction des possibilités financières de chacun. C'est ainsi que les gens riches peuvent faire alterner, lors des funérailles de membres de leur famille, des offices bouddhistes et taoïstes conduits par des membres de ces deux clergés. De même, deux précautions valant mieux qu'une, on demande à des religieux de ces deux confessions de venir pratiquer des exorcismes et l'on répartit éventuellement ses offrandes entre les deux communautés.

Il n'y a pas de clergé confucianiste et les cultes officiels se réclamant du confucianisme sont servis par des représentants de l'État. **Dans le cas du taoïsme et du bouddhisme, en revanche, il existe des communautés de religieux rappelant celles des catholiques ou des orthodoxes dans la chrétienté.**

a) C'est à l'époque des Han (-206+220) que **le taoïsme**, recherchant l'immortalité par la purification, s'**est organisé en religion comportant un clergé, une hiérarchie, des bâtiments cultuels et des divinités auxquelles un culte est rendu à l'aide d'une liturgie appropriée**. Les premières d'entre elles sont Laozi, divinisé par l'Empereur Huan des Han postérieurs en 165 de notre ère, et Huangdi (l'Empereur Jaune supposé avoir achevé son règne en 2697 av. n. è.) lui aussi élevé au rang des dieux. Une branche du Taoïsme religieux, apparue avec Zhang Daoling en 142 de notre ère et toujours active sous la direction de ses descendants (les Maîtres célestes), illustre ce souci d'administration religieuse calquée sur l'administration civile. L'on peut y faire, au sein de la hiérarchie religieuse, une carrière censée préfigurer celle que l'on fera dans la bureaucratie des immortels. Certains membres du clergé taoïste sont ainsi intimement mêlés à la vie quotidienne du peuple et ils exercent parfois, outre des fonctions liturgiques dont ils ont reçu la charge au cours de cérémonies aux rites longs et complexes, des activités ordinaires. On peut faire appel à eux dans toutes les circonstances où la tradition impose le recours à des prières et à des rites liturgiques (événements familiaux, circonstances exceptionnelles : inondations, famines, guerres, etc.). À différents moments de l'histoire de la Chine, à partir de la dynastie des Han, **il est arrivé que des courants taoïstes se constituent en sociétés parfois secrètes et exercent une réelle puissance politique, généralement opposée au pouvoir central comme à l'administration locale**. Des cérémonies collectives sont organisées par ces hiérarchies religieuses, au cours desquelles des récitations de textes miraculeusement révélés, des prières et incantations en commun, des confessions publiques précèdent des chants et des danses qui n'excluent pas les transes et parfois les orgies. Des talismans sont délivrés en ces occasions particulières.

D'autres, suivant en cela l'exemple bouddhiste, sont réunis en congrégations possédant des monastères où la vie obéit à des règles strictes de chasteté et d'occupations liturgiques. De tels établissements, qui ont existé à partir du ve siècle de notre ère, sont installés parfois en ville, parfois dans des lieux retirés. En ville, ils se trouvent à même de fournir aux citadins les prestations religieuses nécessitées par les traditions. Ces établissements vivent de dotations ou de subventions octroyées par la famille impériale ou par d'importants personnages, de dons, legs et offrandes venant de particuliers et enfin des revenus des terres ou maisons qui leur appartiennent. De même que dans les couvents chrétiens, ceux qui y vivent soit ont été destinés par leur famille dès leur plus jeune âge à la vie religieuse, à la suite de quelque vœu ou par dévotion parentale, soit ont de leur plein gré choisi d'embrasser l'état monacal. Ajoutons que **les religieux taoïstes, tout comme leurs confrères bouddhistes, sont exemptés de corvées et d'impôts.**

b) C'est donc au **bouddhisme** qu'il convient d'attribuer le modèle de telles institutions. Considéré souvent au début de son introduction en Chine comme un courant issu du taoïsme (on a dit que le Bouddha Sâkyamuni était une réincarnation de Laozi parti vers l'Ouest), le bouddhisme se présente en effet lui aussi comme une doctrine du Salut. **Pour les bouddhistes**, et pour les propagateurs et les traducteurs de la foi nouvelle venue des Indes, **la façon la plus profonde et la plus efficace de trouver la Voie du Salut consiste à s'engager dans la communauté formée par les religieux**. Dans les siècles troublés qui, à partir de la décadence des Han au IIe siècle de notre ère jusqu'à la réunification de la Chine par les Sui en 589, portent le nom éloquent de « période des Trois Royaumes » (de 220 à 420), puis celui de « période des Dynasties du Nord et du Sud » (entre 420 et 580), la recherche du salut individuel fit recette. Le taoïsme fut florissant tandis que le bouddhisme se répandit comme une traînée de poudre à partir de l'empire des Yuezhi (ou Kushan) et des royaumes d'Asie centrale.

Les communautés de croyants se constituent en couvents fondés autour d'un maître et son école, d'un Sage ou d'un temple. La solide organisation de ces monastères, solide tant du point de vue de la sécurité que de celui du ravitaillement, solide encore sur le plan du refuge offert contre les vicissitudes politiques, militaires, dynastiques, morales, draine vers eux une population considérable. Les moines et nonnes (il y a des couvents masculins et des couvents féminins) finissent par se compter, au VIIIe siècle, en centaines de milliers, ce qui est cause de l'édit de 845 entraînant la fermeture brutale de nombreux établissements, la sécularisation des religieux et surtout leur retour sur les listes de personnes imposables. (cf. chap. III, Budget et impôts).

Malgré les contradictions entre la foi bouddhique et la mentalité chinoise (notamment en ce qui concerne la famille que les moines bouddhistes non seulement abandonnent mais dont en outre ils n'assurent pas la pérennité, faisant vœu de chasteté), **le talent des missionnaires et l'incertitude des circonstances ont permis au bouddhisme de s'infiltrer dans toutes les couches de la société**.

Le clergé bouddhiste comporte à la fois des moines et nonnes vivant en monastères et des moines errants vivant d'aumônes. La charité faite aux religieux par les laïcs étant une action réputée répondre au don de la Loi fait par les religieux aux laïcs, l'aumône revêt dans le bouddhisme une importance particulière.

Il est curieux de constater, et cela semble valable pour toutes les époques depuis que se sont consituées ces communautés religieuses, que **jamais le prestige personnel des moines, taoïstes ou bouddhistes, n'a été bien grand en Chine**. La littérature populaire comme les Lettrés les ont souvent accusés de mener une vie oisive et paillarde. Faire appel à eux dans bien des circonstances importantes de la vie ne leur vaut pas d'être considérés autrement que comme des artisans rémunérés. Leur travail certes est délicat et parfois dangereux, mais cela ne les met guère au-dessus d'autres spécialistes payés à la prestation.

TEMPLES ET COUVENTS

Les plus anciens bâtiments religieux chinois dont nous conservions autre chose que des vestiges archéologiques datent de la dynastie des Tang. La rareté des témoignages de l'architecture ancienne provient en partie de l'usage important du bois dans les constructions chinoises et d'autre part du fait que la reconstruction systématique fut longtemps préférée à la réparation.

Les temples, chapelles, couvents, grottes, autels publics ou privés, et d'une façon générale les lieux de culte et de prières ont, malgré une grande diversité d'aspect, un certain nombre de traits communs.

Tout d'abord, et pour autant que la topographie et les conditions particulières à chaque lieu de culte le permette, **l'orientation est généralement nord-sud**. De cette façon la statue du dieu, la représentation du héros ou la tablette de l'ancêtre bénéficient de la place d'honneur, face au sud. La géomancie permet de trouver des accommodements lorsqu'une telle orientation n'est pas possible.

Dans le cas des temples et des monastères, le plan général est le plus souvent **un quadrilatère clos de murs dont la porte principale, au seuil surhaussé afin d'empêcher l'entrée des Esprits malins, se trouve au centre du côté sud**. Selon l'importance du sanctuaire, des bâtiments s'élèvent tout autour de ce quadrilatère qui peut comporter une ou plusieurs cours. **L'autel le plus important se trouve toujours dans l'axe noble de l'ensemble.** L'on y accède donc en suivant une ligne droite depuis l'entrée principale. Les bâtiments adjacents sont destinés à recevoir les objets, vêtements, bannières, emblèmes nécessaires au culte et aux processions et, dans le cas d'un monastère, les habitations du Supérieur et des moines, les locaux indispensables à la vie communautaire, les lieux d'étude et de réception des hôtes. Le plan et l'organisation de ces constructions n'a guère varié depuis l'époque des Tang jusqu'à nos jours. L'on en a une idée grandiose à Beijing (Pékin) avec la Cité interdite (cf. chap. VIII, Architecture et monuments).

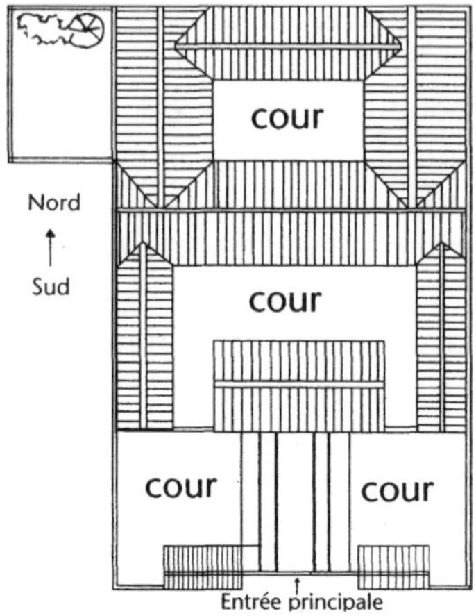

Plan d'un temple de l'époque des Tang

Les cours font partie intégrante des sanctuaires et une partie des dévotions s'y déroulent : de vastes brûle-parfums y sont disposés, dans lesquels les fidèles viennent ficher des baguettes d'encens après s'être inclinés par trois fois en direction de l'autel que l'on aperçoit par les portes ouvertes. C'est dans les cours aussi que, les jours de fête, l'on dispose les offrandes de fleurs, fruits, encens sur des tréteaux. Ces jours-là, **une foule dense envahit cours et bâtiments, au milieu d'une épaisse fumée d'encens.**

VII
LA LITTÉRATURE

Une des grandes originalités de l'écriture chinoise est de n'avoir pas été inventée pour transcrire la langue parlée. Apparus dès la dynastie des Shang (1765-1122 av. n. è.) sur des documents à caractère divinatoire dans le but de noter des réponses provenant de l'au-delà, les caractères chinois n'ont pas été formés en tenant compte de la prononciation ni de la syntaxe de la langue usuelle. Les plus anciens d'entre eux sont plutôt des pictogrammes, voire des idéogrammes, ou parfois sont inspirés des craquelures obtenues par des opérations appropriées sur la matière osseuse (carapace ventrale de tortue, omoplate de mouton, etc.) utilisée pour les opérations divinatoires (cf. chap. VI, Divination). Il est resté de cette lointaine origine **la sensation que les caractères ne sont pas d'invention humaine**. Ils bénéficient donc d'un prestige et d'une autorité qui les placent au-dessus des créations humaines.

D'autre part, il n'est pas indifférent dans le domaine de la littérature de savoir que **les caractères d'écriture jouent sur trois terrains : le sens, le son et l'aspect visuel**. Ce dernier, qui échappe pour nous à toute tentative de traduction, n'en est pas moins présent à l'esprit des écrivains comme à celui des lecteurs. Il donne au texte écrit une beauté formelle qui lui est propre tout en se prêtant à des jeux de forme et de rythme. On comprend mieux, dans ces conditions, pourquoi **la poésie s'est imposée dans la littérature chinoise** jusqu'à prendre possession de certaines formes de prose qui ont adopté un rythme, une symétrie et parfois même jusqu'à des assonances et des rimes.

Ces deux caractéristiques (respect envers les caractères d'écriture et omniprésence de la poésie) ont de tous temps marqué le rapport que les Chinois ont entretenu avec leur littérature. À l'aube du XXe siècle il y avait encore dans les villes de Chine de pauvres hères, misérablement rétribués par les autorités locales, dont l'unique fonction était de ramasser les documents écrits et de les brûler afin de ne pas manquer de respect à la chose écrite. Tous ceux qui sont déjà allés en Chine savent par ailleurs à quel point la poésie s'affiche sur les rochers des montagnes, sur les colonnes des kiosques et pavillons, sur les tableaux, les stèles et en bien d'autres lieux. C'est sans doute **l'art de la calligraphie** qui **résume** le mieux **ces deux tendances en les réunissant** (cf. chap. VIII, La calligraphie).

LANGUE ORALE ET LANGUE ÉCRITE

La civilisation chinoise classique est avant tout un monde de l'écrit, où les personnages les plus prestigieux sont ceux qui détiennent ce savoir et qui le transmettent. Ils constituent la classe des Lettrés.

a) **L'écriture** s'est formée en Chine au fur et à mesure de l'extension des besoins et de la sophistication des symboles utilisés lors de la notation des réponses aux questions adressées aux Esprits, à partir des exigences imposées par la reconnaissance et le classement de documents divinatoires. **Lors de son apparition progressive, elle se trouvait en relation avec les choses divines avant que d'être affectée directement aux affaires humaines**.

Elle était supposée provenir directement de l'influence des divinités sur des supports préparés et présentés au feu (cf. chap. VI, Divination). C'est à partir des craquelures observées sur ces supports que les tous premiers caractères ont été composés. Ceux-ci, dans l'aspect desquels on peut reconnaître aisément les **craquelures** qui constituent leur étymologie, ne faisaient tout d'abord que transcrire brièvement les réponses divines. C'est notamment ainsi que ce sont formés les caractères désignant une négation (caractère aujourd'hui prononcé *bu*) ou une interdiction (caractère aujourd'hui prononcé *fei*). Des **pictogrammes** sont ensuite apparus, ainsi que des **signes permettant d'identifier le devin** ayant recueilli et interprété la réponse des Esprits. Ces trois premières formes se sont ensuite combinées et le nombre, la signification, l'emploi des caractères s'est considérablement accru.

Une langue écrite s'est donc constituée indépendamment de la langue parlée, sans se trouver soumise aux impératifs de cette dernière. **L'écriture chinoise est composée de signes invariables,**

chacun formé d'un nombre limité et constant de traits que l'usage a achevé de définir dès le IIIe siècle avant notre ère.

À cette époque, une réforme, qui n'était sans doute pas la première du genre mais dont l'effet perdure encore, mit fin aux fantaisies graphiques et aux sophistications désordonnées qui finissaient par rendre la lecture des textes incompréhensible à d'autres que chaque scripteur et ses disciples.

Les conséquences de ces données ont été considérables, on s'en doute, sur la littérature. La plus frappante est la pérennité d'une langue qui n'a été affectée ni par les transformations de la prononciation ni par l'évolution des habitudes linguistiques dans le temps comme dans l'espace. L'écriture est en effet le seul facteur d'unité entre les différents parlers chinois. Nous pouvons avoir une idée du fonctionnement des caractères par rapport aux différences linguistiques si nous prenons le seul exemple d'idéogramme en usage dans les langues indo-européennes : les chiffres. Tous les Occidentaux comprennent, lisent et manient semblablement les chiffres, à condition toutefois de ne pas les prononcer, sans quoi ils cesseraient de bénéficier de cette universalité. C'est précisément cette universalité des caractères chinois qui les a fait adopter par des langues aussi différentes que le pékinois et le cantonais (pour ne prendre que deux des nombreux parlers chinois), le vietnamien, le coréen et le japonais.

L'existence jusqu'au milieu du XXe siècle d'une langue écrite quasiment stable depuis plusieurs millénaires a permis jusqu'à une date récente l'accès de toute personne tant soit peu instruite à l'ensemble de la littérature chinoise depuis le début de son histoire.

b) Parallèlement à cette langue écrite qui a traversé les siècles, **la langue parlée a profondément évolué dans sa prononciation comme dans sa syntaxe**. On en a pour preuve les rimes et assonances qui ne coïncident plus avec la langue d'aujourd'hui (comme en français certaines rimes de Racine ou de Molière ne sont plus possibles avec la prononciation moderne), d'autre part les rares documents écrits dans le passé en langue populaire (recueils de chants ou d'historiettes, romans ou nouvelles) et enfin les usages régionaux. Ce n'est qu'au XXe siècle que la langue parlée a été considérée comme norme pour l'écriture et qu'elle s'est imposée de façon quasi systématique. La langue écrite ne survit plus guère aujourd'hui que dans des préfaces ou des notes d'ouvrages anciens réédités, certaines formes poétiques ainsi que dans l'usage de la calligraphie.

Ces deux langues (**la langue écrite ou classique, compréhensible par tous ceux qui ont appris le maniement des caractères, et la langue orale, différente selon les époques et les lieux**) ont donc coexisté des siècles durant sans guère exercer d'influence l'une sur l'autre, leurs domaines respectifs étant nettement définis et ayant peu l'occasion de s'interpénétrer.

ÉCRITURE, ESTAMPAGE, IMPRIMERIE ET SCEAUX

On a vu que **l'écriture chinoise avait été strictement codifiée au IIIe siècle avant notre ère**. Auparavant, des formes différentes, régionales ou personnelles, pouvaient coexister pour un même caractère. Le ministre légiste Li Si, au service du premier Empereur Qin Shi Huangdi (221-210 avant notre ère), avait mis fin à cette incohérence en imposant une écriture unique pour tous les pays chinois, écriture toujours en usage malgré un certain nombre de simplifications intervenues récemment.

a) **Les premières formes d'écriture que nous connaissions datent environ du XVIIIe siècle avant notre ère**. Elles ont pour support des carapaces ventrales de tortue ou des omoplates de cerf ou de mouton (cf. chap. VI, Divination) Les premiers caractères sont le nom du devin, inscrit sur le document, et une indication sommaire de la réponse (« bon », « mauvais », « faste », « néfaste »). Au fur et à mesure de l'accumulation des documents, les notations se sophistiquent : la question posée y figure aussi, ainsi que la date, le nom du souverain et même la suite donnée par ce derner à la consultation des sorts. On voit donc comment, à partir du matériel divinatoire, l'on en arrive à la constitution d'archives d'État.

b) **Après l'os vint le bronze,** sous forme de vases comportant une inscription pouvant aller de quelques caractères à plusieurs phrases et destinée à indiquer les circonstances dans lesquels l'objet avait été consacré et offert. De tels vases, datant de la fin de la dynastie des Shang (1765-1122 avant notre ère) jusqu'à la fin de celle des Zhou (IIIe siècle avant notre ère) ont été retrouvés et fournissent de précieux renseignements sur l'évolution des caractères d'écriture.

Estampage d'une inscription gravée sur un poids d'une livre (Dynastie des Qin -221-207)

Traduction de l'inscription

« La vingt-sixième année, le souverain-empereur acheva de réunir dans sa main tout le monde ; les seigneurs et les têtes noires jouirent d'un grand calme. Il institua et prit le titre de souverain-empereur. Alors il ordonna aux conseillers Zhuang et Guan d'unifier clairement toutes les règles, les mesures de longueur et de capacité et les étalons qui n'étaient pas identiques et qui, par leur insuffisance, laissaient place au doute.

La première année, l'ordre impérial suivant fut donné aux conseillers Si [Li Si] et Qiuji : "Les règles et les mesures de longueur et de capacité, c'est Shihuangdi qui les a toutes faites. Elles portent des inscriptions gravées. Maintenant, quoique je lui ai succédé dans son titre, les inscriptions que je grave ne s'égalent pas à celles de Shihuangdi et en restent fort éloignées. Si parmi mes successeurs, il en est qui font [des inscriptions], qu'ils ne s'égalent pas à sa gloire parfaite, à sa vertue accomplie. Gravez ce décret !". C'est pourquoi on l'a gravé à gauche pour qu'il n'y ait aucun doute.
Poids d'une livre de Pingyang (Shaanxi) »
– E. Chavannes, « les Mémoires historiques... », t. II, 549.

c) Lorsque l'écriture se répandit au point de donner naissance à des **textes longs**, vraisemblablement lors des premiers siècles de la dynastie des Zhou (1121-256 avant notre ère), ceux-ci commencèrent à être transcrits, à l'aide de stylets, **disposés en colonnes sur des lamelles de bambou coupées en deux dans le sens de la hauteur**. C'est d'ailleurs la raison pour laquelle on écrivait en Chine de haut en bas, ce qui est toujours de règle dans la calligraphie. De nombreux textes ont été retrouvés dans des tombes de l'époque des Royaumes combattants (V^{e}-IIIe siècles avant notre ère). Les lamelles de bambou étaient reliées entre elles par des cordonnets de soie, lesquels étaient évidemment plus fragiles que le manuscrit lui-même. La disparition de ces liens pose parfois de réels problèmes lors du déchiffrement des manuscrits retrouvés.

d) **L'étape suivante de la diffusion des textes** se situe à l'époque des Han, durant les deux premiers siècles de notre ère, avec **l'invention du papier et l'emploi généralisé du pinceau**. Ces nouvelles facilités techniques conférèrent aux manuscrits une maniabilité et une commodité de conservation très supérieures à celles des manuscrits sur lamelles de bambou. C'est à la même époque, au IIe siècle de notre ère, que les classiques (retrouvés et parfois controuvés après la destruction de beaucoup de livres lors du fameux édit de 213 avant notre ère), furent gravés sur pierre.

e) **Avec la généralisation de l'estampage**, ancêtre de l'imprimerie **apparu dès le troisième siècle avant notre ère et devenu courant vers la fin du Ve siècle, il devint possible de reproduire des textes assez rapidement et en grande quantité**. On obtenait une épreuve sur papier en passant de l'encre sur la feuille posée à même la pierre gravée, après avoir appliqué sur toute sa surface un tampon mouillé afin que le papier pénètre bien dans les parties en creux. Cette technique continue d'être appliquée.

f) Ce sont **des moines bouddhistes, au VIIIe siècle**, sous la dynastie des Tang, qui, soucieux de répandre en très grand nombre les textes traduits du sanscrit à des fins missionnaires, **inventent véritablement l'imprimerie sous la forme de la xylographie**. L'emploi de planches de bois gravées en relief, encrées et appliquées sur des feuilles de papier, assure cette fois la diffusion très vaste d'une quantité de textes. Apparaissent alors à la fois, on l'a vu, le **papier-monnaie** (cf. chap. IV, Monnaie) et **la première gazette officielle**. De nombreux ateliers d'imprimerie s'ouvrent à partir de cette époque, mettant de plus en plus de textes à la disposition d'un nombre croissant de lecteurs. **Une édition officielle des classiques confucéens est xylographiée peu après la chute des Tang entre 932 et 953.** Par la suite, les missionnaires européens importèrent chez eux cette technique que l'Europe attribua sans honte à Gutenberg.

g) Enfin **les caractères mobiles**, longtemps jugés par trop impersonnels en raison de la fidélité de la reproduction de l'écriture manuelle rendue possible par la xylographie, s'imposèrent à la fin du XIXe siècle.

h) Il est probable que c'est l'emploi précoce et fréquent du **sceau** qui a présidé au développement des techniques d'imprimerie. Utilisé jusqu'à nos jours là où nous usons de la signature, le sceau, qui donne lieu à des gravures dont certaines sont considérées comme de véritables œuvres d'art, est systématiquement utilisé en Chine dans la vie privée et publique depuis la dynastie des Han (-206+220). La relation des Chinois avec leur écriture est réputée, on l'a vu, puiser ses racines dans les éléments et les forces de la nature elle-même à travers la personnalité du scripteur. Cela confère au sceau une personnalité et une valeur toutes particulières. C'est la raison pour laquelle il apparaît si souvent sur les œuvres d'art, peintures et calligraphies (cf. chap. VIII, La calligraphie, La peinture).

L'ÉCRITURE OFFICIELLE : ANNALES ET DOCUMENTS

L'une des caractéristiques essentielles de la civilisation chinoise est donc la place extraordinairement importante qu'y tient l'écrit. L'on a vu comment l'écriture fut tôt dévolue à la rédaction et au classement des archives royales, vite devenues archives d'État. Le lien métaphysique que l'écriture par elle-même était réputée détenir avec le monde qu'elle fut amenée à transcrire assura aux documents écrits un poids, un prestige, une inéluctabilité qui incitèrent à en multipler le nombre.

Dans un premier temps, après les documents divinatoires dont il a été question, ce sont des annales qui furent constituées, gardant la mémoire des faits et gestes des Fils du Ciel successifs, et donc des événements concernant la communauté tout entière. Il y eut ainsi, parallèlement à la lignée des souverains, une lignée d'historiographes-annalistes chargés d'officialiser l'Histoire en l'écrivant. **Plus tard, lors des premiers siècles de la dynastie des Zhou (1121-256 av. n. è.), d'autres corporations eurent recours à l'écrit** : ceux qui étaient chargés de l'étiquette en notèrent les détails dans des rituels dont certains nous sont parvenus (du moins dans des versions postérieures), de même les responsables du calendrier, les officiers chargés des relations entre la Cour et les princes feudataires, etc. La multiplication des documents devint telle qu'**il semble qu'une première tentative de normali-**

sation de l'écriture ait eu lieu à la fin du IXe siècle avant notre ère. Dès le VIe siècle, des codes de lois furent gravés sur pierre dans certaines principautés. C'est en tous cas **à l'époque de Confucius (551-479 avant n. è.), et vraisemblablement sous son influence,** que **l'écriture cesse d'être l'apanage des officiels pour passer dans le domaine privé**. En même temps, Confucius met l'accent sur des modalités très particulières de rédiger les annales historiques. Les termes mêmes dans lesquels un fait est relaté peuvent en effet, s'ils sont pesés avec assez de soin et avancés en fonction d'un code suffisamment précis, contenir un jugement de valeur. Écrire, par exemple, que tel prince feudataire, dont chacun sait qu'il était en réalité plus puissant que le Fils du Ciel, « fut convoqué à la Cour » montre le respect formel dans lequel ce prince tenait le souverain, et la pérénnité qu'il entendait assurer à l'ordre existant. Écrire, en revanche, « le prince vint à la Cour » peut signifier que, faisant fi des formes rituelles, le Prince se conduit avec arrogance vis-à-vis du Fils du Ciel, donnant par là à ses rivaux des motifs de s'unir contre lui pour préserver l'ordre du monde.

Le même soin du détail, du mot juste, du symbole bien compris se retrouve, on s'en doute, **dans tous les écrits émanant du souverain**. Au fil des siècles, et tout particulièrement lorsque des dynasties fortes comme les Han (-206+220) ou les Tang (618-907) prennent le pouvoir et réunifient les pays chinois, la rédaction de tous les documents impériaux prend une importance rituelle considérable. Les missives, adresses, actes, édits, rescrits, ordres, instructions et autres sont alors codifiés avec un soin extrême afin que la force de l'écrit puisse jouer à plein en exerçant toute son efficacité. De hauts fonctionnaires sont chargés de la rédaction de tels documents, qui passent ensuite plusieurs contrôles avant que d'être tracés de la Main impériale.

À partir de la dynastie des Han, des archives générales sont constituées dans cet esprit par chaque dynastie afin de servir à la rédaction de son Histoire officielle, qui sera rédigée par les soins de la dynastie suivante. La République populaire de Chine elle-même n'a pas dérogé à cette tradition, et elle assura la publication de l'*Histoire dynastique des Qing* (1645-1911).

LITTÉRATURE ET GENRES LITTÉRAIRES

N.B. Contrairement au principe qui a présidé à la rédaction de la plus grande partie de cet ouvrage, nous avons choisi en traitant de la littérature et de la philosophie chinoises, de **dépasser le cadre chronologique qui demeure le nôtre ailleurs : des origines aux Tang** (618-907), en privilégiant plus spécialement la société chinoise de l'époque des Han (-206 +220) et de celle des Tang, toutes deux particulièrement formatrices de l'esprit, de la mentalité, de la civilisation. En ce qui concerne la littérature et la philosophie, il nous a semblé qu'il était précieux de donner un panorama général au sein duquel vient tout naturellement prendre sa place la Chine classique qui nous intéresse. **Dans le domaine de la littérature**, les traductions récentes des romans chinois les plus célèbres ont commencé à rendre familier au public occidental des titres comme le *Roman du bord de l'eau*, le *Roman des trois royaumes* ou encore le *Rêve du Pavillon rouge*. Il ne nous est pas paru possible de n'en rien dire, bien que ces textes aient été écrits postérieurement à notre époque de référence. En ce qui concerne **la philosophie**, l'influence du néo-confucianisme de l'époque des Song a été si déterminante pour toute la suite de l'histoire de la pensée chinoise et même de la Chine tout court qu'une fois encore il nous a semblé légitime de sortir de notre cadre chronologique habituel. Une troisième exception a été faite pour **le théâtre**, art national que les tournées chinoises en Europe font de mieux en mieux connaître à l'extérieur de la Chine et qui s'est développé surtout à l'époque des Yuan.

C'est à partir de l'époque des Han (-206+220) que commence à s'imposer le modèle du lettré-fonctionnaire, pourvu d'une éducation qui lui a donné une excellente connaissance des textes de l'Antiquité, qu'ils soient philosophiques, poétiques ou historiques. Cet idéal triomphera sous les Tang (618-907) et ne quittera plus la scène politique et littéraire chinoise, nous y reviendrons (cf. Le lettré-fonctionnaire). Il y a donc une certaine légitimité à séparer en deux parties un survol de la littérature chinoise : avant les Han et depuis les Han.

A. Les premiers textes de la littérature chinoise.

Contemporains des premiers textes grecs, ils remonteraient environ au xe siècle avant notre ère, tout en évoquant des périodes plus anciennes. Les plus anciens passages que nous en ayons conservés étaient déjà connus au temps de Confucius (551-479 avant n. è.). Celui-ci les aurait rassemblés et peut-être corrigés. Les versions que nous en possédons aujourd'hui datent donc de la période des Cent Écoles (v^{e}-IIIe siècles avant n. è.) et ont bien souvent pris seulement à l'époque des Han (-206+220), notamment par les soins de lettrés comme Liu Xiang et Liu Xin, la forme sous laquelle nous pouvons aujourd'hui les lire. Ces textes, devenus canoniques et qu'on appelle les classiques, ont dans la culture chinoise le rôle des épopées homériques dans la culture grecque : l'on y apprend l'histoire, la géographie, la morale, la politique, la stratégie, la cosmologie et bien d'autres choses encore. Ceux qui subsistent sont :

– le ***Livre des odes (Shijing)***, dont les vers ont souvent plusieurs niveaux de lecture possible (un récit privé et un sens politique), recueil de poèmes d'origine populaire réécrits par des lettrés, peut-être modifié par Confucius,

– le ***Livre des documents (Shujing)***, censé transmettre des documents historiques (décisions, discours, édits) de l'Antiquité, depuis les souverains mythiques Yao et Shun (2357-2257 av. n. è.) jusqu'au milieu de la dynastie des Zhou (1121-256 av. n. è.),

– le ***Livre de la musique (Yuejing)*** dont il ne nous reste que des extraits (notamment dans le *Xunzi*) et qui développait des applications musicales de conceptions morales et cosmologiques,

ainsi que plusieurs rituels :

– le ***Mémorial des Rites (Liji)*, le *Rituel des Zhou (Zhouli)*, le *Cérémonial (Yili)***, qui tiennent lieu d'un *Livre des Rites* aujourd'hui disparu et donnent une description minutieuse des rites relatifs à tous les aspects de la vie publique et privée, ainsi que les détails d'une administration compliquée sans doute plus rêvée que réelle mais dont la subtilité et les ramifications ont servi de modèle aux générations postérieures, là encore en relation étroite avec les principes de la cosmologie et le système des correspondances (cf. Philosophie),

– les ***Printemps et automnes (Chunqiu)***, chronique historique du pays de Lu complétée par un commentaire (le *Zuozhuan*) qui permet de couvrir en tout une période allant de 722 à 463 avant notre ère,

– Le ***Livre des mutations (Yijing)***, modèle d'application de la cosmologie aux faits et gestes des humains par le biais de l'utilisation des huit trigrammes permettant de former soixante-quatre hexagrammes, véritables figures du monde destinées à faciliter la lecture, la compréhension et l'interprétation des mutations, changements, transformations, évolutions qui ne cessent de traverser et de ponctuer l'existence de l'homme comme celle de l'univers.

Une première forme de dictionnaire, le *Erya*, date lui aussi de cette époque. Les vers et la prose, l'histoire et la morale, l'épopée et la cosmologie figurent également dans ces textes, qui constituent la base même de la culture chinoise. Prenant exemple sur cette universalité, les lettrés chinois, toujours soucieux de ne rien enfermer, de ne rien couper du reste de la réalité, ont pratiqué des siècles durant **une littérature où, sous des formes variées, la même personne pouvait aborder de multiples sujets**.

Les classiques, que nous venons de citer, les nombreux textes philosophiques sur lesquels nous reviendrons et les annales historiques d'avant les Qin (221-207 avant n. è.) constituent un fonds dans lequel puisent les lettrés de toutes écoles et de toutes époques. Bien sûr, ils font aussi appel à d'autres sources d'inspiration : contes et récits populaires, expériences personnelles, mythologie taoïste, récits bouddhistes, et il arrive souvent qu'un auteur passe d'un genre à l'autre et d'un sujet à l'autre avec un égal bonheur. La pratique intellectuelle chinoise du commentaire et de la citation fait de chaque œuvre nouvelle le chaînon d'un dialogue jamais interrompu entre poètes, littérateurs, historiens, essayistes (qui souvent sont les mêmes) des différentes époques.

Il existe en outre un certain nombre de **textes anciens plus proprement littéraires**, au sens où l'on opposerait la littérature à la chronique historique ou à l'essai philosophique. Ce sont :

– un « roman historique », la ***Chronique du Fils du Ciel Mu (Mu Tianzi zhuan)***, texte datant en grande partie de la première moitié du IVe siècle avant notre ère et narrant le voyage vers l'Ouest du roi Mu (1101-946 av. n. è.) des Zhou,

– le ***Livre des monts et des mers (Shanhai jing)***, recueil de *mirabilia* datant lui aussi de l'époque des Royaumes combattants (453-222 avant n. è.),

– les *Élégies de Chu (Chuci)*, poèmes de **Qu Yuan** (env. -340-278) et d'un de ses disciples supposés : **Song Yu**, qui, venant bien après le *Livre des odes*, constituent la première expression d'une poésie personnelle.

Ainsi l'Antiquité offre-t-elle déjà un éventail de textes suffisamment vaste pour être à l'origine d'une littérature extrêmement riche. **La division entre poésie et prose s'accorde mal à la réalité chinoise.** La poésie, dont le texte fondateur est le *Livre des odes* et qui semble consubstantielle à la langue chinoise elle-même, déborde largement le cadre des textes proprement poétiques : on la trouve dans des textes philosophiques (le *Daodejing* ou le *Xunzi*, par exemple, dans l'Antiquité), dans les romans des XVIIe et XVIIIe siècles, dans le théâtre, et plus généralement lors d'emplois rythmés et souvent même rimés de la langue classique (cf. chap. VIII, La poésie).

B. A partir des Han.

I : Des Han aux Sui (-206+589), la littérature est marquée d'une part par l'apparition d'une poésie nettement plus individualisée et de l'autre par le regard théorique et critique porté par les lettrés sur l'écriture elle-même.

1– **La réflexion sur l'art d'écrire**, si important aux yeux des lettrés, apparaît déjà dans les textes de l'Antiquité, avec de nombreuses notations à propos de la poésie. Elle fut systématisée dès le IIIe siècle de notre ère avec le *Discours sur la littérature (Dianlun lunwen)* de **Cao Pi** (188-226), qui inaugure une **longue et foisonnante tradition de textes sur le *wen* (vocable qui a trois significations principales : « écrit », opposé à oral, « cultivé » opposé à rustre, « lettré » opposé à militaire)**. On citera le nom de **Liu Xie** (465-522), auteur du *Wenxin diaolong (Esprit de la littérature et gravure de dragons)*, dans lequel sont dévoppées les diverses formes de l'art d'écrire et leurs implications intellectuelles, morales et politiques. L'histoire de la littérature est donc avant tout une histoire du *wen*, notion fondatrice de l'immense prestige des lettrés. L'époque des Han postérieurs (25-220) et les siècles qui suivent voient l'éclosion de formes littéraires nouvelles, héritières à la fois de la tradition classique combinant les textes philosophiques et les chroniques historiques, et d'une pratique ancienne qui assignait à certains lettrés le rôle de collecter et de coucher par écrit, en langue littéraire, les « histoires racontées au sein du peuple ».

2– **La poésie**, forme suprême du *wen*, est illustrée par de très grand auteurs comme **Sima Xiangru (179-118 avant n. è.), maître incontesté de l'élégie (*fu*)**. L'époque fertile et tourmentée des Trois Royaumes et des Six Dynasties (du début du IIIe à la fin du VIe siècles) célébra **les poèmes de la famille Cao** : Cao Cao (155-220), fondateur de la dynastie des Wei et ses deux fils rivaux, ceux des **Sept Sages de la Forêt de Bambous, parmi lesquels Ji Kang** (ou Xi Kang, 223-262, à la fois taoïste et confucianiste, auteur d'un essai sur le *qin*, sorte de luth, instrument privilégié des lettrés (cf.

illustration p 195) et d'un autre sur l'art de nourrir son souffle vital) et **Tao Yuanming (365-427)**, qui chantait les bienfaits de l'ivresse et jouait d'un *qin* sans cordes afin d'atteindre la « musique sans son » chère aux Taoïstes.

3– C'est à ce moment-là que se tiennent les très sophistiquées « **conversations pures** » (*qingtan*) dont le *Nouveau Miroir du monde (Shishuo xinyu)* compilé par **Liu Yiqing** (403-444) nous offre un écho délicat et souvent allusif. De tels recueils de textes brefs, qui ne sont ni philosophiques, ni des chroniques, ni même réellement des récits, confirment une tradition parallèle aux textes lettrés, tradition issue des « menus propos » (*xiaoshuo*) publiés dès l'époque des Han, qui ira chercher loin son inspiration et donnera naissance à la fois à des récits merveilleux, des rébus abscons et des nouvelles dont peu subsistent mais dont nous avons trace par les chroniques. **La violence des temps a finalement sécrété des formes détachées et contemplatives de l'expression de la pensée.**

4– **L'histoire** est l'apanage de deux auteurs immenses : **Sima Qian**, avec ses *Chroniques historiques* (141-86 avant n. è.) et **Ban Gu** (32-92), avec l'*Histoire dynastique des Han antérieurs.*

II : L'époque des Tang (618-907).

Avec le renouveau de la grandeur impériale chinoise, cette époque est considérée comme le berceau du classicisme. Son apport le plus marquant dans l'histoire littéraire est l'extraordinaire foisonnement de la poésie.

1– Dans le domaine de **la poésie**, on ne citera ici que trois des plus grands noms parmi une production magnifique et abondante, qui est souvent le fait de lettrés ayant laissé d'autres écrits : **Li Bo (ou Li Bai, 701-762,** taoïste et néanmoins poète de Cour, protégé de l'Empereur malgré ses insolences), **son ami Du Fu (712-770,** ermite et néanmoins confucianiste, ami de Li Bo) **et Wang Wei (701-761)**, dont Su Shi (1013-1101) disait : « Chacune de ses peintures est un poème, chacun de ses poèmes est un tableau ». Les poètes des Tang ont tous occupé des postes officiels (cf. chap. VIII, La poésie) plus ou moins élevés, et l'échec aux examens, comme la dureté des temps de défaite militaire, sont aussi présents dans leur inspiration que l'ivresse de l'alcool, la beauté des paysages et l'inaccessibilité des belles…

2– **La prose** est dominée par Han Yu (768-824), qui prône un retour à des formes épurées de la pensée comme de l'expression et qui est considéré comme un modèle de perfection stylistique, ainsi que Liu Zongyuan (773-819), qui ont eux aussi exercé des responsabilités administratives et écrit de nombreux poèmes.

3– **Les débuts du « roman » chinois**, c'est-à-dire de la fiction s'assumant comme telle, sont fixés par Lu Xun (1881-1936) à cette époque, avec, par exemple, les nouvelles étranges de Shen Jiji (750-800), auteur aussi de nombreux poèmes. Ces contes et nouvelles sont toutefois écrits en langue classique, tout en allant chercher leur inspiration là où auparavant les lettrés se refusaient généralement à puiser, c'est-à-dire les superstitions et histoires populaires.

III : La dynastie des Song (960-1279).

Ce temps du classicisme triomphant s'accompagne d'une relecture des œuvres du passé n'excluant pas un retour à des traditions peu exploitées auparavant. C'est l'époque où des débats passionnés et passionnants entre le néo-confucianisme, le taoïsme et le bouddhisme agitent singulièrement les esprits (cf. Philosophie).

1– **La prose** de **Ouyang Xiu** (1007-1072) lettré complet, homme politique et poète, considéré comme l'héritier de Han Yu, et celle de **Su Shi** (Su Dongpo 1037-1101), haut fonctionnaire et poète célébré, sont représentatives d'une élégance n'excluant nullement la profondeur. À la fois hommes de lettres et hommes d'action, ils se sont efforcés de traduire leur pensée dans leur action politique. **Le père et le frère de Su Shi** sont également connus comme de grands lettrés tant poètes que prosateurs.

2– Le plus grand nom de **la poésie** de cette époque est sans doute celui d'une femme, **Li Qingzhao** (1084- après 1151).

IV : La dynastie mongole des Yuan (1271-1367).

La domination étrangère, peu propice à l'éclosion des talents chinois, contraint les lettrés à s'exprimer dans des domaines jugés auparavant peu dignes d'intérêt. C'est dans ce cadre qu'il faut comprendre la floraison d'un genre apparu sous les Song :

– **Le théâtre** ***zaju***, qui offre un vaste répertoire de pièces généralement en quatre actes et un intermède, dont les parties chantées sont en principe confiées à des acteurs peu nombreux, parfois à un seul acteur principal (cf. chap. IX, Le théâtre). Sur plus de cent auteurs que nous connaissons encore, deux sont particulièrement estimés : **Guan Hanqing** et **Ma Zhiyuan**, tous deux pékinois et actifs à la fin du XIIIe siècle.

V : La reconquête chinoise des Ming (1368-1644).

Cette époque se caractérise par une certaine rigidité dans le retour à un classicisme qui s'efforce de restaurer les traditions authentiquement chinoises. Un genre nouveau, le roman à proprement parler, emprunte souvent ses sujets au passé et montre l'intérêt de nouvelles couches sociales pour la lecture. Les plus célèbres des romans chinois datent de cette époque. Les textes en sont écrits dans une langue beaucoup plus proche de la langue parlée. Tous les Chinois connaissent au moins les titres, certaines anecdotes et le nom des personnages principaux de ces livres qui ont inspiré d'innombrables poèmes, pièces de théâtre, films :

– le ***Roman des Trois Royaumes (Sanguo zhi yanyi)*** de **Luo Guanzhong** (Louo Kouan-Tchong, XIVe siècle) évoque les péripéties ayant accompagné la chute des Han en 220 de notre ère et met en scène des personnages historiques comme Cao Cao, Liu Bei et Zhuge Liang,

– le ***Roman du Bord de l'eau (Shuihu zhuan)***, de **Shi Nai'an** (1296-1370) et Luo Guanzhong raconte les aventures du rebelle Song Jiang et de ses valeureux compagnons dont le fameux Li Kui « Tourbillon noir »,

– le ***Voyage en Occident (Xiyou ji)***, attribué à **Wu Cheng'en** (env.1500-1582), narre le pèlerinage du moine Xuanzang (602-664) parti chercher les textes sacrés du bouddhisme avec le Roi des Singes Sun Wukong et le sanglier Zhu Bajie, personnages de nombreuses fables et pièces de théâtre,

– moins accessible au public, pour des raisons morales, est ***Fleur en fiole d'or (Jin Ping Mei)*** qui constitue le fleuron d'une tradition de textes érotiques et dont on connaît une version imprimée en 1618.

Dans le domaine de la **nouvelle**, il existe de nombreux recueils comme celui des ***Spectacles curieux d'hier et d'aujourd'hui (Jingu qiguan)*** publié dans les années 1640-1644 en partie par les soins du grand compilateur et éditeur **Feng Menglong** (1574-1646).

VI : La dynastie mandchoue des Qing (1645-1911).

Venus de Mandchourie, les Qing sont fascinés par une civilisation infiniment plus brillante que celle de leurs origines. Sous leur autorité, les lettrés chinois entreprennent un vaste travail encyclopédique de recherche, de classement et d'édition de

toutes sortes de textes. La critique textuelle donne lieu à des travaux aujourd'hui encore fort utiles mais assez peu propices aux recherches personnelles. Son déclin à partir de la fin du XVIIIe siècle a fait place à des influences étrangères grandissantes.

1– **Les travaux d'érudition** constituent un fleuron de la vie littéraire de cette époque. **Wang Niansun** (1744-1832) en est un des plus éminents représentants.

2– **Le roman** prend souvent une tonalité mélancolique. Ainsi ***Le Rêve dans le Pavillon rouge (Honglou meng)*** de **Cao Xueqin** (1715-1763), scrute la décadence d'une grande famille lettrée. La ***Chronique indiscrète des mandarins (Rulin waishi)***, de **Wu Jingzi** (1701-1754), décrit avec une dérision non exempte d'amertume les intrigues, les tricheries et les corruptions du milieu des fonctionnaires-lettrés. Les ***Récits d'une vie fugitive*** de Shen Fu (1763-env.1820) racontent les amours conjugales et inopportunes d'un lettré dans la misère, tandis que ***L'Odyssée de Lao Can (Lao Can youji)*** de Liu E (1854-1909) montre toutes les difficultés rencontrées, sous un gouvernement plongé dans une rigide décrépitude, par un réformiste de bonne foi.

PHILOSOPHIE

D'une façon générale et tout au long de son histoire, la pensée chinoise, que l'on conviendra par commodité d'appeler philosophie chinoise, **a été élaborée moins pour convaincre que pour aider à vivre**. Cela a pour conséquence immédiate la proximité de la philosophie avec toutes les autres disciplines faisant appel au savoir, à la réflexion, et destinées à avoir une influence sur le comportement individuel et social des hommes. Il s'agit, pour reprendre une expression d'Anne Cheng, d'une « pensée de plain-pied ». **Ainsi n'y a-t-il pas, en Chine, de langue philosophique qui, à l'écart des autres domaines de l'activité humaine, utiliserait un vocabulaire spécifique, réservé, inaccessible au commun des mortels.** Les notions qui entrent en jeu dans l'élaboration des idées philosophiques se retrouvent en effet dans des propos concernant aussi bien la morale que la géographie, la stratégie ou la politique. On ne saurait, répétons-le, cloisonner la philosophie en la séparant de ce qui fait la vie même de la communauté humaine dans la multiplicité de ses occupations et de ses compétences.

Les Chinois ont souvent mis l'accent sur la profonde analogie qu'ils ont perçue entre les principes régissant le monde naturel, ceux qui assurent le fonctionnement de la société des humains, qui constitue à leurs yeux l'un des éléments de ce monde naturel, et aussi bien ceux qui président à l'élaboration des idées et des théories. Ainsi **le niveau de l'individu, celui de la société et celui de la nature se trouvent-ils en étroite correspondance**, ce qu'illustre la triade confucéenne Ciel-Terre-Homme, dans laquelle le Ciel est plutôt à entendre comme Nature (cf. Avant-propos).

C'est dès l'Antiquité que les notions permettant de rendre compte de ces analogies et de ces correspondances ont été élaborées. Elles ne l'ont pas été à la façon des concepts de la philosophie occidentale, établis dans l'absolu en fonction d'une vérité constante, mais comme des références chaque fois replacées dans un contexte, dans une méditation, dans un cheminement de vie qui les fait apparaître sous maints aspects différents. Il ne s'agit pas dès lors de favoriser un seul de ces aspects en l'érigeant en Vérité universelle partout et toujours valable, mais de tirer les leçons de l'épaisseur de vie que contiennent les textes et les commentaires. **C'est** donc **un dialogue constant qu'à travers les siècles la pensée chinoise noue avec elle-même, renouvelant sans cesse l'approfondissement des questions comme se renouvellent les générations successives.**

Parmi les notions qui constituent en quelque sorte un fonds commun dans lequel, génération après génération, viennent puiser les penseurs de toute obédience et de toutes Écoles, figurent des notions cosmologiques, qui deviennent aussi bien des notions philosophiques ou des notions morales, et qui constituent des **thèmes majeurs de réflexion.**

a) Les Chinois ont conscience de vivre dans un monde placé sous l'égide de **deux pôles complémentaires qui sont inconcevables, c'est-à-dire inopérants, l'un sans l'autre : ces deux pôles sont le *yin* et le *yang*.** La façon dont chaque élément du monde se place sous l'influence alternative et conjuguée de ces deux pôles a été schématisée en un parcours successif de **cinq phases** principales respectivement désignées sous les noms emblématiques et symboliques de : **bois, feu, terre, métal, eau**. Ces deux pôles et ces cinq phases sont utilisés pour décrire les changements, évolutions, transformations qui ne cessent de modifier à chaque instant les conditions d'existence de toutes choses (cf. tableau du système des correspondances). Ce sont ces conditions, ces circonstances,

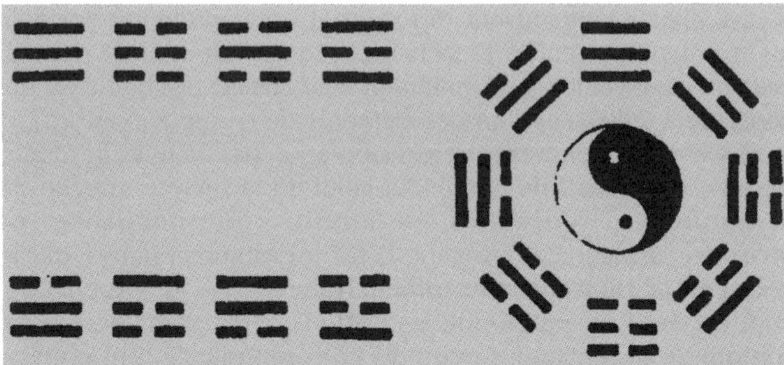

Le Yin *et le* Yang.

L'existence et les modalités de circulation du yin *et du* yang *sont matérialisées par l'emploi de* **figures composées de deux types de traits: un trait plein et un trait brisé**. *Ces traits sont réunis par trois, formant donc des trigrammes qui, par deux, deviennent des hexagrammes. Il existe* **soixante-quatre hexagrammes, obtenus par transformation progressive des figures et représentant la totalité des combinaisons possibles**. *L'analyse de ces figures et des traits qui les composent, dont la signification est au premier chef déterminée par leur position respective, est contenue dans le* Yijing, *le* Livre des mutations. *Ces hexagrammes, systématiquement mis en rapport avec les cinq phases,* **constituent la représentation de l'ensemble des situations que peuvent connaître toutes choses durant leur perpétuelle évolution et transformation**. *« Toutes choses » (en chinois wan wu), cela inclut aussi bien le caractère des humains, les étapes de leur existence, les circonstances dans lesquelles ils se trouvent. Ainsi ce qu'on appelle improprement la divination par le* Yijing (Livre des mutations) *est plutôt l'opération consistant à comprendre dans quel type de situation par rapport à un ensemble se trouve un individu à un moment donné et dans une situation donnée.*

ces dispositions (*shi*), toujours sujettes à changement, qu'il s'agit de scruter, de comprendre, d'utiliser. Les cinq phases (ou cinq agents, *wuxing*) représentent donc les étapes, les zones d'influence, par lesquelles passent toutes choses du monde (lieux, bêtes et gens) lors du déroulement de leur existence. **On peut s'étonner**, et l'on s'est parfois gaussé, de l'apparence arbitraire que revêt à nos yeux d'Occidentaux **cette classification par cinq. L'on peut aussi se demander sur quoi repose notre classification systématique par quatre** (pourquoi quatre points cardinaux, quatre saveurs, quatre ères géologiques ?). Le couple archétypique des opposés complémentaires *yin-yang* **est le modèle des notions par couples** dont la pensée chinoise est si friande (Vide-Plein, Ciel-Terre, Ordre-Désordre...) et qui ne « fonctionnent » pas selon le couple scindé, fracturé qui est représenté en Occident par Vrai-Faux (Divin-Humain, Haut-Bas, Vie-Mort...).

b) On comprendra dès lors que **les recherches menées par la philosophie chinoise se rapprochent** beaucoup plus **de la description d'une démarche sur une voie (*dao*) que l'on aura réussi à identifier** grâce aux repères qui en quelque sorte la balisent, la signalent, la manifestent, que de l'élaboration d'un système logique dont la cohérence avec soi-même soit la qualité première.

c) La caractéristique fondamentale de la vie est donc la permanence en elle du changement. Dans ces conditions, **la notion qui**, dans la pensée chinoise, **tient lieu de**, c'est-à-dire occupe une place comparable à notre **Raison héritière du Logos** grec (notion qui implique à la fois un calcul et un partage du monde) **est** désignée par un **caractère qui s'écrit avec la clef du jade et qui se prononce *li*.** Ce caractère *li* nous enseigne qu'il y a lieu, avant de travailler le jade brut, de scruter ses veines afin de ne pas risquer de le casser. Il ne s'agit donc pas tant de partager et de calculer, que d'observer le cours des choses afin d'agir en fonction de lui plutôt que de s'y heurter. C'est pourquoi ce caractère *li* reçoit souvent la traduction de « sens profond des choses », « principe ».

d) L'action humaine ne se place pas sur le terrain de l'intervention mais plutôt sur celui de l'assistance (il y a lieu à la fois d'assister au fonctionnement des choses et d'assister la bonne marche du monde, de l'aider à se dérouler selon les principes qui lui sont propres). **La forme la plus élevée de l'action** se fonde dès lors sur une observation à ce point fine et efficace qu'elle ne demande pratiquement aucun effort, son idéal **étant de parvenir au plus près du non-agir (*wuwei*)**.

e) Cette action, qui tend vers son expression la plus infime, est destinée à favoriser l'éclosion et le développement harmonieux des possibilités latentes résidant dans chaque circonstance, dans les conditions qui président à la venue de chaque individu comme de chaque événement. **Ce qu'il s'agit de réussir**, c'est encourager, stimuler la bonne circulation des courants assurant la respiration, le rythme, l'élan partout nécessaires à la vie, **c'est**, en un mot « **nourrir les souffles vitaux** »(*yang qi*), souci que l'on retrouve dans des contextes bien différents.

De même que la philosophie occidentale peut, en un mot, être qualifiée de variation indéfiniment renouvelée sur le thème de l'Etre et de la Raison, la pensée chinoise constitue de son côté une méditation toujours reprise et toujours redécouverte à partir des thèmes centraux que nous venons d'évoquer. À partir du moment où la conscience de la variation et du mouvement tient dans la mentalité chinoise la place fondamentale de l'Être et de l'Absolu en Occident, on comprendra aisément que

– d'une part, **les notions n'y obéissent point aux règles qui président à l'élaboration stricte et définitive des concepts occidentaux,**

– d'autre part, **la séparation entre les Écoles de pensée ne saurait y revêtir la rigidité à laquelle nous sommes accoutumés.** Rien n'empêche par exemple un Chinois, et même un penseur chinois, d'être à la fois confucianiste et taoïste. Rien, d'ailleurs, ne permet de définir dogmatiquement une École particulière.

C'est à partir de ces principes généraux qu'il faut parcourir la chronologie de la pensée chinoise que nous esquisserons maintenant.

1) **L'Antiquité (500-220 avant n. è.) et l'éclosion des Cent Écoles.**

a) C'est le nom de **Confucius (-551-479)** qui inaugure cette période. Il a pour la première fois posé le principe de l'accessibilité au pouvoir par le mérite et non par l'hérédité. Son enseignement est fondé sur la nécessité de l'étude (lecture et commentaire des classiques, réflexion sur l'Histoire, recherche des talents, aversion pour les dogmes intangibles et les vérités religieuses...) et celle des rites et d'une vision morale de la musique pour permettre à la société humaine de vivre dans une harmonie hiérarchisée. Confucius n'a rien écrit, il aurait recueilli et mis en forme les classiques et ses disciples ont publié les ***Entretiens de Confucius (Lunyu)***. La descendance intellectuelle de Confucius est assurée principalement par son petit-fils **Zisi (env. -485-420)**, auteur de la ***Grande Étude (Daxue)***, texte aussi profond que bref et qui servit de base, jusqu'à nos jours, à bien des méditations, par **Mengzi (-372 -289)** auteur de l'ouvrage qui porte son nom et sur lequel s'appuiera une réflexion allant jusqu'à une certaine forme de mysticisme dans la recherche de la Voie, et **Xunzi (-320-230)**, dont les pen-

Saison	Agent	Couleur	Animal	Orient	Nombre	Viscère	Odeur	Saveur	Note de musique
Printemps	Bois	Bleu-vert	Dragon	Est	8	Rate	de rance	acide	*jue*
Été	Feu	Rouge	à plume	Sud	7	Poumons	de brûlé	amer	*zhi*
Fin de l'été	Terre	Jaune	nu	Centre	10	Cœur	suave	doux	*gong*
Automne	Métal	Blanc	velu	Ouest	9	Foie	de viande	âcre	*shang*
Hiver	Eau	Noir	Coquillage	Nord	6	Reins	de pourri	salé	*yu*

Le système des correspondances.

Cette liste est loin d'être exhaustive et ne comprend que les éléments auxquels il est fait le plus communément référence.

sées sur les fondements de l'action et des rites ne sont pas sans recouper parfois certains thèmes légistes (cf. chap. VI, Les « trois religions »).

b) **Le taoïsme** est illustré par **Laozi (Lao-tseu)**, sur la vie duquel on ne sait rien et qui serait l'auteur de l'énigmatique ***Livre de la Voie et de la Vertu (Daodejing*** ou***Tao-tê-king)***, et par **Zhuangzi (env. -370-300)**, deux textes fondamentaux de la pensée chinoise, propres à inspirer à la fois une distance vis-à-vis de la société et la recherche d'un chemin initiatique menant à une forme détachée et souveraine de la Sagesse (cf. chap.VI, Les « trois religions »).

c) Farouchement opposé au ritualisme et à la pratique musicale tels que les prônait Confucius, **Mozi (env. -460-400)** professe à la fois, dans un ouvrage qui porte son nom, un égalitarisme militairement encadré, destiné à lutter contre l'égoïsme fondamental des humains et l'existence d'Esprits qui surveillent et châtient les humains.

d) **L'École des noms** mène une méditation sur le langage et les mots, fondée sur des paradoxes qui ne sont pas sans rappeler ceux de Zénon (« Un cheval blanc n'est pas un cheval », « Une ombre est toujours immobile »...), avec **Hui Shi (env. -380-305)** et **Gongsun Long (env. -333-250)**. Elle est demeurée sans postérité.

e) **Le légisme** s'inspire des codes de lois élaborés dans plusieurs principautés à partir du VIe siècle avant notre ère et des idées de Xunzi. Dans sa désaffection pour tous les principes moraux, il finit par ne se fonder que sur la crainte et l'appât du gain. Il donna lieu à un régime fonctionnant par la terreur, qui réussit à unifier la Chine mais ne resta au pouvoir que de 221 à 207 avant notre ère. Les ministres **Shang Yang (env. -385 -335)** et **Han Feizi (-290 -234)** laissèrent des ouvrages portant leur nom.

f) **L'École cosmologiste** dite aussi École du *yin* et du *yang*.

Tous ces courants et d'autres moins illustres sont représentés dans les ***Printemps et automnes de Lü Buwei (Lüshi chunqiu)***, ouvrage éclectique composé vers 238 avant notre ère sous l'égide de Lü Buwei, Premier Ministre du roi Zheng de Qin, et qui constitue une sorte de testament philosophique de l'Antiquité finissante, juste avant l'unification par le roi Zheng de Qin qui prit le nom de Qin Shi Huangdi et devait, en 213, promulguer un édit contre les livres resté fameux.

2) **L'époque des Han (-206+220) et le renouveau du taoïsme et du confucianisme**.

Des esprits synthétiques comme le confucianiste **Dong Zhongshu (env. -195 -115)** dans son ouvrage intitulé ***Profusion de***

rosée sur les printemps et automnes (Chunqiu fanlu) et son contemporain taoïste le prince de Huainan sous l'autorité duquel fut composé le ***Huainanzi*** couvrent de vastes perspectives tant cosmologiques que politiques. Un grand effort de rassemblement et d'édition des textes anciens, avec l'éventuel danger d'interpolations et de restitutions que cela présuppose, est entrepris par **Liu Xin (-32 +23)**. On citera aussi les explorations parfois difficiles à suivre de **Yang Xiong (-53+18)** dont les ***Propos modèles de Maître Yang (Yangzi fayan)*** trouvent leur inspiration dans les *Entretiens de Confucius,* tandis que l'esprit critique de Wang Chong (27-97) s'exprime dans les ***Discussions critiques (Lunheng)***.

3) **Du IIIe au VIIe siècles, la confusion politique s'accompagne d'une grande effervescence intellectuelle**. Cité tantôt comme taoïste et tantôt comme confucianiste, **Wang Bi (226-249)**, génie fulgurant et précoce, commente aussi bien le *Daodejing* (Laozi) que le *Lunyu (Entretiens de Confucius)* pour s'efforcer de parvenir à l'Indifférencié (*wu*). Plus nettement taoïste, **Guo Xiang (env. 235-312)** cherche un fondement au principe spontané immanent qui assure la réalité du monde. La tradition alchimique taoïste s'épanouit avec **Ge Hong (283-343)**, auteur du texte connu sous le nom de *Maître qui embrasse la Simplicité (Baopu zi),* alors que tout un courant taoïste poursuit un cheminement auquel on a, par référence au début du *Daodejing* évoquant le « mystère au-delà du mystère », donné le nom d'Étude du Mystère (*xuanxue).*

Le bouddhisme, doctrine du salut venue des Indes, fait alors son apparition dans l'horizon spirituel et intellectuel chinois. L'affirmation des Quatre vérités (Tout est illusion, le désir nous enchaîne à ces illusions, cet enchaînement prendra fin avec la fin du désir, le moyen de mettre fin à la douleur est l'atteinte de la pensée juste) fait grande impression en ces temps troublés (cf. chap. VI, Les « trois religions »). La méditation bouddhiste vient croiser les recherches taoïstes de l'étude du Mystère. Le moine **Dao'an (312-385)** et ses disciples préparent le terrain à **Kumârajîva (env. 344-413)**, arrivé à Chang'an en 402, qui, avec son disciple Zhu Daosheng, donne au bouddhisme chinois son individualité propre. De très nombreux textes sont alors traduits par un millier de moines. Les Ve et VIe siècles verront se développer les controverses entre confucianisme, taoïsme et bouddhisme, lesquelles féconderont la pensée durant les six siècles suivants (telle la controverse sur le corps et l'esprit).

4) **L'époque des Sui (589-617), des Tang (618-907) et des Song (960-1279)** est celle des influences réciproques entre les trois grands courants, confucianisme, bouddhisme et taoïsme, qui ne cessent, en polémiquant, de s'influencer et de s'interpénétrer profondément.

a) Dans **le domaine bouddhiste**, la première École proprement chinoise, celle de Tiantai, qui réunit deux traditions (l'une exégétique et l'autre fondée sur la méditation) est fondée par **Zhiyi (538-597)**. Par la suite, **Xuan Zang (602-664)** fera en sens inverse le chemin de Kumârajîva pour aller quérir des textes à la source. Son pèlerinage sera plus tard romancé dans le *Voyage en Occident* (cf. Littérature et genres littéraires). **L'École du Chan** (appelée **bouddhisme zen** d'après la prononciation japonaise), fondée par **Hongren (602-674)** et illustrée par **Linji (Lin-tsi, mort en 866)**, recherche l'éveil subit, à l'écart de toute exégèse, de toute œuvre pie et de toute méditation conduite selon une voie proposée ou imposée. On a vu que la floraison et la richesse des monastères bouddhistes entraîne une réaction sévère de la part de l'État en 845 (cf. chap. VI, Prêtres et moines).

b) **Le taoïsme** poursuit, influencé par la doctrine bouddhiste du Salut, sa quête de l'immortalité dans la voie mystique qui mènera à l'alchimie intérieure. Un canon taoïste est publié en 1019 par ordre impérial, tandis que **Zhang Bodun (984-1082)** publie un long texte sur l'alchimie intérieure.

c) **Le confucianisme**, après un retour aux textes de l'Antiquité et une farouche opposition au taoïsme comme au bouddhisme de la part de **Han Yu (768-824)**, ce qui lui vaudra de sérieux ennuis de la part d'un souverain bouddhiste, donnera naissance au **néo-confucianisme**. Ce mouvement naît à la fois d'une méditation des textes anciens et d'un dialogue parfois polémique avec les deux autres courants dominants, ce qui est déjà perceptible chez **Li Ao (772-836)**, neveu et disciple de Han Yu. Reprenant les notions de *li* (sens profond des choses, principe) et de *qi* (souffle vital), les penseurs néo-confucéens vont s'efforcer, influencés par les recherches bouddhistes et taoïstes, d'expliciter la réalité sous-jacente aux apparences tout en s'efforçant de tendre vers la grande sagesse. Cette démarche est celle aussi bien de **Zhou Dunyi (1017-1073)**, qui commente le *Yijing (Livre des mutations)* non sans avoir lu les auteurs taoïstes, que de **Zhang Zai (1020-1077)**, qui médite sur le souffle vital *(qi)* qu'il assimile au grand Vide. Les trois figures dominantes du néo-confucianisme sont les **frères Cheng (Cheng Hao, 1032-1085 et Cheng Yi, 1033-1107)**, qui professent l'étude de la Voie (*daoxue*) passant par l'examen des choses (*gewu*, notion clef de *La Grande Étude*) et **Zhu Xi (1130-1200)**, dont les commentaires sur les Classiques et sur « Les Quatre Livres » du confucianisme (*Les Entretiens de Confucius, La Grande Étude, L'Invariable Milieu* et le *Mengzi*) devaient faire autorité durant près de huit siècles en surpassant les thèses de son adversaire Lu Xiangshan (1139-1193).

5) Le plus grand penseur de **l'époque des Ming (1368-1644)**, après l'invasion mongole entre 1271 et 1367, est certainement le **confucianiste Wang Yangming (Wang Shouren 1472-1529)**, qui s'appuie à son tour sur la notion fondamentale de *gewu* (observation des choses) pour contester certaines des thèses de Zhu Xi. Haut fonctionnaire, il fut à plusieurs reprises éloigné de la capitale et chargé (avec succès) de pacifier des régions fort agitées, ce qui lui donna à la fois l'occasion d'approfondir sa pensée et de la mettre en pratique.

6) La **dynastie mandchoue des Qing (1644-1911)** se méfiait des penseurs chinois volontiers accusés de vouloir restaurer une dynastie autochtone. Ainsi les **trois grand confucianistes** des débuts de la dynastie, **Huang Zongxi (1610-1695), Gu Yanwu (1613-1682)** et **Wang Fuzhi (1619-1692)** sont-ils farouchement opposés à la puissance mandchoue. Il en ira de même avec les réformateurs de la seconde moitié du XIXe siècle, les **confucianistes Kang Youwei (1858-1927)**, dont les commentaires sur *Les Entretiens de Confucius* constituent une lecture profondément moderniste de la pensée antique, et son disciple **Liang Qichao (1873-1929)**, qui s'efforce lui aussi de se défaire du poids de l'érudition traditionnelle afin de dialoguer de façon vivante avec les Maîtres de l'Antiquité comme avec l'Occident.

LE LETTRÉ-FONCTIONNAIRE, UNE SPÉCIFICITÉ CHINOISE

Prônée par Confucius (551-479 av. n. è.) pour éviter les abus de la transmission héréditaire du pouvoir, sanctionnée depuis les Han (-206 +220) et plus systématiquement depuis les Tang (618-907) par des examens (cf. Chap. III Le système des examens), **l'étude est, dans la Chine classique, considérée comme la clef de la réussite morale, sociale, matérielle**. Son prestige est tel, et si forte la conviction que le savoir et le pouvoir sont inséparables, que la voie la plus haute de l'épanouissement individuel passe nécessairement par la fréquentation assidue des textes anciens, la pratique constante de l'art du commentaire et l'acquisition des connaissances nécessaires pour pratiquer l'art du pinceau (poésie, prose, calligraphie, peinture) et celui de la musique (*qin*, la cithare du lettré). **Un idéal du lettré mettant ses connaissances au service de la société tout entière s'est dessiné, encouragé par l'extension de la scolarité et la recherche systématique des jeunes gens de talent dans les provinces**. Étudier, se présenter aux examens, les réussir successivement, obtenir par là un poste officiel et gravir les échelons de la carrière mandarinale tout en exerçant de manière conjuguée ses qualités morales, ses talents artistiques et ses compétences administratives constituent une vie que l'immense majorité des Chinois considère comme exemplaire. **Écrire, peindre, sont des activités aussi profondes, aussi nobles, aussi importantes que méditer, gouverner, rendre la justice. Dans tous les cas, il s'agit de consacrer son esprit, son énergie, à la recherche de ce qui, inapparent au creux de l'évolution incessante des choses, constitue le sens, le souffle, le moteur de la marche à suivre, de la Voie à découvrir**.

L'acquisition de la culture et la poursuite d'une carrière mandarinale vont donc de pair. C'est la raison pour laquelle la quasi-totalité des écrivains, poètes, peintres, calligraphes dont les œuvres sont passées à la postérité ont été profondément imprégnés de cet idéal du lettré-fonctionnaire. Tous n'ont pas réussi les examens auxquels ils se sont présentés, souvent en raison d'une trop grande indépendance d'esprit et de l'art qu'ils ont eu parfois de se faire des ennemis parmi les officiels et notamment les examinateurs. Il n'empêche que très rares sont les écrivains dont nous connaissons aujourd'hui les noms et qui n'auraient pas exercé de fonction officielle, si humble qu'elle soit. Contrairement à ce que l'on pourrait penser, cela vaut aussi bien pour les taoïstes que pour les confucianistes.

On pourrait écrire une sorte de biographie type du lettré-fonctionnaire de la Chine classique. Remarqué par ses maîtres dès son jeune âge, il est envoyé au chef-lieu de district puis à la capitale provinciale pour y passer les premiers examens. S'il les a réussis, le voici pour plusieurs années à la capitale avec le statut de Candidat-au-doctorat. Son existence matérielle est difficile, il mène une vie estudiantine avec les amours et les déceptions que cela comporte. Il se présente enfin au doctorat et, en une fois, en deux fois, il l'obtient. Reçu, fêté, surtout s'il est sorti dans un bon rang, il a eu le privilège d'apercevoir le Fils du Ciel lors de la remise des

Un lettré-fonctionnaire dans son jardin.

diplômes et il est admis à fréquenter les Grands de ce monde. Il obtient tout d'abord un poste dans une province lointaine, où il a l'occasion de faire remarquer ses talents d'administrateur et de pacificateur. Pourvu d'appuis à la Cour, il connaît par la suite des hauts et des bas, c'est-à-dire des postes prestigieux suivis de disgrâces parfois retentissantes, qui précèdent des retours en grâce… Ses œuvres le font connaître et lui créent autant d'amis que d'ennemis. Flatté, jalousé, il s'efforce de suivre la voie qu'il s'est tracée et de demeurer serein au sein des tempêtes politiques.

Bien des pièces de théâtre et des romans évoquent des épisodes de la vie du lettré-fonctionnaire. Il s'est parfois marié alors qu'il était pauvre avec quelque courtisane au grand cœur qui aura mis ses économies au service du savoir. Enrichi, il aimerait peut-être épouser quelque fille de ministre, mais la loi est là, qui interdit au riche de divorcer d'une femme qu'il a épousée lorsqu'il était pauvre. Éperdue d'amour et de douleur, la courtisane au grand cœur met fin à ses jours et laisse à l'ingrat le loisir de se remarier à sa guise. Ou bien au contraire, redevenu fidèle à ses premières amours, il fait partager à sa femme les trésors du savoir qu'il a acquis et elle s'élève socialement en même temps que lui…

文

Wen, la culture

VIII

LES ARTS

Il n'existe pas, en chinois classique, de terme équivalent à notre mot « art ». Si l'on recherche toutefois un domaine chinois dans lequel s'exerce ce que nous appelons l'art, il faut remarquer dès l'abord que la notion de « beauté », qui elle non plus n'a pas d'équivalent dans le vocabulaire chinois classique, n'y est donc *a fortiori* jamais évoquée. Nous parlons pourtant d'art chinois et nous sommes capables de trouver belles des œuvres d'art chinoises. C'est que nous sommes habitués à transposer sans les modifier nos catégories de pensée à d'autres mondes que le nôtre.

Disons simplement, et pour employer des notions qui nous sont familières, que le domaine proprement reconnu comme artistique est, en Chine classique, beaucoup plus restreint que dans l'Occident contemporain. Les Chinois distinguent nettement l'artisanat, l'art décoratif et ce que nous appellerons l'art des lettrés. Ce dernier n'a pas pour objet de créer de la beauté, de l'agrément, une sensation immédiate et superficielle de bien-être. Tout ceci est au contraire dévolu à l'artisanat et à l'art décoratif, lesquels sont cependant fort appréciés et peuvent même se marchander à des prix très élevés. Mais ce qui concerne l'art, ou plutôt l'art tel que le pratiquent et l'apprécient les lettrés et que l'on peut aussi bien appeler l'art des lettrés, d'une part ne se marchande pas et ne fait pas l'objet d'un commerce, et d'autre part obéit plutôt aux règles de la philosophie qu'à celles de la décoration (encore qu'elles puissent se rejoindre...). **Une fois encore, nous trouvons là ce que nous serions tenter d'appeler une confusion des genres, et qui pour les Chinois est plutôt une fusion intellectuelle et spirituelle**.

Les notions auxquelles les lettrés chinois font appel pour expliquer, transmettre et critiquer ce qui constitue à leurs yeux l'art véritable, le domaine le plus élevé de l'art, sont celles qu'on rencontre lorsque l'on parle de philosophie, de cosmologie, de morale. Aussi bien l'Art, en Occident, obéit à ses règles propres, il est réputé créer un monde (il vient d'un « ailleurs » que Platon évoquait déjà), il est pratiqué par les seuls artistes et il constitue une occupation socialement marginale et considérée comme accessoire.

Au contraire, **dans la mentalité de la Chine classique, l'art est la manifestation de quelque chose qui émane de la nature au même titre que l'homme, que les souffles vitaux, que la montagne, il obéit aux mêmes règles que tout ce qui est présent dans le monde.** Il exprime ce qui, relié directement à l'exercice de la pensée, n'est pas du ressort du raisonnement discursif. Dans l'idéal de l'éducation chinoise et d'une façon générale, **l'art est pratiqué par ceux qui, censés détenir à la fois le savoir et le pouvoir, exercent des fonctions au sein de la société et il constitue, au même titre que la gestion des affaires publiques, une occupation qui n'est ni futile ni marginale, mais essentiellement complémentaire des autres domaines de l'activité de l'homme accompli (*junzi*).** On comprend dès lors qu'il ne se monnaye pas et que sa plus haute expression se réduise aux quatre activités « nobles » qui sont compatibles avec le recueillement du lettré dans son cabinet d'étude : la musique, la poésie, la calligraphie et la peinture.

LA MUSIQUE

On a vu (cf. chap. VII, Littérature et genres littéraires) qu'il existait dès l'Antiquité un *Livre de la musique*, considéré comme un des classiques. La musique, par ailleurs, est présente dans tous les textes classiques et canoniques, des *Entretiens de Confucius* au *Livre des mutations.* On peut voir à cela plusieurs raisons :

– **par sa pratique en commun**, elle est tôt (dès les premiers textes datant peut-être des XIe-Xe siècles avant notre ère) apparue comme un moyen de canaliser les énergies et de faire régner l'harmonie dans un groupe, rejoignant ainsi le souci de l'**organisation sociale,**

– **par l'influence qu'elle exerce sur les esprits**, elle constitue aussi une pratique individuelle et méditative (le *qin*, instrument solitaire ressemblant un peu à notre cithare, est celui par excellence des lettrés), rejoignant ainsi la **morale,**

– **par ses règles qui s'inscrivent dans les systèmes généraux de classification** : il y a cinq notes de musique (cf. tableau des correspondances), il y a douze tubes musicaux ou tuyaux sonores dont le premier sert de diapason (comme il y a douze mois de l'année et douze heures du jour, on remarquera que 5x12 = 60, cf. chap. V Calendrier, mesure du temps), il y a huit sortes d'instruments de musique, classés selon les matériaux entrant dans leur fabrication (comme il y a huit trigrammes fondamentaux, huit vents), la musique rejoint la **cosmologie,**

– **par son existence « naturelle »** (mugissement du vent, bruit de la mer, chant des oiseaux, résonance de certaines matières...), **la musique s'enracine dans ce qui fait la trame même de l'existence**.

Un qin *(instrument à plat) et un* pipa *(instrument porté)*

Les liens existant entre **la musique, traduction des émotions reçues**, et le comportement tant individuel que social, l'ont fait mettre en relation par Confucius et les confucéens avec **les rites, expression codifiée afin d'être rendue lisible et acceptable par autrui des émotions éprouvées**. Rites et musique sont ainsi, pour l'École des Lettrés, complémentaires et ils constituent deux éléments aussi nécessaires l'un que l'autre à l'atteinte d'un équilibre intérieur permettant à chaque membre de la société de vivre en harmonie avec les autres.

Si la musique est pour les confucéens l'une des voies de développement de la personnalité de l'homme accompli, elle est aussi pratiquée par les taoïstes. Dans les deux cas, elle mène à une profonde écoute des rythmes de la nature et à une méditation sur l'équilibre des sons.

LA POÉSIE

Jouant sur le son et le rythme des mots, la poésie s'apparente, ne fût-ce qu'en étant déclamée et chantée, à la musique. On comprendra mieux la très grande difficulté de traduction que présente la poésie chinoise si l'on se représente **les éléments sur lesquels elle repose.**

a) **Le son**. Monosyllabique et assez pauvre en phonèmes, la langue chinoise se prête particulièrement bien à une expression rythmée et rimée. La présence des tons (huit dans la langue ancienne, cinq dans la prononciation officielle moderne) lui confère en outre une musicalité largement exploitée dans la poésie.

b) **L'écriture.** Le prestige de l'écriture, dont on a vu (cf. chap. VII Langue orale et langue écrite) qu'il provenait de l'origine mythique supra-humaine des caractères, se double de l'admiration esthétique que les Chinois ont toujours professée pour leur écriture. La poésie ne manque pas de jouer sur l'aspect des caractères, sur les ressemblances et les dispositions des traits (au nombre de huit) qui les composent, comme sur les symétries internes entre les caractères (mots comprenant les mêmes clefs ou les mêmes graphèmes).

c) **Le sens**. Chaque caractère, pourvu d'un son, d'un ton et d'une graphie, est en outre porteur bien entendu d'un sens. L'on se doute que selon les caractères voisins, cette signification s'infléchit ou se transforme. De même que dans la poésie française, il existe des associations de mots dont l'originalité ou la hardiesse sollicitent l'émotion, l'intelligence, l'imagination.

d) **Le jeu subtil et infini des allusions**. C'est là que réside pour nous la plus grande difficulté de la poésie chinoise.

L'apprentissage par cœur de textes inlassablement relus, cités, commentés, récités donne accès à une connivence intellectuelle qui permet à de nombreuses allusions culturelles d'être aussi discrètes qu'efficaces. Ces allusions peuvent être d'ordre littéraire. Elles peuvent aussi évoquer des personnages historiques ou légendaires dont les choix, les réparties, les réactions sont volontiers mis en parallèle avec des personnages contemporains de l'auteur, lui évitant ainsi de mettre directement en cause ceux dont par exemple il pourrait encourir les foudres. C'est à la lumière de ce jeu d'allusions historiques qu'il faut comprendre certaines batailles littéraires qui ont marqué la scène politique chinoise des années 1950-1980.

Le respect traditionnel des Chinois pour la culture provenant de leur passé les incite en outre à invoquer, ou plus exactement à évoquer dans des poèmes des vers d'illustres prédécesseurs qui seront immédiatement identifiés par les lecteurs ou les auditeurs, sans qu'il soit besoin de recourir pour cela à une citation directe. Par exemple, l'emploi rapproché, en français, des deux mots « rage » et « désespoir » ne manquera pas d'évoquer les vers fameux du *Cid*, même si le texte de Corneille n'est pas directement cité. De la même façon, l'apparition sur certains murs de Paris en mai 1999, d'un graffiti « Otan, suspends tes vols » fait penser à une citation à la chinoise de Lamartine : « Ô temps, suspends ton vol ». **Ce genre d'allusion, de citation suggérée, de renvoi à des sources culturelles communes à l'auteur et à ses lecteurs est systématique dans la poésie chinoise.**

Enfin, **le système des correspondances (cf. chap, VII, Philosophie) constitue un extraordinaire réservoir de rapprochements** qui, évidents pour les Chinois, ne nécessitent aucune explication pour suggérer, par une sorte de glissement télescopique, toute une série d'autres objets que ceux qui sont nommés.

L'on voit donc à quel point **la poésie chinoise constitue un ensemble sophistiqué que les lettrés maîtrisent avec une virtuosité qui, comme celle des musiciens, demande l'acquisition d'une technique extraordinaire pour parvenir au stade où l'on en vient à oublier la technique, et aussi bien d'une culture littéraire et historique fort étendue**. On voit aussi à quel point est ardue la tâche du traducteur.

L'époque des Tang (618-907) est considérée par les Chinois comme celle qui a porté le langage poétique à son plus haut degré de perfection, léguant aux siècles suivant un somptueux moyen d'expression dont les écrivains chinois n'ont jamais cessé de s'inspirer.

La poésie est partout présente en Chine : elle s'affiche sur les murs des pavillons, sur les rochers des montagnes célèbres, sur les panneaux jumeaux que les Chinois se plaisent à accrocher chez eux, sur les peintures, ainsi que sur les rouleaux tracés par les calligraphes. Occupation sérieuse, elle est pratiquée aussi bien par des Empereurs que par des moines, mais elle fait également partie des jeux de société auxquels se plaisent les gens instruits (cf. chap. IX, Jeux de société).

LA CALLIGRAPHIE

La calligraphie est sans doute, aux yeux d'un Occidental, la manifestation la plus déroutante de l'art chinois. **Son point de départ est la perception par les Chinois des caractères d'écriture comme figures emblématiques de la réalité, et donc à ce titre habités, traversés, rythmés par les souffles vitaux (*qi*) qui circulent dans le monde**. Ce statut des caractères confère à leur emploi une importance et un prestige qui sont une composante de poids de la culture chinoise.

Le vocabulaire employé par les lettrés pour parler de calligraphie, c'est-à-dire à la fois pour analyser, critiquer, juger et transmettre cet art, puise dans un fonds commun où l'on retrouve des notions que les philosophes, les stratèges, les hommes d'État, les moralistes et aussi bien les médecins et les historiens utilisent eux aussi (le souffle, le vide et le plein, la structure interne, l'ossature, les lignes de circulation...). Cela veut dire que **la calligraphie s'enracine là même où naît l'ensemble de la culture et de la mentalité chinoises**. Loin de se confondre avec le souci de transmettre lisiblement une information, la calligraphie se place antérieurement à ce souci. Sans toutefois négliger la signification des caractères tracés, elle prend d'abord en compte l'écoute des énergies physiques et mentales qui se manifestent à travers le scripteur. Ces énergies, captées, reconnues, puis laissées libres de se manifester, animent les caractères, leur donnant ainsi une vie qui doit être perceptible à celui qui est admis à voir l'œuvre achevée.

Exemples de différents styles d'écriture du caractère tian *(ciel) à gauche, et du caractère* da *(grand) à droite.*

Le fait qu'il existe, depuis Zhang Xu (658-748), une écriture appelée « cursive folle » montre bien dans quel état de méditation et d'exaltation certaines calligraphies ont été exécutées. Les commentaires à propos d'œuvres calligraphiques indiquent le degré d'intériorisation que l'on attend d'un calligraphe. L'élan, la vibration, la tension qu'on découvre dans une calligraphie, le jeu du plein et du vide dont elle est le théâtre et qui est une des figures de la relation entre le *yin* et le *yang* sont autant d'éléments qui la replacent dans un contexte universel et qui revêtent, aux yeux des Chinois, un statut d'exemplarité morale.

C'est la personne tout entière qui est en jeu, avec le contenu de son expérience, l'étendue de son savoir, la qualité de sa relation au monde, la participation de chacun de ses muscles. On n'écrit pas seulement avec sa main, mais aussi avec son poi-

gnet, son bras, son torse, son assise, ses jambes. Aussi la calligraphie est-elle considérée comme une discipline particulièrement complète permettant d'exprimer l'intensité, la justesse, l'harmonie et la profondeur de la situation d'une personne au sein de la société et de la nature qui l'entourent. C'est pourquoi les calligraphies des grands personnages ont toujours été, en Chine, considérées comme porteuses des éminentes qualités de leurs auteurs.

Le premier grand calligraphe dont l'histoire a retenu le nom est Wang Xizhi (321-379). Il fut dès son vivant considéré comme un maître et son prestige n'a jamais décru. L'histoire de la calligraphie est émaillée de noms d'Empereurs, d'hommes d'État, de généraux et de poètes. Des reproductions de calligraphies impériales ornent les frontispices de nombreux temples et palais, et posséder quelques caractères tracés de la main d'une personne admirable est, déjà à l'époque des Tang (618-907), un privilège extrêmement recherché. On connaît le soin extraordinaire avec lequel on procéda naguère, en République populaire de Chine, à l'édition en *fac-simile* des poèmes de Mao Zedong et le fait que le Président chinois ait tenu à introduire de sa main une exposition de calligraphes contemporains présentée à Paris, à la Sorbonne, en 1999, montre assez en quelle haute estime est toujours tenue cette discipline et quelle importance est accordée à la graphie du chef de l'État.

LA PEINTURE

Des textes de l'époque des Royaumes combattants (453-222 avant n. è.) décrivent des peintures ornant les murs de temples et de palais et représentant des hauts faits ou d'illustres personnages. Nous possédons plusieurs témoignages du niveau élevé de la peinture de cette époque. La bannière de Mawangdui, à peine postérieure puisqu'elle date du début de la dynastie des Han (-206 +220), en constitue le plus illustre exemple. Il s'agit d'une peinture sur soie qu'Élisabeth Rochat de la Vallée a intitulée avec élégance : « Pour une dame chinoise allant en Paradis » et sur laquelle « le jeu du *yin/yang*, faisant et défaisant tout être, est peint en couleurs et en mouvement ». Dès la fin de l'Antiquité, il y a donc deux formes de peinture : la peinture décorative, éventuellement pédagogique, et la peinture religieuse (taoïste, puis, dès la fin des Han, bouddhiste).

La dimension proprement artistique de la peinture va se définir par opposition avec ces deux tendances. **Les lettrés**, en effet, **vont**, sous l'influence de la calligraphie, **voir dans la peinture l'occasion de faire éclore une dimension spirituelle, laquelle ne s'accommode ni d'un souci décoratif ni d'une vocation *a priori* pédagogique**. On a vu que la calligraphie prend son essor à partir du IVe siècle de notre ère, lorsque le papier (inventé au Ier siècle de notre ère), le pinceau (déjà connu sous les Royaumes combattants) et l'encre (apparue elle aussi à la fin de l'Antiquité) sont parvenus à un degré de perfection technique qui autorise une grande maîtrise de leur emploi. Notons par ailleurs que le même caractère désigne l'acte de peindre et celui d'écrire (*xie*). **Ceux qui savent écrire, et dont on a vu qu'ils pratiquent aussi la musique et la poésie, prennent conscience des immenses possibilités qu'offre la peinture pour exprimer ce que les mots demeurent impuissants à transmettre**.

Le premier ouvrage théorique traitant de la peinture est dû à Xie He, actif dans les années 500-540. Peintre lui-même, l'auteur y énonce six lois qui sont demeurées des règles d'or de la peinture lettrée :

– Le souffle et le rythme spirituel donnent le mouvement de la vie.
– La loi de la structure des os constitue le bon usage du pinceau.
– Les formes représentées se conforment aux objets.
– Les couleurs doivent correspondre aux genres.
– La composition doit rejoindre la disposition des objets.
– La transmission par la copie est la reproduction d'une œuvre.

Le fait que la copie figure parmi ces six lois fondamentales est à rapprocher de la technique chinoise du commentaire. En commentant un texte déjà mille et mille fois commenté, en copiant une peinture ou une calligraphie, un lettré s'efforce de suivre la trace d'un maître qu'il s'est choisi. En se mettant à son écoute, il ne cherche ni à l'imiter, ni à faire œuvre de faussaire. Il s'agit plutôt de se nourrir des œuvres du passé et d'y découvrir les réponses aux questions que se posent les générations successives. **Se poser en disciple d'un maître du passé, c'est tenter de retrouver le souffle qui l'animait et qui lui a permis de s'exprimer de façon si vivante et si profonde**.

La peinture, comme la calligraphie, est un art du jeu entre le vide et le plein. Cette présence du vide dans la peinture chinoise est sans doute ce qui nous surprend le plus. Elle est la manifestation dans la peinture d'une constante méditation qui rattache cette discipline, comme la musique, la poésie et la calligraphie, à l'esprit, au cœur (le cœur, en chinois *xin*, est le siège de la pensée et de l'émotion). **Là où**

le peintre occidental couvre la totalité de sa toile au moyen d'un fond qui sera à son tour recouvert de peinture, le peintre chinois laisse de vastes surfaces vierges, qui sont indispensables à la respiration de l'œuvre, à la vibration en elle des souffles (*qi*), à la circulation des lignes de vie qui l'animent comme elles animent un paysage. Ce n'est en effet qu'en s'articulant, en s'équilibrant avec le vide que le plein de la peinture peut atteindre une vérité, une palpitation qui feront de l'œuvre d'art une vivante émanation du monde.

La peinture chinoise a pour supports habituels la soie ou le papier. Les tableaux se présentent sous forme de rouleaux qui se déroulent soit horizontalement soit verticalement. L'habitude n'est pas de suspendre ces rouleaux au mur et de les y laisser, ainsi qu'on le fait en Occident pour les tableaux, mais de les dérouler à certains moments, devant certaines personnes. La contemplation de la peinture doit résulter d'un choix délibéré et non de sa présence permanente en un lieu déterminé. Ainsi donc non seulement l'exécution mais aussi l'appréciation de la peinture sont-elles intimement liées à l'exercice de la pensée, à l'approfondissement de la culture et à des choix individuels.

La présence du vide dans un tableau est donc nécessaire à la manifestation en lui de l'harmonie fondamentale entre les opposés complémentaires que sont le *yin* et le *yang*, ce à quoi la représentation minutieuse et détaillée de la nature ne mènerait pas (c'est la peinture décorative qui se charge de tels effets). De même, la peinture lettrée se passera de plus en plus de la couleur et c'est au moyen de la densité de l'encre qu'elle trouvera à exprimer ce que la couleur a de plus essentiel. Cette évolution se fera en plusieurs siècles, entre le VIe et le XIIe. **L'époque des Tang (618-907) est celle où les lettrés commencent à mettre en relation la plénitude du vide et la couleur suprême de l'encre. C'est la pratique conjuguée de la calligraphie, celle de la poésie et celle de la musique sous la forme épurée du *qin*,** sorte de cithare, **qui conduira à ce résultat si dense et si dépouillé.**

LES ARTS DÉCORATIFS

L'extraordinaire habileté des artisans chinois les a amenés à utiliser sans doute dans la décoration et l'ornementation tout ce qui pouvait l'être, de la pierre au papier en passant par le bois, les coquilles de noix, la soie, la terre et différents métaux. Nous ne retiendrons ici que quatre domaines, que leur prestige bien au-delà de la Chine rend particulièrement représentatifs.

Bronze rituel Zhou

a) **Le bronze.**

C'est entre la dynastie des Shang (1765-1222 avant notre ère) et celle des Han (-206+220) que se situe la grande époque des bronzes chinois. Dès le IIIe siècle avant notre ère, les pièces anciennes faisaient l'objet d'une véritable vénération. Il faut dire que **la grande qualité technique et artistique des bronzes Shang n'a jamais été véritablement égalée par la suite**. Les objets dont la qualité de l'alliage, de la ciselure et du fini est la plus grande datent environ des XIVe-XIIe siècles avant notre ère. Avec la dynastie des Han commence le temps des copies de pièces anciennes, toujours plus maladroites que les originaux de l'époque des Shang, mis à part les miroirs et agrafes qui relèvent en partie de l'orfèvrerie et dont la production de belles pièces devait se poursuivre des siècles durant. Les principaux objets de bronze sont :

– **les vases, récipients, calices, gobelets et louches rituels obéissant à une trentaine de types principaux de formes**. Ces objets étaient destinés au culte, vraisemblablement à celui des Ancêtres impériaux,

– **les cloches**,

– **les armes** et pièces de harnachement, les ornements de chars ou de mobilier funéraire, parfois incrustés de turquoise puis, à l'époque des Royaumes combattants (453-222 av. n. è.), d'or et d'argent,

– **les agrafes et les miroirs**, la fabrication de ces derniers se poursuivant jusqu'à l'époque des Ming (1368-1644),

– enfin, **depuis le IVe siècle de notre ère, de petites statuettes de bronze doré** à thèmes bouddhiques.

b) **Le jade.**

Dur, défiant le temps, pouvant devenir tranchant et pourvu d'une remarquable sonorité, le jade est prisé depuis la plus haute

Anneau de jade
(époque des Tang)

Anneau de ceinture en jade
(époque des Han)

antiquité. Plusieurs pierres reçoivent le nom de jade (*yu*), dont la plus appréciée est le « vrai jade » (*zhen yu*, c'est-à-dire la néphrite). **Ses qualités l'ont tôt fait considérer comme représentant le côté *yang* (solaire, chaud, emblème de vie et de pouvoir) du monde**.

Les premières pièces remontent à l'époque des Shang (1765-1122 av. n. è.) et constituent des reproductions d'armes et d'ustensiles, ainsi que des objets symbolisant les six directions (nord, sud, est, ouest, zénith et nadir), parmi lesquels le fameux disque céleste *pi* au centre perforé. L'époque des Han (-206+220) offre un remarquable bestiaire et notamment un bestiaire fabuleux d'une très grande variété. Celle des Tang (618-907) présente un plus grand naturalisme, tandis qu'on décèle dès les Song (960-1279) des tendances archaïsantes. La maîtrise d'un artisanat de très grande qualité, illustré notamment sous les Qing (1644-1911) par une abondante production de statuettes bouddhistes, s'est maintenue jusqu'à nos jours.

c) **La sculpture**.

Considérée comme un art mineur, la sculpture, qui n'offre pas la remarquable continuité d'autres disciplines artistiques, **jouit traditionnellement d'assez peu de prestige en Chine. Les sculpteurs demeurent, à de très rares et tardives exceptions près, anonymes**. Artisanat funéraire, religieux ou décoratif, la scuplture est en effet loin d'atteindre le prestige du travail du jade ou de la céramique.

La figure humaine ne tient nullement dans la sculpture chinoise le rôle prépondérant qu'elle occupe dans la sculpture occidentale.

L'Égypte, la Grèce nous ont habitués à un anthropocentrisme qui va jusqu'à donner des formes humaines aux dieux. **Pour les Chinois, l'homme est un des éléments du monde, il se ne distingue pas des autres par une essence particulière et il ne constitue donc pas en tant que tel un modèle de représentation.**

C'est à l'époque des Han (-206+220) que la sculpture devient monumentale et donne lieu à ces statues qu'à l'aube du XXe siècle ont fait connaître à l'étranger les campagnes photographiques et les relevés des expéditions auxquelles participa notamment l'écrivain Victor Ségalen. Un exemple célèbre de la forte statuaire animalière des Han est le groupe de granit élevé en 117 de notre ère au pied du tumulus contenant la tombe du Général Huo Qiubing et représentant un cheval terrassant un Barbare. La présence de lions dans cette statuaire atteste une influence venue des confins du Tigre et de l'Euphrate. **Depuis les Han, les tombes royales et princières n'ont cessé de s'orner d'un bestiaire de pierre, ainsi qu'en témoignent les tombeaux des Ming érigés non loin de Beijing (Pékin).**

Par ailleurs, et à partir des IIIe et IVe siècles de notre ère, **la pénétration du bouddhisme n'a pas manqué de donner un nouvel élan à la sculpture chinoise**, sous l'influence cette fois de représentations venues de l'Inde et d'Asie centrale avec parfois une note vaguement hellénisante transmise par les royaumes gréco-bouddhiques des Indes. Au Ve siècle apparaît la grande **sculpture bouddhique des Wei** (dynastie tabgatch, ou tuoba si l'on prend la prononciation chinoise, qui régna de 386 à 556). Les grottes aménagées en temples se multiplient au cours des IVe et Ve siècles, de Dunhuang, aux confins du désert de Gobi, à Yungang, dans le Shanxi. Le style y est encore empreint de traits hindous, iraniens et hellénistiques. **À Longmen, vallée du Henan dont les sanctuaires rupestres furent édifiés entre la fin du Ve et le milieu du VIIIe siècles, le style est nettement plus chinois** et, à l'époque des Tang (618-907), se colore d'un plus grand réalisme.

Plus tard, l'influence du bouddhisme tibétain et la relative décadence de l'église bouddhiste ne seront pas propices à l'élaboration d'un style fort et ce sont surtout d'innombrables commandes et restaurations qui formeront la plus grande partie de l'activité des sculpteurs.

d) **La céramique.**

L'histoire de la céramique chinoise se confond avec l'histoire de la Chine, puisque les époques les plus reculées ont été dénommées d'après des genres de poteries découvertes dans des sites préhisto-

Façade avant.

Façade arrière.

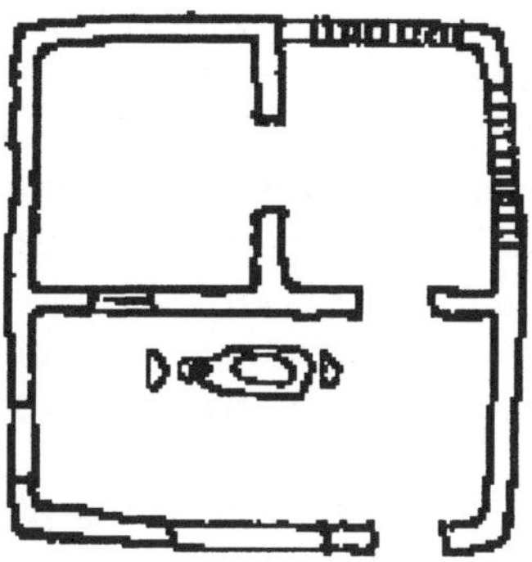

Plan.

Façade latérale.

Maquette funéraire Han exhumée à Changsha.

riques (cf. chap. I L'histoire). Les formes datant des deux premières dynasties historiques (Shang, 1765-1122 av. n. è. et Zhou, 1121-256 av. n. è.) se retrouvent parfois dans les bronzes, ainsi les tripodes. **Vers le ve siècle avant notre ère apparaît le grès, pâte cuite à très haute température, fondue et vitrifiée, qui est décorée d'un revêtement appelé « couverte ». C'est là une invention purement chinoise qui conduira à la porcelaine.** La différence entre la terre cuite, le grès et la porcelaine est notamment fonction du degré de la cuisson :

– entre 600° et 1000° pour la terre cuite,
– entre 1 050° et 1 200° pour le grès,
– entre 1 200° et 1 400° pour la porcelaine.

L'époque des Han (-206+220) voit fleurir un mobilier funéraire exceptionnellement riche, avec des reproductions à petite échelle de personnages (les fameux *mingqi,* serviteurs, danseurs...), bâtiments, ustensiles, animaux confectionnés en terre cuite. Des briques à motifs ornent également les tombes et, on peut le supposer, les maisons et palais. Les grès commencent à contenir parfois du kaolin, apanage de la porcelaine, ce qui leur fait donner le nom de « protoporcelaines ». En chinois, grès et porcelaine sont d'ailleurs désignés par le même caractère : *ci*. Les formes sont extrêmement variées et leur couverte d'une qualité de plus en plus raffinée.

À l'époque des Tang (618-907), l'ordre retrouvé s'accompagne d'un large essor de l'artisanat et notamment de la céramique. Les figurines qui symbolisent cette époque sont **les « trois couleurs » (*sancai*)** dont la glaçure offre la combinaison de trois couleurs de base : vert, jaune et blanc. **L'extension de la consommation du thé favorise d'autre part la production d'une vaisselle spécifique** dont la finesse et la sophistication vont croissant, parfois sous les apparences d'une simplicité toujours plus grande.

Sous la dynastie des Song (960-1279), la porcelaine atteint des sommets de qualité et de variété, avant l'**invention du bleu-et-blanc à l'époque des Yuan (1271-1367)**. Sous les deux dernières dynasties (Ming, 1368-1644 et Qing, 1644-1911), les couleurs varient, les décors se compliquent et une production de masse destinée à l'exportation alimente des circuits commerciaux qui vont jusqu'en Europe et aux États-Unis.

La céramique est sans doute ce qui a fait connaître le plus efficacement à l'étranger le raffinement et la maîtrise artistique et technique de la civilisation chinoise. La tradition ne s'en est jusqu'à nos jours jamais interrompue.

ARCHITECTURE ET MONUMENTS

Depuis la plus haute antiquité, l'architecture chinoise, qui a pour principe de bâtir sans murs portants ni fondations, fait appel à des matériaux éminemment périssables sous un climat humide : le bois ou le bambou, la brique et le pisé. Cela explique la rareté des vestiges anciens, à la notable exception de tombes et d'ouvrages de fortification renforcés de pierres. Ce n'est guère qu'à partir de la dynastie des Tang (618-907) qu'un petit nombre d'édifices (pagodes, ponts) furent construits en pierre, voire en métal, ce qui assura leur conservation jusqu'à nos jours.

Trois rives d'arête décorées (époque Ming province du Jiangsu)

Quelle que soit la destination d'un bâtiment (palais, temple, maison, pavillon d'agrément), sa structure est constituée de piliers de bois. Ceux-ci reposent sur une assise de pierre enfoncée d'une cinquantaine de centimètres dans le sol et dessinent presque toujours un rectangle. Dès l'époque des Shang (1765-1122 av. n. è.), une protection métallique de bronze protégeait de l'humidité la base des piliers des constructions les plus importantes. C'est également de cette époque reculée que date la **forme particulière des charpentes chinoises, soutenues non par des fermes mais par un système d'entraits et d'arbalétriers**.

D'une façon générale, aucun bâtiment, à l'exception bien sûr des boutiques, ne comporte de fenêtres ouvrant directement sur l'extérieur (cf. chap. II, Chang'an), ainsi qu'on peut le voir aujourd'hui encore dans les vieilles rues de Beijing (Pékin). Les fenêtres donnent donc sur des cours ou des jardins. La vue qu'elles offrent est par conséquent partie prenante de l'architecture générale du bâtiment. Loin d'être naturelle, elle est au contraire construite, prévue, aménagée. C'est de cet aménagement, mis en rapport avec les éléments naturels que sont pierres et végétaux, qu'est né **l'art des jardins, destiné non pas à proposer à la vue un morceau de nature, mais au contraire à constituer de**

toutes pièces une sorte de quintessence de ce qu'offre la totalité de la nature.

Si l'**habitude de relever les bords de toitures des temples, des palais, puis des maisons particulières** ne s'impose qu'à l'époque des Tang (618-907), donnant aux toits chinois une silhouette si caractéristique (cf. illustrations page précédente), on observe déjà sur les maquette en terre cuite trouvées dans les tombes des Han (-206+220) que l'arête faîtière est relevée des deux côtés, selon une forme que nous appelons communément « en pagode » (cf. illustrations page 205).

Enfin **les règles du *fengshui*, c'est-à-dire de la géomancie, sont obervées dans la mesure du possible** (cf. chap.VI Divination). L'orientation idéale commande en principe que la porte principale de la parcelle, celle des bâtiments et celle de la salle d'honneur soient orientées face au sud. Des dérogations, des accommodements, voire des contre-indications existent bien sûr. On peut en tout cas remarquer qu'à l'époque des Han, Wang Fu (90-165) se moque déjà de ces précautions en notant que « le faste et le néfaste, la réussite et la décadence ne dépendent pas des ouvertures d'une maison » !

On aura compris la raison du très petit nombre de bâtiments anciens qui subsistent en Chine. Seule la **Grande Muraille**, maintes fois restaurée, se dresse depuis l'Antiquité (V^e^-IIIe siècles avant notre ère). Les époques suivantes, jusqu'à la dynastie des Ming (1368-1644), ont laissé peu de vestiges. Seuls datent par exemple de la **dynastie des Tang** (618-907) des **temples troglodytes** (comme à Dunhuang, dans le Gansu, ou à Longmen, dans le Henan), des **sculptures monumentales** (comme la falaise des Mille-Bouddhas à Jinan dans le Shandong) des **pagodes (tours) de pierre** (comme à Quanzhou dans le Fujian) ou des **ponts de pierre** (comme celui de Zhaozhou). On peut voir près du lac Dongting, dans le Hunan, un pavillon supposé remonter à l'époque des Tang.

Pourtant, **un certain nombre de constantes dans les traditons architecturales chinoises font que des ensemble bien postérieurs, comme ceux que l'on peut voir à Kaifeng, dans le Henan, à Chengdu, dans le Sichuan ou même à Beijing (Pékin) donnent une impression générale comparable à celle que nous ont transmise les premiers souvenirs de voyage des Européens du XIIIe siècle, que les représentations picturales antérieures nous laissent deviner et dont les maquettes en terre cuite de l'époque des Han nous fournissent des éléments précis (cf. chap. X, Habitations).**

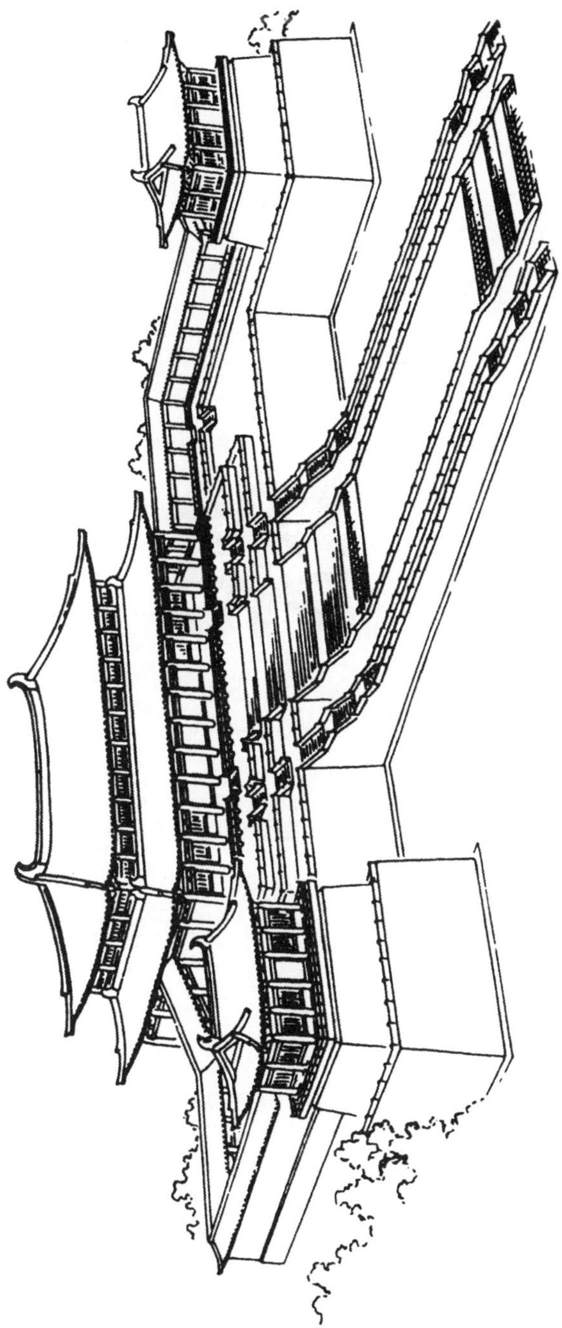

Salle de la Salvation de l'origine (reconstitution de Guo Yifu), à Chang'an, époque des Tang.

樂

Yue, la musique

IX

LES LOISIRS

La notion même de loisir, définie par opposition à un travail rémunérateur lui-même tout aussi défini, entre dans une catégorie que la mentalité chinoise a véritablement en aversion : celle des objets clos dans une identité statique. De même qu'il nous semblerait plus clair de découvrir en Chine des Écoles de pensée pourvues d'un dogmatisme précis et immobile, ce qui nous permettrait de les ranger sous des étiquettes immuables, de même nous attendons par exemple d'un fonctionnaire qu'il consacre son temps de travail à ses tâches politiques et son temps de loisir à ce qu'il voudra, pourvu que cela n'empiète pas sur les devoirs de sa charge. Ainsi nous paraîtrait-il légitime de demander des comptes à un préfet que nous surprendrions en train d'écrire un poème ou de peindre un tableau. Ce sont en effet là des occupations qui nous paraissent récréatives, distrayantes et que tout naturellement nous rangeons dans la rubrique des « loisirs », le « travail » étant fait de bien autre chose. Nous avons pu constater (cf. chap. VII, Le lettré-fonctionnaire) qu'**un certain nombre d'occupations que nous avons coutume d'appeler « loisirs » font partie intégrante de la vie d'un lettré et ne sont pas dissociables d'un tout qui ne souffre pas d'être découpé en rubriques opposables les unes aux autres.**

Mais, d'une part, les lettrés ne sont pas, loin s'en faut, les plus nombreux au sein de la société, et d'autre part, il existe bel et bien des activités qui s'apparentent à ce que nous appelons « loisirs », avec le sens ludique, convivial, accessoire, que nous donnons d'ordinaire à ce mot. En revanche, un certain nombre de jeux revêtent en Chine un aspect symbolique, voire emblématique, qui en fait des disciplines beaucoup plus « sérieuses » que leurs équivalents occidentaux.

JEUX RITUELS

- **Le tir à l'arc**

Discipline virile issue primitivement de la chasse et de la lutte contre les bêtes sauvages, ainsi que des nécessités de la guerre, le tir à l'arc est devenu en Chine dès la dynastie des Zhou (1121-256 av. n. è.) une discipline hautement ritualisée. Les textes disent que les Sages l'ont transformé ainsi et que c'est sous leur influence que de lutte et bataille il est devenu rite et art. Le tir à l'arc fait partie en effet des **six arts prônés par l'éducation confucéenne, que les premiers traducteurs ont appelés, par analogie avec les sept arts libéraux de l'éducation scolastique, les « arts libéraux » de la Chine. Ce sont les Rites (l'Étiquette), la musique, le tir à l'arc, la conduite du char, l'écriture et le calcul**.

L'étymologie la plus probable du caractère *xue* (étude, étudier) comporte le pictogramme d'une cible installée dans une salle de tir à l'arc. C'est dire que cette discipline, réputée porteuse de valeurs morales et sociales, est considérée comme éminemment éducative. **Le calme et la concentration que requiert le tir à l'arc, l'exactitude et la précision qu'il se propose d'atteindre, l'humilité qu'il exige rituellement de celui qui a perdu et qui doit lui-même présenter au vainqueur sa récompense en font un modèle de comportement**. C'est pourquoi l'on s'y adonne dans des circonstances très diverses, qui recoupent les trois grandes distinctions faites dès l'Antiquité et appelées les trois Rites :

– le Grand Tir (*da she*), pratiqué lors de cérémonies officielles, notamment par le Fils du Ciel,

– le Tir des Hôtes (*bin she*), originellement pratiqué lorsque les princes feudataires venaient à la Cour, et devenu une joute amicale organisée à l'occasion de rencontres entre grands personnages,

– le Tir champêtre (*xiang she*) ou Tir de banquet (*yan she*), qui est le fait de personnes éduquées se retrouvant pour banqueter ensemble.

Ainsi **paré de vertus tant civiles que militaires, le tir à l'arc est tout aussi complet d'un point de vue symbolique : la souplesse *yin* de l'arc se conjugue à la dureté *yang* de la flèche dans la recherche du point unique de la cible**. Ajoutons que le *Rituel des Zhou (Zhouli)* distingue cinq formes de tir à l'arc, ce qui fait entrer cette pratique dans le système des classifications par cinq (cf. chap. VII La philosophie).

Préparation militaire, rite viril dans lequel se trouvent renforcées les vertus communautaires, cette discipline est devenue aussi un plaisir auquel se livrent ensemble ceux à qui une éducation complète a permis de le pratiquer à partir de l'âge de quinze ans. Il fait traditionnellement partie des réjouissances en commun qui sont l'apanage des hommes éduqués lors des fêtes et banquets.

• La conduite du char

Les textes de l'époque des Zhou (1121-256 av. n. è.) évaluent la puissance des principautés en quantité de chars. Il n'est donc pas besoin de souligner l'origine militaire des attelages de chevaux, plus rapides et plus maniables que les attelages de bovidés utilisés longtemps auparavant pour le transport. La victoire remportée en 1122 par le roi Wu des Zhou, vainqueur du dernier Fils du Ciel de la dynastie des Shang-Yin, avait nécessité de sa part la mise en jeu de trois cents chars militaires équipés d'attelages de chevaux. Au cours de la dynastie, une ritualisation sophistiquée avait défini le rang et la tâche précis des officiers admis à accompagner sur leur char le souverain et les princes feudataires, ainsi que de tous ceux qui avaient reçu le droit de monter en char. De même qu'il existe cinq formes rituelles de tir à l'arc, il existe cinq formes rituelles de la conduite du char, signe de la dimension universelle de ces deux activités.

Les textes anciens associent la conduite du char et le tir à l'arc. Le second demande une maîtrise de soi tandis que le premier exige de maîtriser tant les chevaux que le véhicule. Il est tôt assimilé à une forme de gouvernement, et celui qui sait faire tendre vers un même but les forces parfois contraires des chevaux en utilisant les multiples techniques des rênes, du fouet et de l'équilibrage de la voiture, celui-là est considéré comme ayant de réelles capacités de meneur, de gouvernant.

La conduite du char est donc devenue peu à peu elle aussi une forme de jeu rituel destiné à préparer le jeune homme, en conjuguant ses qualités intellectuelles de réflexion, d'anticipation, de stratégie et ses aptitudes physiques de force et d'équilibre, à incarner le vivant exemple que constitue l'idéal du lettré, *mens sana in corpore sano*. Une infirmité empêchant un jeune garçon d'apprendre et de pratiquer ces deux disciplines que nous appellerions sportives l'empêche en effet du même coup de se présenter aux examens et lui ferme la carrière prestigieuse de lettré-fonctionnaire.

JEUX DE SOCIÉTÉ

D'une façon générale, les distractions auxquelles s'adonnent les membres d'une société trouvent leur origine dans la culture qui a façonné leur mentalité. La Chine ne fait pas exception à cette règle et les jeux auxquels on s'y adonne en commun font abondamment référence à des acquis culturels, qu'il s'agisse de stratégie, d'histoire ou de littérature. C'est ainsi qu'**à l'époque des Tang (618-907), au moment où l'imprimerie permet à un grand nombre de gens d'avoir accès à toutes sortes de textes, un public de plus en plus nombreux partage les connivences culturelles qui font de la poésie, de la musique, du chant, des arts en vogue**.

Ce public se compose bien sûr des lettrés, mais aussi des marchands enrichis qui entendent posséder la culture des lettrés, des étudiants qui vont passer les examens, de ceux qui y ont échoué mais les ont longuement préparés, des conteurs et chanteurs itinérants qui puisent leur répertoire et leurs moyens d'expression dans un fonds historique, religieux et culturel connu de tous, des femmes qui ont reçu une éducation littéraire soit par les soins de leur famille soit parce qu'on les destine à être en contact avec des gens instruits dans les lieux de plaisir où elles seront employées.

Ainsi, que ce soit **lors de réunions mondaines, dans des assemblées de cercles de littérature ou dans les quartiers de distraction, un certain nombre de jeux de société littéraires deviennent à la mode et le resteront**. Ces jeux revêtent des formes diverses : il peut s'agir de réciter en entier un poème dont un membre de l'assemblée cite le premier vers, ou bien de composer un poème à partir de mots ou de rimes imposés ou à partir d'une circonstance donnée, évoquée soit directement soit par allusion, ou encore d'ajouter chacun un caractère à un poème élaboré en commun. L'on y ajoute parfois d'autres contraintes : demeurer dans tel ou tel style (celui du *Livre des odes*, celui de tel poète en vogue...), n'employer que des mots comportant tel élément graphique (celui qui représente l'eau, ou le cœur, ou le feu...).

L'époque des Tang est sans doute la moins puritaine de toute l'histoire de la Chine. Femmes et hommes ont mille occasions de se rencontrer et ce genre de joutes poétiques mêle volontiers les sexes et les générations. Différentes classes sociales se retrouvent également dans des **sortes de clubs à vocation littéraire, religieuse, musicale ou sportive (on connaît les figurines des Tang représentant des joueurs de polo et on a vu l'importance du tir à l'arc et de la conduite du char)**.

Il existe enfin un certain nombre de jeux de table déjà pratiqués par les chinois de l'époque des Tang. Il s'agit du mah-jong, qui comporte des sortes de dominos gravés en ivoire, en os ou même en bois, et des dés dont le roulement sur le plateau rythme depuis bien longtemps les nuits des villes de Chine, de différents jeux de dés, des échecs chinois, encore réservés à cette époque à la haute société, et enfin des jeux de cartes dont l'usage en Chine commence à se répandre sous les Tang. L'on s'y adonne chez soi, dans des maisons de thé ou, en ville, dans des établissements de jeux où l'on joue pour de l'argent et où les paris vont bon train.

THÉÂTRE ET BATELEURS

Les textes de l'époque des Zhou (1121-256 av. n. è.) décrivent des **cérémonies rituelles accompagnées de musique, de chant et de pantomimes**. Le nombre des participants à ces évolutions est fonction du rang de la personne à honorer ou chez laquelle se déroule la cérémonie. Il existe d'autre part, dès la fin des Zhou et au temps des Han (-206+220), une **corporation de conteurs qui recueillent, inventent, transmettent des histoires merveilleuses** qu'ils narrent souvent en s'accompagnant d'un instrument de musique. Un certain nombre de chanteurs, danseurs, musiciens, récitants se rendent donc de ville en ville, de villages en domaines proposer leurs services pour animer fêtes et banquets, noces et funérailles. **De ces deux traditions conjuguées est né le théâtre chinois, riche en récits, pantomimes, danses et musiques.**

À l'époque des Tang (618-907), **des conteurs ou des bateleurs itinérants viennent à la demande proposer des saynètes ou des intermèdes divertissants qui ont donné leur nom à ce qui deviendra le théâtre (*xi*)**. Le théâtre proprement dit (ou opéra, puisque tout le répertoire comporte musique, chants, danses, déclamations et pantomimes) n'a pas encore atteint l'extraordinaire développement qu'il connaîtra sous les Song (960-1279) et surtout sous la dynastie mongole des Yuan (1271-1367, cf. chap. VII, Littérature et genres littéraires). C'est en effet à partir de l'époque des Yuan que fleurit le genre *zaju* dont la prédominance ne s'est guère démentie depuis (cf. chap. VII, Littérature et genres littéraires).

Il n'y a pas en Chine de distinction entre la comédie et la tragédie et une œuvre comporte toujours des moments comiques même lorsque le sujet en est dramatique. **Selon un système strictement codifié, les pièces se composent de quatre actes précédés d'un prologue, les types de rôle rejoignent parfois ceux du théâtre classique occidental (Père noble, Jeune premier, Bouffon, Jeune première, Duègne...) et les sujets sont empruntés à la mythologie taoïste ou bouddhiste, à l'Histoire ou aux situations quotidiennes**. L'on y voit des étudiants préparant l'examen de doctorat, de jeunes lettrés pauvres qui deviendront ou non Premier ministre après quelque idylle, des aventures tirées du *Roman des Trois Royaumes* ou du *Voyage en Occident* (cf. chap. VII, Littérature et genres littéraires). Chaque type de personnage est identifié aisément par son maquillage, son costume et sa gestualité propres.

Une danseuse Tang.

En principe, et cette règle perdurera jusqu'au milieu du XXe siècle, **les femmes ne montent jamais sur scène** et leurs rôles sont joués par de jeunes garçons ou par des hommes travestis. Les directeurs de troupes achètent ainsi des enfants pour leur apprendre le métier. La vie des ces enfants n'a rien d'enviable et il n'est pas rare qu'ils meurent d'épuisement (cf. chap. III La servitude). Les pièces sont jouées le plus souvent sur le parvis d'un temple lors d'une fête officielle, régionale ou corporative. Il arrive aussi que quelque riche personnage fasse venir chez lui une troupe de théâtre pour jouer une pièce dont il désire offrir la représentation à sa famille et à ses amis.

CHASSE ET PÊCHE

Les tous premiers documents chinois écrits, qui datent du XVIIe siècle avant notre ère, font état de chasses royales. Il s'agit de documents divinatoires qui posent la question de savoir s'il convient ou non d'entreprendre une expédition cynégétique tel jour et dans telle direction. On a vu par ailleurs l'importance rituelle et sociale prise par le tir à l'arc et la conduite du char (cf. Jeux rituels).

Chasser, pour les gens aisés, est donc à la fois une distraction et une façon de montrer l'éducation qu'ils ont reçue et qui est censée mettre les compétences physiques au diapason et au service des qualités morales.

À côté de cette chasse « sportive », à laquelle se livrent les hauts personnages, il existe aussi une **chasse utilitaire**, et il n'est pas rare que des battues soient organisées, encore à l'époque des Tang (618-907), pour **débarrasser le pays de quelque fauve dangereux**. Le plus craint et le plus prestigieux de ces animaux est sans conteste le tigre. Dans ce cas, c'est en principe au magistrat local qu'il revient d'abattre la bête. C'est en tout cas lui qui récompensera, en tant que « père-et-mère du peuple » qu'il administre, celui qui aura su vaincre ce fléau et rendre ainsi sa tranquillité à la population.

Enfin, il existe bien sûr une **chasse nourricière** effectuée par les paysans pour trouver de la viande. En principe, et cela apparaît en toutes lettres dans les textes de la fin des Zhou (VIe-IIIe siècles av. n. è.), un **souci écologique**, c'est-à-dire de reproduction du gibier, **règlemente les périodes de chasse, les gibiers autorisés et les méthodes employées**, même pour les chasses royales. Il est par exemple recommandé, lors de battues systématiques, de laisser une issue possible au gibier traqué par le feu et les filets. Le nombre de bêtes abattues lors de parties de chasse de princes feudataires est toutefois si impressionnant que ces sages règles semblent être souvent demeurées lettre morte.

La pêche, pour sa part, est un plaisir paisible que l'on goûte entre amis et qui peut s'accompagner aussi bien de beuveries et de joutes poétiques. L'on se réunit au bord de l'eau, où l'on apporte ce qu'il faut pour boire et pour cuisiner, ainsi que du papier, de l'encre, des pierres à encre et des pinceaux (les « Quatre Trésors » du lettré).

Les Chinois, on le sait, consomment un très grand nombre d'animaux et bien rares sont les espèces comestibles qui n'aient pas inspiré les cuisiniers. Gibier à poil et à plume, gibier d'eau (poissons, tortues, coquillages, sauriens, batraciens…), tout se chasse, se pêche et se prépare. Certaines parties sont précieusement mises de côté à des **fins médicales et pharmaceutiques** (cornes, dents, organes génitaux, yeux, viscères…). **Il n'est que de voir aujourd'hui l'incroyable étendue de la faune présentée au marché de Canton, fameux dans toute la Chine du Sud, pour avoir une idée de la variété des espèces chassées et pêchées en Chine depuis des millénaires.**

REPAS, BANQUETS ET BEUVERIES

Quiconque s'est promené dans des rues chinoises n'a pas manqué d'en retirer l'impression que les Chinois mangent toute la journée. Partout, et il en est ainsi depuis les premières descriptions de villes chinoises que nous possédions, **des marchands ambulants, de petites gargottes proposent à toute heure des plats chauds**, nouilles ou riz selon les régions, bouillis ou grillés, viandes, légumes, poissons, sous forme de beignets frits, de galettes, de petits pains ronds cuits à la vapeur et contenant de la viande, des haricots de soja…

Jusqu'à la fin du XXe siècle, la façon ordinaire de s'adresser dans la rue à une connaissance est de lui poser la question : « Avez-vous mangé ou non ? » Cela peut être interprété comme la manifestation d'un souci omniprésent dans un pays où la famine guette toujours, que ce soit en raison de l'insécurité civile, des catastrophes naturelles ou de la surpopulation chronique. Mais cela peut aussi être compris comme l'importance accordée à la convivialité du partage de la nourriture. La traduction littérale de l'expression qu'on utilise de nos jours pour désigner le repas ou la nourriture est « riz cuit » (*fan*), preuve de l'importance que revêt cette denrée dans la Chine contemporaine. Il n'en va pas ainsi à l'époque des Tang, où le riz, originaire de la vallée de la Huai (dans les provinces du Henan et de l'Anhui) ne s'est pas encore imposé face au blé, consommé sous forme de galettes, pâte, gâteaux salés. Plusieurs habitudes culinaires existent concurramment, surtout dans la capitale et les grandes villes où se côtoient des gens originaires de toutes les régions de l'Empire. Quoi qu'il en soit, **il est toujours l'heure d'aller manger quelque chose ensemble si la personne rencontrée n'a pas pris récemment de repas**. Beaucoup d'établissements servent des cuisines variées,

Un banquet entre hommes.

pour toutes les bourses et tout au long de la journée. Dès le matin, on trouve des préparations compliquées et il est possible de se restaurer après minuit dans les marchés de nuit ou dans les restaurants ou cabarets des quartiers de plaisir.

Il existe, dans la Chang'an de l'époque des Tang (618-907), des restaurants où l'on sert des spécialités de différentes régions de la Chine. Il est probable, si l'on en juge par les épices et aromates entrant dans la compositon des plats, que la cuisine chinoise n'a pas fondamentalement changé depuis cette époque. On sait que les Chinois sont passés maîtres dans la préparation des abats et des animaux peu consommés ailleurs (insectes, coquillages rares, dessous de pattes de poulet, pattes d'ours apparaissent déjà dans les textes de l'Antiquité...).

Les repas ne revêtent donc point en Chine la régularité que nous leur connaissons. Bien sûr, la vie dans les familles est organi-

Un banquet avec des musiciennes.

sée et il existe des repas prévus, au nombre de trois : le repas du matin, celui de midi et celui qu'on prend au coucher du soleil. Mais ce sont surtout les personnes âgées qui observent cette règle, ceux qui circulent en ville ayant l'habitude de se restaurer à des heures variables, coutume qui n'a guère changé jusqu'à nos jours.

Que ce soit à la maison ou au restaurant, **l'important est que la table soit garnie de mets variés**, qui sont comme aujourd'hui disposés au centre de la table. Chacun se sert avec les baguettes et la cuiller dont il dispose. Le maître de maison peut servir d'un morceau de choix un invité qu'il tient à honorer particulièrement (ainsi le fils sert-il ses parents). Les convives sont assis sur des sièges devant une table dont la forme est ordinairement ronde, ce qui permet de disposer les plats au milieu. Dans le cadre d'un banquet plus officiel, des tables sont disposées en fer à cheval. À l'époque des Tang, on ne boit l'alcool (toujours servi tiède) qu'à la fin du repas, chacun vidant sa coupe à son tour. L'alcool se consomme plutôt en dehors des repas, comme le thé (il existe des traités comparant les avantages et les inconvénients de l'une et l'autre boisson), et accompagné de légumes salés confits dans le vinaigre ou d'autres spécialités aiguisant la soif. Ce n'est que plus tard que viendra l'habitude de vider à table autant de coupes qu'il y a de plats.

Il existe une convivialité du thé comme il existe une convivialité de l'alcool. Le thé, dont l'usage se répand à partir du Ve siècle de notre ère, **est devenu** à l'époque des Tang **une boisson universellement répandue**. On en boit dans toutes les couches de la société et, en ce temps-là comme aujourd'hui, on en vend aussi bien au bol dans la rue que dans des maisons de thé. Le thé est aussi une boisson **destinée à désaltérer** (on sait que la médecine chinoise décommande formellement l'absorption d'aliments ou de boissons glacés) et **à soigner** (on en donne même au nourrissons). **C'est aussi un nectar consommé entre connaisseurs à l'instar du vin en France**. On sort un bon thé pour recevoir une personne avec laquelle on veut partager un moment privilégié. Il y a des crus, des provenances, des méthodes de récolte (feuille par feuille pour les meilleurs) qui enchantent les initiés et les prix peuvent devenir extraordinairement élevés. **Il n'y a pas en Chine de cérémonie du thé comparable aux usages japonais, mais il y a des égards envers une boisson noble**. De même qu'en France on servira un bon vin rouge sur une nappe blanche pour en exalter la robe, dans des verres qui en favoriseront le bouquet et en l'accompagnant de mets choisis, de même **un thé de qualité est préparé et servi**, dans la Chine des Tang comme de nos jours, **dans une vaisselle de choix dont la matière d'origine, la couleur, la douceur du toucher, la forme précise sont très élaborées.** Une des légendes de l'origine du thé en fait la boisson de l'Éveil : le Bouddha en méditant craignait de s'endormir. Il se coupa les paupières et les jeta au loin. Il en poussa du thé, qui évite l'assoupissement et favorise la concentration.

Les maisons de thé qui existent déjà à l'époque des Tang, sont donc des lieux paisibles où l'on vient pour parler, partager des moments de silence, ou écouter quelque conteur broder sur des légendes ou des histoires aux rebondissements infinis.

L'alcool, dont la matière première est le riz, est connu des Chinois depuis beaucoup plus longtemps que le thé. On dit qu'il fut inventé sous le **règne de Yu-le-Grand (2207-2197)**. Ce souverain aurait apprécié la nouveauté qui venait de lui être apporté mais il aurait interdit de la répandre ! On a vu la façon dont maint poète s'y adonna cependant, et même des calligraphes dont l'un, Zhang Xu (658-748), signait « l'Ivre-Fou ».

Toutes les occasions sont bonnes pour organiser des banquets : départ, arrivée, nomination, anniversaire, mariage, fête calendérique, fête du Saint-Patron d'une corporation, d'une divinité locale. Les mets servis sont chaque fois en harmonie, d'après les règles du système des correspondances (cf. Chap. VII Philosophie) et de la diététique (cf. chap. X Santé et médecine), avec l'occasion. Le choix des plats, leur nom, leur couleur, leur composition doivent en effet être en rapport avec la circonstance. Par exemple,

– pour le nouvel an, on confectionne des gâteaux en forme de poisson, les caractères « poisson » et « bonheur » étant homophones en chinois (*yu*),

– pour la fête de la Mi-Automne, on sert des gâteaux de lune (*yue bing*) dont la forme et la douceur rappellent cet astre,

– lors de la fête du Double-Neuf, on sert du vin de chrysanthème, cette plante de nature *yang* (neuf est le chiffre du *yang*) symbolisant à la fois le soleil et la longévité.

Les banquets sont souvent, lorsqu'on en a les moyens, agrémentés de spectacles : conteurs, jongleurs, bateleurs, danseurs, musiciens s'y succèdent alors et proposent des numéros variés allant de la saynète comique à la danse lascive en passant par des jeux acrobatiques (cf. Théâtre et bateleurs).

Il existe enfin une tradition chinoise de la beuverie. La poésie fait de fréquentes allusions à l'alcool et de grands poètes comme Tao Yuanming (365-427) ou Li Bo (= Li Bai, 701-762) ont montré tant par leur vie que par leur œuvre tout l'intérêt qu'ils portaient à l'ivresse. Une variante d'un jeu littéraire (cf. Jeux de société) consiste à boire une coupe d'alcool de riz chaque fois que l'on commet une erreur, ou même chaque fois qu'on doit intervenir dans le jeu. L'on peut aussi se trouver sur un petit îlot artificiel entouré d'eau courante et devoir composer un vers avant de vider la coupe que le courant apporte devant soi.

L'époque des Tang est d'une façon générale celle où les mœurs chinoises sont les plus festives, celle où les rencontres sont les plus faciles, celle où la convivialité s'exprime le mieux. Elle a laissé aux époques postérieures l'image d'une sorte de paradis perdu, bien que l'existence n'y ait pas toujours été si facile.

X

LA VIE PRIVÉE

Nous avons souvent l'impression que la vie chinoise est faite avant tout d'un renoncement de l'individu, d'un effacement devant les valeurs collectives. Et de fait c'est, pour la mentalité chinoise, l'existence du groupe, elle-même émanant directement de la structure naturelle de l'homme et du monde, qui permet, engendre et façonne l'existence individuelle. Pour reprendre les termes de Léon Vandermeersch, « dans le communautarisme confucianiste, c'est dans la nature des choses que la société est donnée d'abord. Son modèle est prescrit par la nature, et ce qui est de l'ordre de l'histoire, c'est seulement la réalisation du modèle plus ou moins conformément aux lois naturelles, et par là seulement de façon plus ou moins juste ».

Cela signifie que **chacun, avant même d'être défini par ses particularités individuelles (caractère, goûts, préférences, inclinations), se trouve inséré dans un réseau comprenant tout d'abord une structure familiale, laquelle s'imbrique à son tour dans un clan, un voisinage, une cohérence géographique, des coïncidences scolaires, sociales, qui prennent corps au sein d'un ensemble dont le fonctionnement général est caractérisé par l'existence des cinq relations fondamentales :**

- **Père-fils,**
- **Prince-sujet,**
- **Époux-épouse,**
- **Aîné-cadet,**
- **Ami-ami.**

Ce cadre est celui de la venue au monde, de l'éducation et du cheminement personnel de chacun. Comme on le voit, il ne réserve aucune place à la notion pour nous essentielle de liberté individuelle, pour laquelle il n'existe d'ailleurs aucune traduction possible en chinois classique. En revanche, il assure en principe à chaque membre de la société un accès à un monde organisé, accueillant, familier dans lequel il trouve tout naturellement à s'insérer. L'harmonie, l'équilibre de la communauté tout entière sont destinés à être analogues à l'harmonie et à l'équilibre cosmiques, et la tâche de chaque homme est de rendre effective, avec ses moyens, ses compétences, ses aptitudes, cette analogie.

L'humanisme de la société chinoise est donc tourné d'abord vers le groupe, condition et ferment de l'épanouissement individuel. Le fait que la plus haute vertu confucéenne (*ren*, traduit par « vertu suprême », « vertu d'humanité ») soit symbolisée par un caractère comprenant la clef de l'homme et le chiffre 2 montre bien que l'homme est, aux yeux du confucianisme qui constitue le fondement de l'éducation chinoise, destiné avant tout à vivre avec son semblable.

NOMS CHINOIS

Le système chinois des noms de personnes s'inspire à la fois de l'importance de la structure familiale et du respect entourant les caractères d'écriture, dotés comme on le sait d'une forte valeur emblématique. Tout Chinois reçoit, au cours de sa vie, plusieurs noms, correspondant chacun à une fonction précise :

• Le nom de famille (xing)

Chacun porte dès sa naissance un nom de famille qui est celui de son père et qui se compose le plus généralement d'un caractère, parfois de deux. Ce caractère est toujours cité en premier (Han est le nom de famille de Han Yu, Sima est le nom de famille de Sima Qian, Tao est le nom de famille de Tao Yuanming). Il n'existe en chinois qu'un assez petit nombre de noms patronymiques, dont certains sont très répandus (Wang, Liu...). Le fait de porter le même nom de famille, c'est-à-dire le même patronyme, est réputé impliquer une parenté interdisant le mariage. L'épouse garde son patronyme et ne prend jamais celui de son mari. En revanche, ceux qui sont réduits en servitude prennent le nom de famille de leur propriétaire.

• Le nom personnel privé (*ming*) et les autres noms personnels ming (nom de lait *ruming*, petit nom *xiaoming*, nom péjoratif *jianming*, nom d'étude *xueming*)

À l'âge de trois mois, l'enfant reçoit de son père un nom personnel *ming* et fait désormais officiellement partie de la famille. Ce nom personnel privé se garde toute la vie. Dans les familles pauvres ou peu éduquées, il demeurera le seul nom personnel. Dans les familles lettrées, il sera strictement réservé au milieu familial et officiel, par conséquent très rarement prononcé et il ne deviendra jamais un nom d'usage. Il est laissé au choix de la famille et comporte souvent deux caractères, le premier étant dévolu à tous les membres de la famille qui sont d'une même génération, le second étant individuel. Il est fréquent que dans le même temps le nouveau-né reçoive aussi, mais seulement pour ses années d'enfance, un nom de lait (*ruming*) ou petit nom (*xiaoming*). Il arrive aussi, plutôt dans les milieux populaires, que l'enfant soit affublé d'un surnom péjoratif destiné à endormir l'attention des Esprits malveillants.

Si l'enfant fait des études, il reçoit de son maître, en accord avec son père, un nom d'étude (*xueming*), en rapport avec les compétences décelées chez lui ou la carrière à laquelle on le destine. Ce nom est surtout donné à des garçons mais parfois aussi à des filles.

• Le nom social, ou nom personnel public (zi)

Lorsque l'adolescent atteint l'âge où le mariage devient possible (quinze ans pour les filles, vingt ans pour les garçons), il reçoit, dans les familles lettrées, un nouveau nom personnel, le *zi*, qu'il conservera.

• Les surnoms, appellations et pseudonymes (hao)

Dans de nombreuses circonstances, il peut se faire qu'outre les différents noms que nous venons d'évoquer, l'adulte reçoive ou se choisisse des noms, ou plutôt des surnoms qui peuvent changer au cours de sa vie. Les lettrés ont souvent plusieurs noms d'emprunt correspondant à plusieurs périodes de leur vie intellectuelle et littéraire. Ainsi Su Shi (1037-1101) est-il plus connu sous le surnom de Su Dongpo, et Wang Shouren (1472-1529) sous celui de Wang Yangming.

• Le nom religieux (faming)

Les bouddhistes qui entrent dans les ordres reçoivent à ce moment-là un « nom de Loi » (*faming*) sous lequel ils seront désormais désignés.

ÉDUCATION ET ÉCOLE

Il a fallu de nombreux siècles pour que fassent leur chemin les idées de Confucius (551-479 av. n. è.) sur la nécessité de répandre l'éducation. Le but poursuivi par le Sage était d'assurer à l'État des serviteurs compétents dont la qualité principale ne soit pas d'être les fils des gens en place. À l'époque des Han (-206+220), des examens avaient été instaurés afin de permettre une vérification des connaissances et des aptitudes de ceux qui briguaient des postes de hauts fonctionnaires. **La dynastie des Tang (618-907) a généralisé le recours aux examens (cf. chap. III, Le système des examens), l'enseignement étant dispensé soit par les soins de l'État soit par des écoles privées. Il faudra toutefois attendre le XIe siècle pour que l'enseignement d'État ne soit plus destiné aux seuls enfants de familles nobles ou fonctionnariales**. Des écoles publiques seront alors instaurées systématiquement dans les sous-préfectures et les préfectures, pour préparer à l'enseignement des écoles supérieures de la capitale assurant l'accès aux examens de doctorat.

À l'époque des Tang, il existe de nombreuses écoles privées, tenues généralement par d'anciens candidats aux examens, financées par une famille ou un groupe de familles, ou bien directement par les contributions des parents d'élèves. À cela s'ajoutent évidemment les précepteurs employés dans les familles pour parfaire l'éducation des enfants.

Les cours pour les enfants sont dispensés à l'intérieur, de façon à ce que chaque élève, assis par terre devant une table basse, puisse disposer devant lui papier, pinceau, pierre à encre et bâton d'encre. Le maître est l'objet d'un traitement extrêmement respectueux de la part des élèves, qui, en théorie, sont sévèrement châtiés pour tout manquement à cette règle. Ils peuvent être frappés d'une sorte de férule ou même, comble de l'humiliation, renvoyés chez eux. L'origine sociale d'une grande partie des élèves, issus d'un milieu nettement plus aisé que les maîtres, vient toutefois tempérer leur sévérité. En revanche, la discipline des écoles officielles de préparation aux examens est extrêmement rigoureuse. Les maîtres qui y enseignent jouissent d'un grand prestige et ont parfois occupé précédemment de hautes fonctions au service de l'État.

Quels que soient le lieu et la méthode choisis, **le but premier de l'éducation est d'inculquer la retenue et la courtoisie indispensables à une vie harmonieuse du corps social. Il s'agit ensuite, pour les garçons, de former des esprits aptes à devenir des lettrés-fonctionnaires**. Pour cela, après les premières bases données par les parents jusque vers l'âge de sept ans, on fait appel à des maîtres qui enseignent les textes anciens, l'art du commentaire, l'histoire et les principes de l'écriture. Si les garçons sont seuls admis à se présenter aux examens, **il arrive que les filles, elles aussi, reçoivent une éducation lettrée poussée**, et l'on peut citer, depuis l'époque des Han, bien des noms féminins dans l'histoire de la littérature chinoise.

La place des classiques dans l'éducation et dans l'enseignement est considérable. Ils sont la référence par excellence, la base même de tout savoir, à la fois fonds de notions, d'idées et d'expressions, porteurs d'une expérience humaine et une sorte d'interlocuteur dont les suggestions doivent permettre, selon une parole de Confucius, de **donner aux questions anciennes des réponses renouvelées**.

La discipline est stricte, mais la façon dont le rituel est enseigné met l'accent sur l'intériorisation du rite beaucoup plus que sur la contrainte extérieure qu'il représente souvent à nos yeux. Ainsi expliquée, justifiée et mise en pratique, cette discipline sociale, qui assure la prééminence des aînés, l'effacement devant eux et la compréhension de la nécessité d'un ordre établi par consentement, fait régner une urbanité qui a beaucoup impressionné les premiers voyageurs occidentaux en Chine. **L'interdiction promulguée par le Code des Tang de posséder et de porter des armes rejoint ce souci de paix sociale qui est au fondement de l'éducation chinoise**.

HABITATIONS

Les règles de la construction sont les mêmes pour les maisons, les temples et les palais (cf. chap. VIII, Architecture et monuments). Tous les bâtiments sont rectangulaires et leur taille se

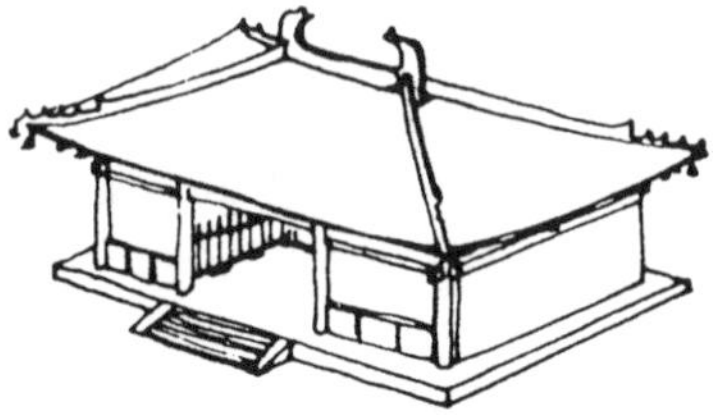

Toit à quatre pentes.

Toit à deux pentes en saillie sur les pignons.

mesure en entrecolonnements. Le caractère que nous traduisons indifféremment par « maison » ou « famille » (*jia*) désigne l'ensemble des personnes (membres de la famille, domesticité, esclaves) et des constructions qui les abritent.

La demeure idéale d'une famille se compose de plusieurs cours bordées de bâtiments d'habitation et de service ne comportant généralement qu'un seul étage, plus rarement deux. Ces cours sont séparées par des bâtiments au centre desquels s'ouvrent des portes dont le seuil est surhaussé afin de ne pas laisser pénétrer les Esprits rampants. Les demeures les plus riches comportent, même en ville (cf. chap. II, Chang'an) des jardins souvent parcourus de galeries couvertes. **C'est à l'époque des Tang (618-907) que l'on commence à relever les coins des toitures, mode coûteuse, au début réservée aux temples et aux palais mais qui assez vite se généralise à toutes les maisons des familles riches.**

Une maison abrite en principe plusieurs générations, le maître de maison résidant au fond. **La salle principale est celle, tout au fond dans l'axe de la grand'porte, où est disposé l'autel des ancêtres entouré d'un mobilier de réception (fauteuils et tables basses).** Seules des portes donnent directement sur l'extérieur et les fenêtres des belles maisons, ouvertes sur les cours ou les jardins, sont décorées de lattes de bois disposées géométriquement et fermées par du papier huilé.

Il n'y a pas beaucoup de meubles dans une maison chinoise de l'époque des Tang : sièges et tables (tables basses, tables à manger, à écrire, à musique) composent, avec des coffres à vêtements, le principal du mobilier, auxquels il faut ajouter des étagères, sellettes et pré-

L'HOMME CHINOIS

Un exemple de construction classique, le pavillon Qingning, du palais impérial de la dynastie Qing, à Shenyang.

sentoirs à objets anciens ou précieux et, bien sûr, l'autel domestique avec sa table à offrande. Des braséros, en hiver, ou des récipients contenant de la glace, en été, réchauffent ou rafraîchissent les pièces de réception des belles demeures. Au mur, des sentences parallèles, préceptes ou citations évoquent l'activité ou la personnalité du chef de famille ou de ses ancêtres, parfois portraiturés. Le maître des lieux possède peut-être **une bibliothèque dans laquelle les livres, dont les feuilles sont cousues en accordéon, sont empilés dans des casiers qui peuvent parfois faire place à un bel objet**. Sur la table à écrire sont disposés les **Quatre Trésors du lettré** : la pierre à encre, l'encre, les pinceaux et le papier. C'est là qu'il reçoit ses hôtes intimes, ses enfants et éventuellement, à l'époque des Tang, son épouse s'il a avec elle une complicité littéraire.

La première cour est close de murs et constitue une sorte d'antichambre menant à la porte principale. Les chambres à coucher sont généralement petites. Toutes les commodités pour le bain et la toilette font partie du confort d'une maison.

Bien sûr, les pauvres ne vivent pas dans de telles demeures. Entassés à plusieurs par pièce pour dormir, ils habitent de petites maisons parfois à deux ou trois étages et dont le confort est très rudimentaire. Mais certaines constantes demeurent cependant : absence de fenêtre sur la rue, seuil surhaussé, cour centrale et principes généraux de construction se retrouvent partout.

FAMILLE, FEMMES, ENFANTS

• Clan et famille

La famille chinoise, cellule de base de la société qui est tout entière constituée à son image, est fondée sur le couple formé par les deux époux. Un homme, en effet, ne peut avoir qu'une femme principale, les autres étant soit des épouses secondaires (souvent désignées par leur ordre d'entrée dans la famille : Deuxième épouse, Troisième...), soit des concubines. Cette famille se rattache à une parenté par des liens à la fois rituels (culte rendu à un ancêtre commun), économiques (aide financière accordée à un membre du clan dans le besoin, recherche des héritiers pour les défunts sans enfants) et légaux (interdiction d'épouser une personne portant le même nom de famille, exécution de la parenté du criminel dans les cas particulièrement graves). Le clan, ensemble des personnes originaires d'un même lieu et portant le même nom de famille, a repris, à la fin du XXe siècle et après quelques dizaines d'années d'interruption, le rôle (sous forme, par exemple, de capitaux investis depuis l'étranger dans le lieu d'origine du clan) qu'il jouait déjà dans la vie chinoise à l'époque des Tang (618-907). **L'appartenance à une famille et à un clan est déterminée par le père**. L'épouse quitte sa famille d'origine et devient membre de la famille de son mari. C'est donc aux ancêtres de son mari qu'elle rend hommage, même si elle garde son propre patronyme sa vie durant (cf. Noms chinois). Dans les familles modestes, il arrive souvent qu'une enfant soit adoptée comme future bru et entre ainsi très tôt dans la famille de son mari.

• Épouses et concubines

a) **La première épouse jouit de prérogatives importantes** : seule véritable maîtresse de maison, elle est la mère légitime et reconnue de tous les enfants du foyer. Le divorce ou la répudiation sont possibles, mais strictement réglementés. Ils peuvent survenir pour un motif judiciaire (la condamnation de l'un des époux donne à l'autre la faculté de divorcer) ou en cas d'adultère caractérisé de la femme. Ils ne sont pas très fréquents car le mariage est conçu aussi comme une alliance entre familles, qu'il est délicat de rompre et dont la rupture doit éventuellement donner lieu à dédommagements, par exemple, la restitution de la dot.

b) **Les épouses secondaires**, placées en principe sous l'autorité de la Première épouse, entrent dans la famille par mariage et ne peuvent pas non plus être répudiées facilement. Les enfants qu'elles mettent au monde sont toutefois rituellement considérés comme ceux du maître de maison et de la Première. Une famille d'un rang social inférieur à celui du mari peut se trouver flattée de voir une de ses filles admise comme épouse secondaire.

c) **Les concubines** n'ont quasiment aucun droit. Achetées comme des esclaves, elles peuvent être chassées ou revendues, et leur statut est plus proche de celui des domestiques que de celui des épouses secondaires. Quant à leurs enfants, ils peuvent être reconnus et officiellement adoptés par le couple des maîtres, ou bien demeurer dans la domesticité de la maison.

- **Les enfants**

Le but du mariage est d'assurer la pérennité de la Famille, et donc d'avoir au moins un fils qui puisse continuer le culte des ancêtres. Un adage dit que si une épouse n'a toujours, à trente ans, donné aucun enfant à son mari, son devoir est de vendre ses bijoux afin de lui acheter une concubine. Il existe cependant d'autres moyens de s'assurer une postérité. Si un couple n'a pas de fils, mais seulement une ou des filles, le chef de famille peut toujours **adopter un gendre**, lui donner son nom et en faire son fils, apte ainsi à accomplir le culte des ancêtres. Une autre possibilité consiste à **adopter le fils d'un de ses frères**, déjà membre de la famille et qui deviendra lui aussi fils à part entière de celui qui l'aura adopté. Reste enfin le recours à l'adoption extérieure à la famille, qui constitue souvent un **achat déguisé** quand il ne s'agit pas d'un pur et simple achat non déguisé (cf. chap. III, La servitude). On voit donc que **l'obligation rituelle et sociale de s'assurer une descendance mâle est assortie d'une grande souplesse quant aux moyens mis en œuvre pour y parvenir**.

Comme tant d'autres choses, le choix de l'une ou l'autre de ces procédures d'adoption dépend du rang social de la famille et de ses moyens.

SEXUALITÉ

L'époque des Tang (618-907) est sans doute celle dans l'histoire de la Chine où les mœurs sont les plus libérales. Les occasions de rencontre entre les jeunes gens des deux sexes font qu'il n'est pas rare, même si cela est loin d'être la règle, que les mariages se produisent à la suite d'une inclination mutuelle des deux futurs époux. Une fois connues et admises les intentions des deux jeunes gens, la procédure suivie est la même (appel à un intermédiaire, envoi d'un émissaire, etc.) que dans le cas d'un mariage prévu par les familles (cf. chap. IX, Rites de passage, étapes de la vie).

Le chef de famille est tenu de remplir ses devoirs d'époux auprès de ses femmes et de ses concubines (cf. Famille, femmes, enfants). **On comprendra, dans ces conditions, que le rôle sexuel joué par les courtisanes des quartiers de plaisir passe après leurs talents de société.** Il s'agit en l'occurrence de talents littéraires (cf. chap. IX, Jeux de société) et de compagnie : culture générale, aptitude à la boisson, aux échecs, à la musique, à la danse... C'est ainsi qu'une sorte de papier fut inventé par une courtisane célèbre de l'époque des Tang, et que nous possédons encore de nombreux poèmes dus aux pensionnaires de maisons du Quartier de plaisir de Chang'an. **C'est avant tout en tant que compagnes de banquets et de distractions que les textes de ce temps évoquent les courtisanes, environnées de groupes de jeunes gens à la mode ou de riches négociants.** Certaines de ces jeunes femmes entretiennent en outre des liaisons « officielles » avec de hauts personnages.

Le rôle des courtisanes est en outre apprécié, dans la Chine des Tang comme dans l'Occident d'aujourd'hui, lors de négociations commerciales ou politiques : de jeunes femmes habilement choisies peuvent faciliter la promotion d'un fonctionnaire ou aider à la conclusion d'un accord. Leur aptitude aux talents de la chambre à coucher n'est alors pas dédaigné. Des textes de l'époque des Royaumes combattants (453-222 av. n. è.) font déjà état de l'emploi de ce genre d'arme diplomatique...

La position sociale des courtisanes n'est pas honteuse. Elles ont une place reconnue au sein de la société et ne sont en aucun cas assimilées aux prostituées qui ne jouissent, elles, d'aucun droit civique. Femmes célèbres et célébrées, elles paraissent dans les réceptions officielles, choisissent leurs amants et sont fréquemment rachetées par de riches protecteurs qui utilisent éventuellement leurs talents pour recueillir des informations dans le milieu politique et financier où elles évoluent. Entrées dans leur état à la suite d'un contrat, elles en sortent par rachat ou par extinction de leur dette.

Tel n'est pas du tout le cas des prostituées. Qu'elles appartiennent à un privé ou à l'État (par condamnation, parenté avec un condamné à une peine lourde ou parce qu'elles sont butin de guerre), les prostituées forment le bas de l'échelle sociale. Elles sont confinées dans des lupanars d'où elles ne sortent que pour être affectées à des travaux pénibles (nettoyage des rues, vidange des fosses d'aisance...).

Enfin, et contrairement aux usages des époques suivantes, surtout sous les Ming (1368-1644) et les Qing (1644-1911), les femmes mariées ont à l'époque des Tang une liberté de mouvement qui leur autorise de fréquentes sorties, réunions, et, le cas échéant, liaisons hors de chez elles. Il arrive en outre qu'elles participent à des banquets en compagnie de leurs époux.

L'homosexualité n'est ni plus ni moins fréquente et admise dans la Chine des Tang que dans l'Europe classique. De mode lorsqu'un Empereur s'y adonne, elle redevient discrète, avec ses lieux de plaisir et de prostitution, lors du règne suivant. Il est cependant à noter qu'elle est contraire à la fois aux enseignements du **bouddhisme tantrique, utilisant l'art érotique comme voie initiatique menant à une connaissance mystique**, et à la **discipline taoïste érotico-médicale de la chambre à coucher** (cf. chap. VI, Les « trois religions »). Cette dernière est destinée, en harmonisant savamment la circulation des essences *yin,* féminines mais présentes aussi dans l'homme, et *yang,* masculines mais présentes aussi dans la femme (cf. Santé et médecine), à faire bénéficier ses adeptes, à vrai dire plutôt masculins, d'une vie plus longue et d'une meilleure santé.

SANTÉ ET MÉDECINE

Le centre d'intérêt principal du **confucianisme** réside dans l'organisation des **relations entre les humains**, ce que l'on peut résumer en **morale et politique**. Pour le **taoïsme**, le plus important est le tissu de **relations qui existe entre l'homme et son milieu naturel**, ce que l'on peut résumer en **anatomie et cosmologie**. On comprend, dans ces conditions, que, d'une part, il soit aisé d'être à la fois taoïste et confucianiste (taoïste dans la façon de se pencher sur les phénomènes naturels et confucianiste lorsqu'on scrute les comportements sociaux) et que, d'autre part, ce qui relève de la médecine soit plutôt du ressort des recherches menées par les taoïstes.

C'est précisément à l'époque des Tang (618-907) que les **deux plus grands traités de médecine chinoise** prennent la forme qu'on leur connaît aujourd'hui. Il s'agit du ***Suwen*** **(« Simples questions ») et du** ***Lingshu*** **(« Le Pivot spirituel »). Ces deux textes constituent le** ***Huangdi neijing*** **(« Classique intérieur de l'Empereur Jaune »)**. Sous cette référence au souverain mythique qui aurait régné de 2697 à 2598 avant notre ère, et dont se réclame le **taoïsme ésotérique**, se cache, pour reprendre les termes de Claude Larre et d'Élisabeth Rochat de la Vallée, « le classique qui sert de **base à** l'acupuncture, la moxibustion et, plus largement, à **toute la médecine traditionnelle chinoise** ».

Cette dernière est **entièrement fondée sur le système** ***yin/yang*-cinq agents** (cf. chap. VII Philosophie). Au sein du système des correspondances, en effet, les Cinq organes correspondent aux Cinq agents (*wuxing* que l'on traduit aussi par Cinq phases, ou Cinq éléments) et c'est dans ce cadre que s'opèrent les échanges et la circulation incessante des souffles vitaux (*qi*), des essences, des Esprits. « Plutôt qu'une masse viscérale, notent C. Larre et É. Rochat de la Vallée, **un organe, un** ***zang*****, est un mouvement, une qualité de souffles, une attitude de vie, une manière de réaliser l'une des cinq polarités nécessaires à la constitution et au maintien d'une existence, l'un des cinq aspects discernés dans l'unité du mouvement vital ».**

De même qu'il existe des règles sociales destinées à mettre en évidence et en harmonie un fonctionnement de la communauté fondé sur l'observation de règles naturelles, de même il existe une hygiène de vie propre à respecter et à favoriser le jeu et la circulation des souffles et essences qui, présents dans l'ensemble du cosmos et donc aussi bien dans le corps de l'homme, président au bon déroulement de la vie humaine. **Le rôle de la médecine chinoise est** donc **au premier chef préventif, avant d'être curatif. Il s'agit avant tout de préserver les équilibres vitaux de façon à maintenir le patient en bonne santé**. Les manuels de médecine décrivent ces équilibres et ces courants, dont l'état est observé notamment au moyen de la **prise du pouls**. Des dissections permettent aux praticiens de rassembler des informations utiles. Les anomalies discernées sont traduites en termes de dysfonctionnement rapportés au système *yin/yang*-Cinq agents et traitées de façon à rétablir les équilibres compromis. Il est remarquable que **le taoïsme, lors même qu'il reprend à son compte des régimes d'alimentation, des pratiques d'union sexuelle, des exercices respiratoires, une gymnastique générale, ne donne pas à cette hygiène de vie une valeur proprement religieuse, mais bien physiologique**.

La médecine constitue une branche des enseignements dispensés dans les Écoles supérieures de la capitale et l'on a vu qu'un collège médical est affecté à la Cour (cf. chap. III, Cours et conseils). D'autre part, un médecin légiste est en poste auprès de chaque tribunal afin de déterminer la cause des morts suspectes.

COSTUME ET PARURE

L'époque des Tang (618-907) n'a pas introduit de particularité marquante dans le costume des Chinois. On en connaît assez bien le détail, par la peinture, les statuettes et la littérature.

Femmes et hommes sont en robe à manches très longues permettant des effets et une gestualité particuliers que l'opéra chinois (cf. chap. IX, Théâtre et bateleurs) a fait connaître jusqu'à nos jours. Cette robe, longue jusqu'aux pieds, est doublée en hiver et simple en été. Elle recouvre toujours, pour les deux sexes, un pantalon.

• Les femmes

a) Vêtements. **L'allure générale des femmes se rapproche de celle des Japonaises en kimono**, costume qui provient des tenues de la Chine des Tang, **à cette différence près que la taillole**, sorte de ceinture-écharpe, **se noue toujours devant**, alors que les Japonaises la nouent derrière. De plus, les Chinoises de l'époque des Tang portent souvent une sorte de tablier noué sous la poitrine avec une bande de soie. Pour sortir, les femmes ajoutent à cette tenue une robe de dessus, parfois transparente et laissant voir à la fois les broderies de la robe de dessous et un décolleté largement ouvert, ce qui ne sera plus le cas des époques postérieures. On sait en effet que les robes d'aujourd'hui dites « traditionnelles » ont un col fermé, habitude qui remonte à la dynastie des Song (960-1279). Une **longue écharpe** de brocart complète la tenue « habillée ».

Une belle à sa toilette.

b) **Coiffure**. Les tableaux nous offrent toujours la représentation de **chignons amples et hauts**, le plus souvent simples mais parfois doubles, avec souvent une fleur piquée dedans. Les épingles à cheveux sont peu ornées.

c) **Maquillage**. Les **sourcils** sont un élément important de la beauté d'un visage, la poésie les évoque souvent. Aussi sont-ils retracés et peints en bleu. Le **front** est en principe décoré d'un croissant appliqué à la pommade jaune. Les **joues** sont parfois blanchies, et en tous cas ostensiblement relevées de rouge sur le haut des pommettes. Des mouches peuvent les agrémenter, ainsi que le front et le menton. Enfin les **lèvres** sont rougies.

d) **Bijoux**. Les femmes portent bagues, bracelets, colliers et boucles d'oreilles.

Contrairement à ce qui sera le cas des époques postérieures, l'idéal féminin de l'époque des Tang possède un corps aux formes pleines et aux hanches rebondies.

- **Les hommes**

a) **Vêtements**. Les composantes du costume masculin sont en gros les mêmes que celles du costume féminin. Pour les hommes, **le revers droit de la robe recouvre le gauch**e en étant replié. Pour sortir, les hommes revêtent une **seconde robe** sur la première, la laissant apparaître au col et aux extrémités des manches. Le costume de cérémonie prévoit une robe supplémentaire de soie ou de brocart, passée par-dessus les autres.

b) **Coiffure**. **Le chignon masculin est plus serré** et plus étroit que celui des femmes. Il est en principe, du moins pour les notables ou ceux qui veulent le paraître, **entouré d'un large ruban de gaze noire empesée** dont les extrémités sont soit pendantes soit relevées. L'usage du **bonnet**, lui aussi de gaze noire empesée, est extraordinairement répandu, en tous lieux et en toutes circonstances. Un homme ne quitte son bonnet que pour se mettre au lit.

c) **Signes distinctifs**. Une réglementation aussi stricte que minutieuse prévoit pour chaque rang, grade et fonction la forme, la taille et les ornements du **bonnet**, la forme et la couleur de la **robe**, le genre et les ornements de la **ceinture** de cérémonie. Le nombre des ornements et des pierres précieuses, les couleurs, les modèles de ces différents éléments sont élaborés **en fonction du système des correspondances** (cf. chap. VII Philosophie).

L'idéal masculin de cette époque est un homme fort, robuste, exercé au tir à l'arc, à la conduite de char (cf. chap. IX, Jeux rituels) et même à l'épée et à la boxe. Il porte une barbe et des moustaches fort longues, et sa robustesse physique n'empêche nullement une culture littéraire étendue et une bonne maîtrise de l'emploi du pinceau (cf. chap. VII Le Lettré-fonctionnaire).

Bonnet porté à l'intérieur (époque des Song)

Bonnet de lettré (époque des Tang)

Robe d'homme (époque des Qin)

Robe impériale (époque des Ming)

Bonnets et robes d'homme.

REPÈRES BIOGRAPHIQUES

• **AN LUSHAN** (mort en 757)

D'origine turque (kitan), An Lushan est le fils d'une femme quelque peu sorcière et d'un homme qui ne tarda pas à mourir. On raconte que sa naissance fut entourée d'évènements extraordinaires. An est le patronyme du second mari de sa mère. Le petit garçon devient un homme de très forte stature, gros et grand, d'une vigueur physique peu commune. Entré au service d'un officier chinois, il est incorporé dans ses troupes et devient officier à son tour dans l'armée chinoise. Sa connaissance des dialectes frontaliers lui permet de montrer son efficacité dans des régions toujours aux prises avec les incursions barbares. Gracié par l'Empereur après une défaite contre ses anciens compatriotes kitan en 736, il remporte ensuite des succès dans des missions contre eux. Cela le mène jusqu'à la Cour, où il devient le favori de l'Empereur Xuanzong et de la belle Yang Guifei. Celle-ci le déclare son fils adoptif et s'amuse à langer ce géant presque obèse. De nouveaux succès contre les Barbares (et la dissimulation de quelques échecs) incitent l'Empereur à lui conférer titres et grades qui n'avaient jamais été réunis à ce point chez une seule personne: Préfet, Général, Envoyé extraordinaire de l'Empereur.... Bardé d'honneurs, anobli, An Lushan se rebelle en 755. Le Fils du Ciel, que l'on avait prévenu en vain, prend la fuite. En 756, An Lushan se proclame Fils du Ciel d'une nouvelle dynastie, puis il s'empare de Chang'an. Comme il allait faire son héritier du fils d'une concubine, son autre fils An Qingxu l'assassine en 757. En 759, An Qingxu est capturé et mis à mort par les loyalistes. C'est de la rébellion d'An Lushan que l'on fait dater le début de la décadence des Tang.

• **CONFUCIUS** (-551-479)

Originaire du pays de Lu, dans le Shantong actuel, Confucius a pour lointain ancêtre un Fils du Ciel de la dynastie des Shang-Yin.

Son père, qui avait exercé une fonction officielle, mourut jeune et laissa sa famille dans le dénuement. Le jeune homme en grandissant prend conscience de la situation de décrépitude où se trouvent à la fois l'Empire et les principautés. Un fossé de plus en plus profond sépare les principes, les rites établis, les traditions enseignées, et la réalité brutale d'une lutte sans merci pour le pouvoir, lutte qui laisse le peuple exsangue tout en décimant l'élite. A l'âge de dix-sept ans, Kong Qiu, dont l'appellation Kongzi, ou Kong Fuzi (maître Kong) a été latinisée en Confucius, est choisi comme précepteur par un grand officier du pays de Lu pour son fils. Plus tard, vers l'âge de trente ans, il entre comme intendant au service d'une grande famille de Lu. L'ordre qu'il fait régner dans cette maisonnée commençant à lui donner une certaine renommée, Confucius quitte le service de cette famille pour se consacrer à la formation de disciples. Refusant d'abord toute charge officielle, il entreprend d'éditer les ouvrages anciens afin d'en faire un utile support à ses enseignements. Il aurait fait un voyage à la Cour des Zhou afin d'y étudier de plus près les rites. Ayant par la suite occupé plusieurs postes officiels successifs, dont celui de Ministre de la Justice du pays de Lu, Confucius, déçu par le Prince, résilie ses fonctions et quitte le pays. S'ensuivent alors des années d'errance durant lesquelles le Maître et ses proches disciples vont de pays en pays, heurtés toujours par la façon dont se comportent les grands personnages qui souvent s'empressent de le recevoir lorsqu'il arrivait quelque part sans jamais accepter de suivre ses conseils. Revenu dans son pays vers la soixantaine, Confucius n'y exerce plus aucune charge officielle. En même temps que se pressent autour de lui les disciples, la direction suivie par la pensée du Maître s'affirme: pour que les choses aillent mieux, il faudrait commencer par tout nommer de façon adéquate et efficace. Si chacun reçoit le nom qui lui est dû et qui correspond à la place qu'il occupe réellement et avec compétence au sein de la société, les affaires seront menées avec plus de clarté et de diligence. Si les rites et la musique correspondent aux aspirations et aux dispositions naturelles des humains, la société tout entière pourra se reposer sur eux. Si des règles claires et justes président aux punitions et aux châtiments, si l'habitude et l'hérédité s'inclinent devant l'aptitude et les qualités, l'on assistera à la fin des désordres qui marquent un temps où prévalent la violence et la corruption. C'est par l'éducation que ce but peut être atteint et qu'on parviendra à créer de nouvelles élites compétentes. On se doute que de tels préceptes ne plaisent guère aux gens en place. Il n'empêche que l'enseignement de Confucius remporta un succès tel qu'il fut grandement honoré dès sa mort, survenue à l'âge de soixante-treize ans (soixante-douze selon notre façon de compter) et que son prestige, déjà assez grand de son vivant, devint immense. Tous les textes classiques anciens (c'est-à-dire antérieurs au Ve siècle avant notre ère) qui nous ont été transmis portent vraisemblablement la marque de Confucius, de son souci de les trier, de les présenter, de les rendre conformes à l'idée qu'il se fait d'une société qu'il espère fonder à partir d'une méditation sur eux. Le recueil composé par ses disciples et qui porte le nom de *Lunyu (Entretiens de Confucius)* constitue depuis Zhu Xi (1130-1200) l'un des Quatre Livres du confucianisme. Semblable en cela à Socrate, Confucius n'a souhaité laisser à la postérité aucun écrit de sa main.

• **CAO CAO** (155-220)

Rendu populaire par le *Roman des Trois Royaumes,* Cao Cao a marqué son temps. Rebelle, chef militaire, administrateur, lettré et poète, cet homme ambitieux et parfois scrupuleux a grandi dans le sérail. Né à Pei, dans le Jiangsu actuel, il est le fils d'un homme qui avait été adopté par le Premier Eunuque du Palais de l'Empereur Ling (168-189) des Han. Dans ce milieu d'intrigues perpétuelles au sein d'une ambiance de fin d'un monde, il a tôt fait de se montrer meneur d'hommes et fin stratège. C'est en 184 qu'il remporte ses premiers succès, contre les Turbans Jaunes. Quelques années plus tard monte sur le trône un Empereur enfant, dernier Souverain des Han dont le règne nominal se prolongea durant trente années de désordres, de pillages et de luttes entre chefs de guerre rivaux parfois alliés entre eux (ainsi Cao Cao fut-il un temps ami de son adversaire Liu Bei). Cao Cao choisit le camp de l'Empereur dont, avec son armée baptisée « Soldats de la Justice », il s'empare et fait son docile instrument. Il se taille progressivement un domaine qui, lors de la tripartition de l'Empire, devient le Royaume de Wei, recouvrant en gros les actuelles provinces du Jiangsu, Shandong, Hebei et Shanxi, avec une partie du Henan. Cao Cao a deux fils particulièrement brillants : Cao Pi (ou Pei), premier Empereur de la dynastie Wei, auquel le dernier monarque des Han avait remis très officiellement les Insignes impériaux et auteur d'un remarquable traité sur l'art d'écrire, et Cao Zhi, poète admiré qui se désespérait des honneurs vains que lui offrait son frère sans jamais l'associer au gouvernement.

• **DU FU** (712-770)

Né non loin de Luoyang, dans le Henan actuel, le poète Du Fu n'eut pas une carrière à la hauteur de sa renommée, qui est immense. Ayant tenté sans succès de passer l'examen de Doctorat, il se trouve désargenté et vit alors de travaux de commande (vers de circonstance, épitaphes, lettres, harangues, discours) avant d'obtenir un poste administratif modeste vers 752. Remarqué par l'Empereur Xuanzong, il est sur le point de recevoir un poste plus important lorsqu'éclate la révolte d'An Lushan. L'Empereur abdique et Du Fu quitte la capitale. Il y revient pour être nommé Censeur par l'Empereur Suzong en 758. La conscience qu'il met à remplir cette charge délicate entre toutes lui vaut de déplaire au bout d'un an. Nommé en province à un poste moins important, il démissionne en 760 et mène dès lors une vie errante, parfois proche de la misère. La qualité exceptionnelle d'une œuvre poétique considérable lui vaut à la fois l'amitié des plus grands de son temps, notamment Li Bo (Li Bai), et une gloire littéraire qui ne s'atténua jamais jusqu'à nos jours. Profondément imprégné de confucianisme, Du Fu a finalement mené une existence plus proche de celle, marginale, d'un ermite taoïste que de celle d'un confucianiste « classique » ayant vocation d'accomplir de hautes tâches fonctionnariales.

• **GAOZU DES HAN** (voir Liu Bang)

• **GONGSUN LONG** (-333 -250)

C'est dans le précepte confucéen de la « rectification des noms » que Gongsun Long, originaire du pays de Zhao situé dans le Shanxi actuel, trouve l'origine de sa réflexion sur les mots. Appelée en chinois Ecole des noms (*mingjia*), la sophistique chinoise est particulièrement illustrée par lui. Traité en ami par le Premier Ministre du pays de Wei en 310 avant notre ère, Gongsun Long est reçu à maintes reprises par un célèbre homme politique de son temps, le Sire de Pingyuan, Premier Ministre du pays de Zhao dans les années -298-297 avant notre ère, puis à nouveau plusieurs dizaines d'années plus tard, en -252. Entre-temps, il a séjourné à la Cour du petit pays de Yan au temps du Roi Zhao (-311 -279). La vie de Gongsun Long est donc bien celle des lettrés itinérants de son temps, penseurs se rendant de pays en pays pour trouver des interlocuteurs, un auditoire, des disciples. Particulièrement connu pour la très grande subtilité de ses raisonnements et de ses paradoxes, Gongsun Long ne se fit pas que des amis. Il nous reste de lui un certain nombre de paradoxes fameux (« Une ombre ne se meut pas », « Un cheval blanc n'est pas un cheval ») groupés dans un court traité qui porte son nom.

• **GUAN ZHONG (Guan Yiwu, Guanzi, VIIe siècle avant n. è)**

Marchand enrichi devenu Premier ministre du Duc Huan, qui régna de 685 à 643 avant notre ère sur le pays de Qi (situé dans le Shandong actuel), Guan Zhong fait de ce Prince le plus puissant du temps. C'est en effet grâce aux conseils avisés de cet excellent ministre que le Duc Huan peut devenir le premier des Hégémons, ou Protecteurs du Trône officiellement admis comme tel aussi bien par le Fils du Ciel qui n'a guère le choix que par les Princes des autres pays reconnaisssant la suzeraineté rituelle de ce dernier. Guan Zhong entreprend dans le pays de Qi une série de réformes administratives qui le feront considérer par les Légistes comme l'un de leurs prédécesseurs. L'ouvrage qui porte son nom (*Guanzi*) tel que nous le possédons aujourd'hui est sans doute en partie apocryphe. Il n'empêche que l'idée d'attribuer strictement à chacun, par voie légale, les instruments et les possibilités d'exécuter convenablement sa tâche remonte à lui, de même que le souci de prendre la loi comme base de gouvernement. Confucius, sensible aux résultats obtenus par Guan Zhong, n'approuva pas toutes ses méthodes. Guan Zhong mourut en 645 avant notre ère.

• **HAN FEIZI (-290 -234)**

Fils d'un Duc du pays de Han (situé dans l'actuel Shanxi), Han Feizi avait des difficultés d'élocution. Cela ne l'empêche ni d'étudier, ni d'écrire, ni de remplir de hautes fonctions, mais lui donne un abord discret, presque secret, qui en fait avant tout un homme de cabinet plutôt qu'un homme public ou un maître. Après avoir suivi, en même temps que Li Si, les enseignements de Xunzi au pays de Qi (dans le Shandong actuel), il est mandé par son pays en ambassade auprès du Roi Zheng de Qin (le futur Qin Shi Huangdi), qui a déjà eu connaissance de ses écrits. Ce Prince lui offre un poste auprès de lui, mais cela suscite la jalousie de Li Si qui le perd dans l'esprit du Roi. Il est jeté en prison et prévient son exécution en se suicidant. L'ouvrage qui porte aujourd'hui son nom, et qui semble en grande partie authentique, comporte à la fois des éléments proprement légistes et une réflexion sur le *Daodejing* attribué à Laozi. C'est un ouvrage de technique politique qui constitue une synthèse de la pensée légiste telle que l'expérience successive des réformateurs l'a nourrie durant plusieurs siècles.

• **HAN YU** (768-824)

Né dans le Henan actuel, Han Yu perd son père à l'âge de trois ans. C'est son frère qui prend en charge la veuve et l'enfant. Revenu dans le Henan après la mort de son frère, l'adolescent se consacre à l'étude avec une assiduité demeurée légendaire. Docteur en 792, il entreprend une carrière brillante, malgré des disgrâces retentissantes dues à sa franchise, et il finit par accéder au poste envié de Directeur du Bureau des Rites. Confucianiste convaincu, prosateur exceptionnel, poète de talent, haut fonctionnaire efficace, Han Yu est une incarnation exemplaire de l'image du Lettré. Il inaugure un mouvement littéraire et esthétique fondé plutôt sur la clarté, la pureté, la sobriété de la langue et du vocabulaire que sur la luxuriance des images ou des formules, et il part en guerre contre le raffinement excessif de l'expression de certains lettrés de son époque. En 819, il ne dissimule pas son sentiment de révolte devant les cérémonies ordonnées par l'Empereur Xianzong pour recevoir avec pompe un morceau d'os supposé avoir appartenu à un doigt du Bouddha. Sa supplique au Souverain pour tenter de lui faire entendre raison, tour à tour mordante et découragée, est demeurée célèbre. Elle manque de lui coûter la vie et il faut tous les efforts de ceux qui déjà le considèrent comme un des plus grands lettrés de l'histoire chinoise pour amadouer le Fils du Ciel. Il est néanmoins exilé. Anobli de son vivant, il aura en 1084 sa tablette placée dans le temple de Confucius.

• **HUANGDI, L'EMPEREUR JAUNE** (-2697/-2598)

Ce Souverain légendaire, considéré comme l'un des pères fondateurs de la civilisation chinoise, est crédité de nombreuses inventions ou perfectionnements bienfaisants. Il serait l'auteur du premier traité de médecine, transmis depuis ces temps reculés par la voie d'une tradition initiatique recueillie ensuite par les taoïstes. Son épouse aurait inauguré la sériciculture, tandis que lui-même aurait promulgué une série de règles concernant aussi bien l'architecture que la monnaie, le travail du métal et l'organisation du gouvernement en six ministères. Il est si souvent invoqué par certains textes taoïstes (notamment médicaux) que cette Ecole reçoit parfois le nom de « Huanglao » (abréviation de Huangdi et Laozi). Si son existence n'est en aucun cas fondée historiquement, il n'en demeure pas moins que la référence à cette époque et à un certain nombre de traits de civilisation repose sur le souvenir d'une réalité lointaine.

• **KUMÂRAJÎVA** (344-413?)

Né à Kucha, une oasis étape de la Route de la Soie où son père venu des Indes occupa de hautes fonctions et épousa une fille du Roi, Kumârajîva est pieusement élevé par sa mère dans le Bouddhisme. Il manifeste très jeune des dons extraordinaires pour l'étude et une connaissance particulièrement approfondie du bouddhisme du Grand Véhicule. Le renom de ses capacités spirituelles et linguistiques (il parle et prêche dans plusieurs langues dont le chinois) étant parvenu jusqu'en Chine, il est invité à se rendre à Chang'an, où il parvient en 402. Avec le concours d'un millier de moines, il entreprend alors la traduction en chinois de très nombreux textes dont plusieurs sûtra, constituant ainsi les bases de ce qui deviendra le Canon bouddhique chinois. On dit qu'il dédia un traité à l'Empereur Yao Xing (394-415), de la petite dynastie des Hou Qin qui régnait alors à Chang'an et qui le révérait à l'égal d'un dieu.

• **LAOZI (Lao tseu, ve siècle avant notre ère?)**

La vie de Laozi est entièrement légendaire et l'on ne saurait même être assuré de son existence. Sa naissance plus ou moins miraculeuse, sa rencontre avec Confucius auquel il aurait reproché de perdre son temps à vouloir amender ses contemporains au lieu de se consacrer à l'étude de la Voie, son départ vers l'Ouest et la dictée qu'il aurait faite au gardien de la passe du texte du *Daodejing (Tao-tê-king)* avant de disparaître à jamais, tout cela ne repose sur rien de vérifiable. Ce qui est certain, c'est l'ancienneté et la profondeur de l'ouvrage qui lui est attribué et qui en fait un texte fondateur du Taoïsme. Le *Daodejing* fut un temps, à l'époque des Tang, au programme officiel des examens du Doctorat.

• **LI BO** (Li Taibo ou Li Bai, Li Taibai, « bo » étant la prononciation littéraire du caractère « bai », 701-762)

On ne sait pas exactement où est né celui qui est peut-être le plus grand poète chinois. Il passe sa jeunesse dans l'actuel Sichuan, et voyage beaucoup. Poète dès l'âge de dix ans, il s'initie également à l'escrime et affirme tôt un goût prononcé pour l'alcool. Une longue retraite passée dans la montagne auprès d'un maître taoïste l'incite à former, avec un groupe d'amis, la Confrérie des Six Paresseux de la Rivière aux Bambous. Il fait partie un peu plus tard des Huit Immortels de la Coupe de Vin, parmi lesquels le poète, haut fonctionnaire, calligraphe et moine He Zhizhang ainsi que

Zhang Xu, créateur de la calligraphie dite « cursive folle ». En 738, il rencontre le confucianiste Du Fu, chez qui il sent un pair en poésie, et se lie avec lui d'une amitié qui ne se démentit jamais. Présenté à l'Empereur Xuanzang par He Zhizhang, il est nommé par le Souverain à l'Académie Hanlin, dans laquelle l'Empereur souhaite rassembler les plus beaux esprits du temps. Li Bo passe aisément du rôle d'ermite dans les montagnes à celui de poète de Cour. L'alcool l'aide à garder une redoutable franchise qui ne lui fait pas que des amis. He Zhizhang l'appelle « Immortel banni sur terre » et il arrive que le Fils du Ciel en personne lui serve un repas que son état d'ébriété l'empêche de prendre selon les règles. On peut imaginer que les eunuques ne le voient pas d'un bon œil. En 744, il quitte la Cour avec ses compères et reprend sa vie errante. Il se marie quatre fois. Au moment crucial de la révolte d'An Lushan, il se choisit un protecteur qui ne sait pas demeurer du bon côté. Compromis, Li Bo a tout de même la vie sauve et son bannissement est rapporté avant même qu'il atteigne son lieu d'exil. Ayant repris ses voyages, il trouva, dit-on, la mort à bord d'un bateau : ivre, il aurait voulu embrasser le reflet de la lune sur les eaux…

• **LI SI** (mort en -208)

Originaire du pays de Chu, situé en grande partie dans le Hubei actuel, à l'extrême Sud du monde sinisé d'alors, le légiste Li Si, qui a un temps étudié auprès du confucaniste Xunzi, entre en -247 au service du Premier Ministre du pays de Qin, Lü Buwei, l'homme le plus puissant du temps. Remarqué ensuite par le Roi Zheng de Qin, le futur Qin Shi Huangdi, il devient son historiographe avant d'être son conseiller le plus écouté. En -234, il obtient du Souverain la mort de son ancien condisciple Han Feizi qui avait suivi avec lui les enseignements de Xunzi. Par la suite, trahissant son ancien maître au profit du nouveau, il accuse Lü Buwei d'avoir comploté contre le roi. En 214, il devient Premier ministre de l'Empereur Qin Shi Huangdi. On lui doit toute une série de mesures inspirées par le légisme et qui sont destinées à unifier l'Empire avant de le maintenir en ordre par la terreur. C'est lui encore qui est à l'origine du fameux édit de 213 contre les lettrés. A la mort de Qin Shi Huangdi, il complote contre le Prince Héritier, fabrique de toutes pièces un faux testament du Souverain défunt afin que le pouvoir revienne à un autre de ses fils, Hu Hai. Ce dernier le fait pourtant exécuter avec toute sa famille en -208 parce que Li Si lui avait conseillé de restreindre ses dépenses.

• **LIU BANG** (-247 -195, Empereur Gaozu des Han de -206 à -195)

Originaire de Pei, dans le Jiangsu actuel, Liu Bang occupe tout d'abord des fonctions subalternes. Il est le premier d'une série de fondateurs de dynastie partis de rien. Physiquement fort, meneur d'hommes, aimant la boisson, il possède une autorité naturelle et se plaît, une fois Empereur, à rappeler son humble extraction. Chargé de faire régner l'ordre dans un canton, il se fait remarquer par son efficacité et un notable lui donne sa fille en mariage (elle devint plus tard la redoutable Impératrice Lü et l'on raconte que bien avant qu'il ne soit Fils du Ciel, elle savait toujours où se trouvait son mari en raison d'un halo dont le ciel se chargeait au-dessus de lui, preuve qu'il était appelé à un destin exceptionnel). Chargé de mener à la corvée un groupe de forçats pour la construction d'un des innombrables palais de Qin Shi Huangdi, Liu Bang prend la tête de ceux qui n'avaient pas succombé d'épuisement et la petite troupe se retire dans les montagnes. En -209, après la mort de Qin Shi Huangdi, le peuple de Pei se soulève, tue son magisrat et met Liu Bang à sa place. En -208, il devient évident que le pouvoir est à prendre. Une rivalité s'ensuit entre plusieurs chefs de guerre qui se sont taillé des royaumes sur les décombres de l'Empire des Qin. Il faut attendre -202 pour que la supériorité de Liu Bang s'impose. La nouvelle dynastie est rétroactivement considérée comme ayant commençé en -206, le dernier Souverain des Qin ayant remis à cette époque les insignes de sa dignité entre les mains de Liu Bang. L'Empire une fois réunifié, il faut lutter contre les Barbares. Le bref règne de Gaozu est donc tout entier consacré à rassembler les forces du Trône pour permettre à ses successeurs de réorganiser l'Empire sur d'autres bases que le Légisme qui s'était rendu insupportable. Peu avant sa mort, il fait un dernier voyage à Pei pour revoir ceux qui l'avaient connu avant sa grandeur. Très ému, il banquète avec eux trois jours durant, enseigne aux jeunes gens les danses qu'il avait apprises dans sa jeunesse et répète à maintes reprises sa nostalgie des rapports simples et francs que le protocole pesant de la Cour lui fait regretter. En partant, il exempte d'impôts tous les habitants de la ville…

• **LIU BEI** (162-223)

Héros légendaire, avec ses deux adversaires principaux Cao Cao et Sun Quan, du *Roman des Trois Royaumes,* Liu Bei est aussi un personnage historique, descendant tombé dans la misère d'un Empereur de la dynastie des Han Antérieurs. Peu porté sur les Lettres, il est d'une taille très élevée et fait forte impression sur tous ceux qu'il rencontre. Ayant participé en 185 à la lutte contre les Turbans Jaunes, il reçoit un poste de petit fonctionnaire dans lequel il s'attire l'estime générale. Un temps allié, et même ami avec Cao Cao, il rompt avec lui et devient son tout premier rival. Ses liens familiaux avec la dynastie des Han, la valeur de ses lieutenants (les fameux Zhuge Liang et Guan Yu) et ses qualités personnelles lui permettent, lorsque le dernier Empereur des Han a abdiqué en faveur de Cao Cao, de se prétendre le continuateur de la dynastie défunte. Son règne se passe à tenter d'agrandir ses domaines aux dépens de ses deux rivaux. L'Histoire appelle Petits Han (ou Shu Han) la dynastie qu'il fonde, qui règne sur la Chine centrale jusqu'en 263 et qui est officiellement inscrite dans la succession des dynasties.

• **LIU CHE** (Empereur Wudi des Han, régna de -140 à -87)

Monté sur le Trône à seize ans, le plus grand Souverain de la dynastie des Han Antérieurs y demeure cinquante-quatre années. Le début de son règne voit le triomphe du confucianisme, achevant ainsi la remise en ordre de l'Empire. L'Empereur fait grand cas de Dong Zhongshu, auteur d'un ouvrage qui est parvenu juqu'à nous, lui demandant conseil et mettant en œuvre ses suggestions. C'est ainsi qu'est organisée systématiquement la recherche des hommes capables, par le double moyen de la recommandation obligatoire et des examens. Les textes anciens sont édités avec soin. Les armées chinoises entrent en lutte à partir de 130 contre les Barbares Xiongnu et, en 121, contre les tribus du Yunnan. L'Asie centrale est explorée et la Route de la Soie, ouverte, le Viêt-Nam et la Corée sont eux aussi convoités, le premier avec plus de succès. L'Empereur fait d'autre part appel à Sima Qian, calendériste et historiographe, auteur des *Mémoires historiques (Shiji)*. Plus tard, le taoïsme, avec son corollaire la recherche de l'immortalité, commence à intéresser le Fils du Ciel. C'est sous son règne qu'un prince de la famille impériale fait rédiger le recueil taoïste *Huainanzi (Livre du prince de Huainan)*, avant de se rebeller contre son impérial parent et d'être contraint au suicide. Wudi lutte efficacement contre l'encombrante puissance de l'aristocratie, en imposant la division systématique des fiefs entre tous les fils d'un feudataire défunt. Epris d'exercice physique et de chasse aux fauves, l'Empereur n'omet aucun des plaisirs de la chair, qu'il partage entre ses concubines et ses mignons, ainsi qu'en témoignent plusieurs poèmes qui lui sont attribués. La fin de sa vie est assombrie par la mort du fils qui devait lui succéder et qu'une cabale contraignit au suicide.

• **LÜ BUWEI** (mort en -235)

On ignore la date et le lieu de naissance de celui qu'on surnomme parfois le Mazarin chinois. Toujours est-il que cet homme entreprenant fait dans le négoce une fortune colossale. Initié aux affaires par son père, il lui doit en outre ce conseil : il existe un investissement plus rentable encore que la plus fructueuse des denrées, c'est l'investissement politique. A Handan, dans le Shanxi actuel, où il possède un comptoir important et une luxueuse résidence, Lü Buwei fait la connaissance d'un prince obscur, l'un des vingt fils du Prince de Anguo, héritier présomptif du roi de Qin. Le jeune homme se morfond, désargenté, à la cour du pays de Zhao où il a été, selon les usages du temps, envoyé comme otage à la suite d'un traité entre les deux pays. Avisé que la favorite en titre du Prince de Anguo demeure sans enfant, Lü Buwei a l'idée de lui faire adopter le jeune Prince. Il ne lui est pas difficile de persuader la concubine qu'adopter un fils dont elle ferait le préféré de son père est nettement plus intéressant pour elle que de craindre la fin de la faveur du prince, ni de persuader le jeune homme que devenir le fils de la compagne préférée de son père est plus intéressant que de se contenter de n'être qu'un de ses vingt fils sans grand avenir. Lü Buwei se charge ensuite de distribuer les cadeaux qu'il faut, de faire partir le jeune prince du pays de Zhao et de lui donner les moyens de paraître sans honte à la cour de Qin. Une fois l'affaire faite, le riche commerçant fait don au jeune homme de la plus jolie de ses concubines, laquelle ne tarde guère à mettre au monde un fils. Le roi de Qin meurt en -251. Son successeur, auparavant prince de Anguo, meurt opportunément à son tour en -249, laissant ainsi le trône au protégé de Lü Buwei, dont le successeur désigné est le fils de leur compagne commune. Dès -247, le père officiel de cet enfant si choyé par Lü Buwei passe lui aussi de vie à trépas, laissant le champ libre au jeune Roi Zheng fermement conseillé par son protecteur et peut-être père naturel, l'ancien marchand devenu Premier ministre. Conscient du peu de prestige que lui vaut dans les pays chinois son ancienne profession, Lü Buwei désire, outre la plus grande fortune de son temps et le poste le plus élevé dont puisse rêver un particulier, laisser son nom à une œuvre littéraire. Il réunit dans un de ses palais des dizaines de beaux esprits venant de toutes les Écoles de pensée, leur fournit tous les ouvrages et le confort dont ils peuvent avoir besoin et leur demande de rédiger sous son nom une somme des connaissances du temps. Cet ouvrage, qui s'est transmis jusqu'à nous sous le nom de

Printemps et automnes de Lü Buwei, constitue de fait une sorte de testament de l'Antiquité chinoise juste avant la grande unification de Qin Shi Huangdi, nom que devait prendre en -221 le Roi Zheng de Qin. Mais l'un des anciens protégés de Lü Buwei, le légiste Li Si, prend ombrage de la puissance de son protecteur. Parvenu dans l'entourage du roi, il le monte contre Lü Buwei et finit par le perdre dans l'esprit du prince. Condamné à l'exil, Lü Buwei préfère se tuer plutôt que d'attendre la mort dans l'humiliation. Ses biens furent confisqués et il fut interdit de le pleurer sous peine de mort.

- **MENGZI** (Mencius, -371/-289)

Né dans le Shandong actuel, Meng Ke, appelé plus tard Maître Meng (Mengzi, latinisé en Mencius), perd tôt son père et est élevé par une mère qui demeure le modèle de l'éducatrice. Constatant à plusieurs reprises que l'enfant imite dans ses jeux ce qu'il voit faire autour de lui, elle déménage plusieurs fois jusqu'à ce que, installée près d'une école, elle voie le jeune garçon prendre pour exemple le respect porté aux maîtres et les différentes manières de le manifester. Par la suite, il étudie auprès de Zisi (Kong Ji), petit-fils de Confucius et auteur de *La Grande Etude (Daxue)*, qui depuis Zhu Xi (1130-1200) est un des Quatre Livres du confucianisme. Devenu, à l'âge de quarante-cinq ans, Ministre du Duc Xuan de Qi (principauté située dans le Shandong actuel), il ne tarde pas à démissionner devant le peu de zèle mis par ce Prince dans l'application des principes hérités de Confucius. Pour un temps conseiller du Prince Hui de Liang (Liang Huiwang), qui est l'un des protagonistes de son ouvrage, Mengzi revient au pays de Qi, y occupe à nouveau une charge avant de démissionner encore pour se consacrer cette fois à l'enseignement et à la rédaction de l'ouvrage qui porte son nom et qui par les soins de Zhu Xi devint également un des Quatre Livres du confucianisme. Ce texte, recueil de débats et d'entretiens entre Mengzi et des disciples ou des contradicteurs, est donc un classique du confucianisme. Il contient les témoignages de méditations sur la recherche de la Voie qui ont donné une postérité mystique à cette branche du confucianisme. Mengzi y énonce en outre l'idée que la nature humaine est bonne, l'étude étant nécessaire pour éviter qu'elle se corrompe et pour lui permettre de s'aiguiser sans cesse. C'est lui aussi qui justifie le renversement d'un mauvais Roi par un homme capable de le remplacer efficacement: le Mandat céleste n'est pas la propriété d'un homme, il se mérite et le souverain doit en demeurer digne s'il entend le conserver. Cette idée, à proprement parler révolutionnaire, est bien opposée au conservatisme exacerbé des tenants du pouvoir de la dernière dynastie (1644-1911).

- **MO DI** (Mozi, env. -460 -400)

On ne sait pas grand-chose de la vie de Mo Di, appelé Maître Mo, Mozi. Il serait né au pays de Lu, dans le Shandong actuel. Vraisemblablement issu d'un milieu humble, Mo Di s'oppose violemment aux idées confucéennes sur les Rites, la musique et la nécessité d'une hiérarchie sociale. Partant des mêmes constatations que Confucius, il parvient à des conclusions opposées, affirmant que le fond même de la conscience humaine est non pas la réalité d'une morale, mais l'égoïsme. Il conçoit donc d'appuyer la paix sociale sur l'ascétisme et une discipline égalitariste. Il organise ses partisans en groupes paramilitaires qui se mettent à l'occasion au service d'un prince ou d'un autre en ces temps de guerres incessantes. Peut-être est-il l'auteur de l'ouvrage qui porte son nom, tandis que certains de ses disciples s'orientèrent vers les subtilités de la sophistique.

- **QIN SHI HUANGDI** (- 259 -210)

Fils du Roi Zhuangxiang (r. -249 -247) du pays de Qin (situé à l'origine dans le Gansu actuel, aux confins Nord-Ouest du monde sinisé d'alors), le futur Qin Shi Huangdi naquit en 259 avant notre ère sous le nom de Zhao Zheng, le patronyme Zhao rappelant que les Souverains de Qin étaient originaires du pays de Zhao, situé plus à l'Est. Sa mère, un temps concubine favorite de Lü Buwei, avait été offerte par ce dernier à son père, qui n'était pas encore le Roi Zhuangxiang. Quelques mois plus tard, elle mettait au monde le futur unificateur de la Chine. De là à penser qu'elle était déjà enceinte lorsqu'elle passa du lit de Lü Buwei à celui de Zhuangxiang, il n'y a qu'un pas. Bien des historiens l'ont franchi, d'autant que le jeune Prince, devenu Roi Zheng de Qin en -247 à l'âge de treize ans, choisit Lü Buwei comme Premier ministre et que ledit Premier ministre semble avoir gardé d'excellentes relations avec la reine-mère son ancienne concubine. On pense à Louis XIV et Mazarin… Li Si, alors client (au sens latin du terme) de Lü Buwei, devient lui aussi un conseiller écouté du Roi Zheng. Jusqu'en -238, époque où le ce dernier, âgé de vingt-deux ans, devient majeur, le pays de Qin, sous la férule de Lü Buwei et de Li Si, fourbit ses armes et continue de mettre au point la formidable machine guerrière qui devait submerger tous les pays chinois. Devenu majeur, le Roi Zheng doit faire face à une rébellion fomentée par Lao Ai, sinistre personnage et amant de sa mère. L'année suivante, Li Si persuade le Roi que Lü Buwei n'était pas demeuré étranger à la rébellion, que son pouvoir est excessif et ses ambitions, démesurées. Ce dernier finit par perdre son crédit et, craignant d'être exécuté, se suicide en -235. Pendant ce temps, conseillé par d'autres et surtout par Li Si, le roi règne d'une main de fer et use de tous les moyens (harcèlement diplomatique et militaire, corruption systématique des conseillers des autres rois) pour accroître sa puissance et ses domaines. Le dernier adversaire tombe en -221 et le Roi Zheng de Qin se trouve maître de la totalité des pays sinisés. La dynastie des Zhou avait achevé de sombrer, dans l'indifférence générale, depuis -256, époque où le Roi de Qin avait dépossédé le Roi Nan, dont le règne avait duré cinquante-neuf ans, de son dernier semblant de pouvoir. Le terrain est donc libre pour assouvir les plus hautes ambitions. Le Roi Zheng enjoint à ses conseillers de le supplier de bien vouloir accepter le Trône impérial et accepte de restaurer à son profit les titres donnés aux Fils du Ciel des temps légendaires : *Huang*, que l'on traduit par « Souverain », et *Di*, « Empereur ». Il prend donc le nom de Premier Empereur [de la dynastie des] Qin : Qin Shi Huangdi, ayant choisi pour sa dynastie le nom du pays de Qin (d'où provient notre mot de « Chine »). A coup de décrets, de déportations massives et d'exécutions capitales, l'Empire est unifié jusque dans les moindres détails : ses trente-six commanderies ont les mêmes mesures (poids, longueur, etc...), les mêmes essieux de chars, la même écriture, la même monnaie. L'Empereur entreprend de vastes tournées, parcourant l'Empire en tous sens et le parsemant de palais, résidences et monuments commémoratifs. En -219, sa visite au Tai Shan, l'une des montagnes sacrées de la Chine, située dans l'actuel Shandong, donne lieu à de grandioses cérémonies religieuses. Soucieux d'assurer la pérennité de sa dynastie, Qin Shi Huangdi veut rendre toute rébellion impossible, quitte à exécuter d'avance les opposants potentiels. En - 213, Li Si lui conseille de brûler tous les livres (hormis ceux traitant de médecine, de pharmacie, de divination et d'agriculture), toutes les chroniques historiques sauf celles du pays de Qin, ainsi que les lettrés eux-mêmes (à l'exception des quelques très officiellement reconnus « Lettrés au Vaste Savoir ») qui refuseraient de porter leur bibliothèque au bûcher. Ce qui fut fait. Mais c'est aussi sa longévité personnelle qui préoccupe grandement le Souverain, et les mages taoïstes ont bientôt toutes ses faveurs pour peu qu'ils lui promettent l'immortalité. De gigantesques chantiers sont entrepris par des centaines de milliers de déportés astreints au travail forcé. Persuadé qu'il doit demeurer invisible à ses sujets, l'Empereur fait mettre à mort toute personne ayant divulgué le lieu de sa présence. C'est en voyage qu'il meurt, en -210, laissant un pouvoir que ses méthodes despotiques ont rendu fragile et qui s'effondre en deux ans, mais dont le modèle dans bien des domaines a perduré jusqu'à nos jours. Son tombeau, dont l'historien Sima Qian (-141/-186) a narré la titanesque édification et qui a sans doute coûté la vie à des milliers d'ouvriers exécutés pour en préserver le secret, a été retrouvé près de Xi'an et est aujourd'hui un des monuments les plus visités de Chine.

• **QU YUAN** (-340 -278?)

Le premier poète dont la Chine ait retenu le nom fut aussi un homme politique dont la carrière demeura exemplaire. Originaire du royaume de Chu (situé en grande partie dans le Hubei actuel), à l'extrême Sud des pays sinisés d'alors, il y devient conseiller du Roi Huai. La jalousie de ses rivaux lui fait perdre du crédit aux yeux du roi et il entreprend alors la rédaction d'un poème allégorique narrant la recherche d'un prince avisé capable d'ouïr les conseils d'un Sage. Il déconseille au roi Huai d'attaquer le pays de Qin mais n'est pas écouté. Ce prince ayant perdu son trône après être tombé dans une embuscade, le nouveau Roi Xiang, son fils, n'écoute pas davantage les conseils de Qu Yuan. Désespéré, celui-ci se jette dans un fleuve. On raconte que sa mort survint au cinquième jour du cinquième mois. C'est depuis lors que ce jour là les gens de Chu, puis tous les Chinois à leur suite, montent en bateau sur les fleuves pour aller à sa recherche. Ce jour est appelé la Fête des bateaux-dragons, qui glorifie à jamais un ministre que son honnêteté poussa au désespoir et à la mort. De nos jours, l'allusion à Qu Yuan continue d'être une arme politique dont le sens n'échappe à personne.

• **SHANG YANG** (Gongsun Yang, Wei Yang, Shangzi, -385 -338)

A elle seule, la biographie de ce fin politique résume bien l'atmosphère de l'époque des Royaumes combattants. Bâtard issu de la famille princière du petit pays de Wei (situé dans le Henan actuel), Gungsun Yang est remarqué par Gongshu Zuo, Premier Ministre du Roi Hui de Wei qui en fit le précepteur de ses enfants. Intéressé par la réflexion morale et politique, Shang Yang (tel est le nom sous lequel est le plus couramment désigné Gongsun Yang) en vient tôt à la conclusion que la plus puissante motivation humaine est l'intérêt. On raconte que sur son lit de mort, Gongshu Zuo donna comme ultime conseil au Roi Hui de Wei de prendre Shang Yang à son service ou bien de le faire exécuter car il ne manquerait pas, le cas échéant, d'augmenter dangereusement la puissance du pays qui l'emploierait. Le roi Hui ne fait ni l'un ni l'autre, et Shang Yang passe à partir de 359 au service du Duc Xiao de Qin, lequel règne de 361 à 338 avant notre ère. Il entreprend pour le compte de ce Prince un important train de réformes touchant le fonctionnement de l'Etat, le mode de promotion des fonctionnaires, l'encadrement du peuple, la perception de l'impôt et la répartition des richesses selon des normes intangibles qui fassent de chacun à la fois le surveillant d'autrui et le détenteur de ses propres possibilités de promotion ou de dégradation. La même loi s'applique à tous sans distinction de classe ni de rang. Le Prince héritier ayant désobéi, et comme il est inaccessible dans sa personne, son instituteur et son précepteur sont tous deux châtiés. Ainsi, malgré de nombreuses oppositions et de nombreux éloges qui laissent Shang Yang également indifférent, l'idée du respect absolu de la loi fait-elle son chemin dans le pays de Qin. Celui-ci deveint une véritable machine de guerre, qui finit par balayer impitoyablement le reste des pays chinois, à grand renfort de centaines de milliers de têtes coupées, lesquelles rapportent automatiquement et proportionnellement à leur nombre récompenses et promotions. Le système légiste tout entier est fondé non pas sur la valeur morale des personnes, mais sur l'efficacité de leur position au sein de la hiérarchie sociale. La non-application de la loi est punie, de même que son contraire se voit récompensé. Pour obtenir ces résultats, les familles sont obligatoirement séparées, les liens personnels étant considérés comme des entraves au bon fonctionnement de l'ordre social. L'on se doute que de si profondes réformes, si elles assurèrent un temps la suprématie de Qin, ne rendirent pas leur auteur populaire. Peu après la mort du Duc Xiao, qui avait soutenu Shang Yang envers et contre tous, celui-ci doit rapidement prendre la fuite. Ayant cherché en vain une auberge (« La loi du Seigneur Yang nous oblige à vérifier votre identité... »), il est refoulé d'un pays dont il avait par traîtrise défait le Général en chef et revient à Qin pour tenter d'y fomenter une insurrection. C'est à cette occasion qu'il trouve la mort en -338. Son cadavre fut écartelé. Des contre-réformes survinrent, mais le légisme demeura le fondement de la politique du

Qin jusqu'à l'unification de tous les pays chinois en -221, suivie de l'effondrement de la nouvelle dynastie en -207. L'ouvrage qui porte aujourd'hui le nom de Shang Yang reflète fidèlement les principes qui présidèrent à sa politique.

• **SHUN** (-2257 -2207)

Sage-Souverain, autre figure fondatrice de la culture chinoise, Shun aurait été choisi par Yao pour lui succéder. Malgré une enfance difficile entre un père stupide, une marâtre méchante et un demi-frère brutal, Shun se serait, dit la légende, illustré par sa piété filiale et ses vertus familiales. Son prédécesseur l'aurait associé au gouvernement et c'est donc du vivant de Yao que les bienfaits de Shun auraient commencé à se répandre sur le peuple. On lui attribue un certain nombre de réformes. Il aurait également choisi des musiques, selon un récit qui témoigne de la grande antiquité de l'importance accordée par les Chinois à la musique. Jugeant son fils incapable de lui succéder, il aurait fait appel à Yu, surnommé plus tard Yu le Grand pour occuper après lui le Trône du Fils du Ciel. Shun aurait rédigé plusieurs passages importants du *Shujing (Livre des documents).*

• **SIMA QIAN** (-141 -86)

Né dans l'actuel Shaanxi, le premier historien chinois manifeste très tôt un goût prononcé pour les Lettres. Agé de vingt ans, il entreprend un voyage à travers tout l'Empire. Son père meurt en 110 avant notre ère et il lui succède dans sa charge de Grand Astrologue. C'est à ce titre qu'il mène à bien une réforme du calendrier et qu'il continue magistralement l'œuvre de chroniqueur commencée par son père et que la postérité connaît sous le nom de *Shiji (Mémoires historiques).* Cet ouvrage monumental, qui couvre trois millénaires de légendes et d'histoire et contient de très nombreuses biographies de personnages illustres, demeure une source irremplaçable pour l'étude de l'Antiquité chinoise jusqu'à l'époque de Wudi des Han, sous le règne duquel la vie entière de son auteur se déroule. Sima Qian a le courage de prendre le parti de Li Ling, général qui s'était couvert de gloire et qui, pour une fois défait, est injustement condamné par l'Empereur. Entre le suicide ou la castration, Sima Qian, conscient de l'importance pour la postérité de l'œuvre qu'il a à finir, choisit la seconde, avec l'humiliation publique qu'elle entraîne. Il eut la mince satisfaction d'être réhabilité par la suite. Son nom est un des plus grands parmi les Lettres chinoises.

• **TAIZONG DES TANG** (Li Shimin 597-649, régna de 627 à 649)

C'est le règne de Li Shimin, plus connu sous son nom posthume d'Empereur Taizong, qui inaugure véritablement la dynastie des Tang dans toute sa puissance et son rayonnement. Second fils de Li Yuan, qui en avait quatre, Li Shimin a commencé une carrière militaire sous le règne de Yangdi (604-617) des Sui. Ce prince accordant beaucoup plus d'attention aux fêtes qu'il fait organiser et qui sont l'occasion de dépenses énormes, qu'aux dangers intérieurs et extérieurs qui le pressent, l'Empire, que son père avait réussi à réunifier, est à nouveau menacé d'éclatement. Les gouverneurs de provinces et les chefs militaires prennent un pouvoir grandissant jusqu'au jour où Li Shimin, stratège de valeur, pousse son père à prendre la tête d'une révolte organisée en prenant le prétexte d'une prophétie promettant le pouvoir à un membre de la famille Li. Une fois monté sur le Trône grâce à Li Shimin en 618, Li Yuan, dont le nom posthume est Empereur Gaozu et qui est doté d'un caractère particulièrement hésitant, se laisse influencer par deux de ses fils. Ceux-ci, dont le Prince héritier, sont jaloux des succès de Li Shimin contre les Turcs et veulent sa tête. Ne pouvant se permettre de se priver des talents de Li Shimin, incapable de résister à ses autres fils, Li Yuan temporise sans cesse, appelant Li Shimin à l'aide contre les Turcs et lui refusant toute influence réelle sur les affaires du pays. Menacé une fois encore d'être tué par des sbires aux ordres de ses frères, Li Shimin prend un jour les devants et les fait exécuter. Li Yuan ne tarde pas à abdiquer prudemment. Il mourra en 635. Dès le début de son règne, en 627, Taizong réorganise l'Empire sur les bases du confucianisme, disant à ses ministres : « L'Empereur Wu des Liang a si bien prêché le bouddhisme à ses officiers qu'ils n'ont pas même su monter à cheval le moment venu. Quant à l'Empereur Yuan des Liang, il expliquait aux siens les textes de Laozi au lieu de les mander contre les Wei qui ravageaient son empire. J'en ai tiré les leçons. » Très soucieux du bien-être de son peuple, Taizong s'efforce d'en adoucir les maux, d'en promouvoir l'éducation et de réduire impôts et corvées. Vivant de façon frugale, il limite le luxe du Palais et renvoie chez elles trois mille femmes du harem impérial. Il tente aussi de contenir les richesses des monastères bouddhistes et taoïstes et de moraliser l'existence des religieux. L'éclat de son règne est tel que les ambassades étrangères affluent à Chang'an, venant d'aussi loin que Byzance (643). La postérité n'a jamais cessé de voir en lui un des plus grands souverains qui aient jamais régné sur la Chine.

• **TANG-LE-VICTORIEUX** (règne : -1765 -1760)

Révolté par les débauches, les crimes et le mauvais gouvernement de Jie (-1818/-1766), dernier Roi de la dynastie des Xia, Tang entreprend de le renverser et de fonder une nouvelle dynastie, celle des Shang, appelée Yin par la suite et qu'on désigne communément sous le nom de Shang-Yin. Cette dynastie est bien attestée historiquement et les découvertes archéologiques ont confirmé la liste des souverains transmise par la tradition. Prince en ses domaines, Tang avait auparavant fait montre de ses vertus auprès du peuple dont il avait la charge en s'adjoignant le sage Yi Yin, dont Jie avait refusé d'ouïr les conseils. L'exemple de Tang, qui renversa le Fils du Ciel et changea la dynastie au pouvoir, posa de tous temps des problèmes d'interprétation. Le confucianiste Mengzi résolut la question en expliquant qu'il convient d'analyser ainsi cette circonstance : un Sage a débarrassé le monde d'un bandit, il ne s'agit donc point d'un sujet ayant commis un régicide. La Royauté, en effet, se mérite, et le Mandat céleste est retiré à celui qui n'est pas capable de régner. Telle est la dangereuse leçon donnée par Tang le Victorieux.

• **TAO YUANMING** (365-427)

Originaire du Jiangxi actuel, le poète Tao Yuanming est issu des deux côtés de familles de hauts fonctionnaires. Ses deux grands-pères occupaient des postes importants, mais son père mourut lorsqu'il avait huit ans, et la famille devint pauvre. Le jeune homme reçoit cependant une éducation soignée, non loin du monastère où d'était retiré le moine bouddhiste Hui Yuan, fin lettré pour lequel le gouverneur de la province avait fait construire un somptueux monastère. Plusieurs responsabilités officielles successives sont confiées à Tao Yuanming, dont celle, en 393, de prendre en charge l'éducation dans toute une province. Sa première femme, dont il a un fils, meurt bientôt. Il s'éprend alors d'une femme qu'il épouse et dont il aura quatre autres fils. La nécessité le pousse à accepter à nouveau un poste, malgré son peu d'enthousiasme. Ses poèmes chantent alors la tristesse de quitter une vie d'étude et de contemplation pour entrer dans la poussière du monde. Les conditions politiques sont alors extrêmement confuses, de petites dynasties apparaissent et se remplacent les unes les autres, les gens au pouvoir changent sans cesse et, à l'âge de quarante-deux ans, Tao Yuanming met fin à sa vie publique. La poésie et l'alcool deviennent alors ses compagnes préférées. Hui Yuan l'invite et accepte même que l'alcool fasse son entrée dans son monastère pour complaire au poète. C'est en ermite taoïste que Tao Yuanming finira ses jours, cultivant son champ, buvant bien avec des amis, ne regrettant jamais la vie officielle. Il meurt en 427, à l'âge chinois de soixante-trois ans, c'est-à-dire soixante-deux pour nous. On raconte que, pour atteindre la perfection musicale qu'est la musique sans son, il jouait d'un *qin* sans corde...

• **WANG BI** (226-249)

Né dans l'actuel Jiangsu, Wang Bi, mort à vingt-trois ans, fut suffisamment précoce pour avoir été un des plus brillants esprits d'un cercle renommé pour ses « conversations pures ». Aussi intéressé par le taoïsme que par le confucianisme, il laisse des commentaires fondamentaux du *Yijing (Livre des mutations)*, du *Daodejing* et du *Lunyu (Entretiens de Confucius)*. Reconnu comme un génie dès son vivant, habité par sa recherche du fondement de toutes choses, de ce qu'il appelle l'« Indifférencié » *(wu)*, il a le temps d'être nommé à un poste fonctionnarial élevé avant de mourir de maladie.

• **WANG MANG** (-33+23)

Neveu de l'Impératrice Wang, femme puis longuement veuve (elle lui survécut quarante-trois années) de l'Empereur Yuan qui avait régné de -49 à -33, Wang Mang profite des faveurs dont l'Impératrice douairière fait bénéficier ses proches. L'Empire à cette époque est en grande décadence et Wang Mang, qui finit par être Premier ministre, connaît quatre Fils du Ciel entre sa vingt-cinquième et sa quarante-deuxième années, dont les deux derniers ont respectivement neuf et deux ans lors de leur avènement. A l'avant-dernier, il a marié sa fille avant, dit-on, de le faire empoisonner, si bien que la fille de Wang Mang se trouva Impératrice douairière à l'âge de douze ans... Le pouvoir, nominalement entre les mains d'un bébé, est déchiré entre le clan des eunuques et celui des Impératrices successives, le pays se trouve dans un état pitoyable, en proie à tous les pillages et exactions des bandes armées, des princes et des propriétaires de grands domaines. En l'an 7 de notre ère, Wang Mang, à l'instigation de sa tante, est nommé Régent. En 8, à la suite d'un certain nombre de prodiges habituels et habituellement suspects (du genre de ceux mis en avant dans les années 1915 et 1916 par Yuan Shikai en vue d'une restauration impériale à son profit) il se proclame Fils du Ciel et inaugure une nouvelle dynastie, portant précisément le nom de Xin, qui signifie « Renouveau ». Le tout jeune Empereur des Han, déposé, se voit richement apanagé et envoyé au loin. Rapidement, le nouveau monarque met sur pied un remarquable train de réformes fondées sur une exigence de justice et d'équité qu'il trouve dans les livres confucéens : morcellement des grands domaines, affirmation de la propriété étatique du sol, stricte limitation du commerce des esclaves, régulation des réserves et des prix du sel, du fer, du blé, de l'alcool. Il réorganise en outre la rentrée de l'impôt et entreprend une vaste expédition contre les Xiongnu (Huns). Mais pour cela, et pour lutter contre les troupes loyalistes qui veulent remettre les Han sur le Trône, il faut de l'argent. Une manipulation monétaire incite le public à thésauriser les anciennes pièces et à refuser les nouvelles, la déclaration obligatoire des revenus indispose les commerçants, les fonctionnaires voient leurs émoluments « volontairement » réduits et sont d'autant plus tentés par la corruption. A partir de l'an 11 de notre ère, les calamités naturelles s'ajoutent aux déboires économiques et au danger extérieur. Il faut revenir sur bon nombre de réformes, tâcher d'enrayer l'impopularité croissante du nouveau monarque, trouver le moyen de nourrir les populations affamées. Un fils de Wang Mang, un de ses petit-fils, puis un autre de ses fils complotent conre lui et doivent se suicider. On murmure que, sujet félon, Wang Mang voit ses descendants se comporter comme lui-même avait agi envers son souverain. Les défections se font de plus en plus nombreuses, malgré des rivalités entre partisans des Han, et en 23 Wang Mang, abandonné de tous, est décapité. Son crâne fut transformée en une coupe qui demeura plusieurs siècles durant dans le Trésor impérial des Han.

• **WANG WEI** (701-761)

Originaire du Shanxi, le grand peintre, musicien, calligraphe et poète Wang Wei passe le doctorat en 721. Haut fonctionnaire au Bureau de la Musique grâce à l'Empereur Xuanzong, il ne parvient pas à éviter d'être nommé Censeur par An Lushan au temps de la rébellion de ce dernier. Emprisonné après la mort de l'usurpateur, il est gracié par l'Empereur Suzong après l'offre faite par son frère Wang Jin de sacrifier son poste de haut fonctionnaire pour obtenir le pardon de Wang Wei. La carrière fonctionnariale de ce dernier se termine avec le rang élevé de Vice-Président du Bureau des Affaires d'Etat. Après la mort de sa femme en 730, Wang Wei ne se remaria jamais. Bouddhiste pratiquant, il fut amplement inspiré par la religion et par la contemplation de la nature. Su Shi, pour signifier la perfection atteinte par ce remarquable lettré, disait que chaque poème de Wang Wei est un tableau, chaque peinture de Wang Wei est un poème.

• **WEN, ROI DES ZHOU** (mort en -1135)

Chang, dont le nom posthume donné par son fils est Roi Wen des Zhou, était Prince feudataire sous le règne de Zhou, le dernier Roi des Shang-Yin (les deux caractères Zhou, celui désignant la dynastie et celui nommant le dernier Roi des Shang-Yin sont tout à fait différents en chinois). Il administre son fief avec sagesse, grâce aux conseils judicieux de Taigongwang, est jalousé et emprisonné par le Roi Zhou des Yin et profite de cette séquestration pour écrire une partie du *Yijing (Livre des mutations)* qui s'est transmise jusqu'à nous. Lorsque son fils, le Roi Wu des Zhou, a renversé le dernier Roi des Shang-Yin, il fait, par piété filiale, remonter à son père la fondation de la nouvelle dynastie. Les noms de ces deux premiers Souverains (Wen, qui veut dire « civilisé », « cultivé » et Wu, qui veut dire « martial », « guerrier ») symbolisent à eux deux la totalité des qualités humaines et plusieurs dynasties au cours de l'histoire les ont attribués à leurs deux premiers monarques.

• **WU, ROI DES ZHOU** (règne : -1121 -1116)

Fa avait succédé à son père comme Gouverneur de l'Ouest en 1135 avant notre ère. Il accomplit à son tour ce qu'avait fait Tang le Victorieux: révolté par les excès et l'incapacité de Zhou, dernier Roi des Shang-Yin, il le renverse et met ainsi fin à cette dynastie, qu'il remplace par celle des Zhou (ces deux caractères « Zhou » ne se ressemblent pas en chinois). Par piété filiale, il fait de son père, sous le nom posthume de Roi Wen, le premier Fils du Ciel de la nouvelle dynastie. Aidé par un de ses frères auquel il confère le titre de Zhougong (Duc des Zhou), devenu une figure archétypique du Sage et dont Confucius se réclamera plus tard, le Roi Wu fieffe ceux qui l'avaient soutenu et remet de l'ordre dans l'Empire. Son fils le Roi Cheng lui succéda, Zhougong étant Régent durant la minorité du jeune souverain.

• **WUDI** (Empereur des Han, régna de -140 à -87) voir Liu Che

• **WU ZETIAN** (Wuhou, l'Impératrice Wu, 625-704)

Introduite à douze ans dans le harem de Li Shimin, Empereur Taizong des Tang de 626 à 649, la jeune Wu Zhao, d'humble extraction, est envoyée dans un monastère à la mort du souverain. Le fils de Taizong, Empereur à son tour et connu par la postérité sous le nom de Gaozong, qui régna jusqu'en 683, avait remarqué la beauté de Dame Wu et la reconnaît un jour en se rendant dans le monastère où elle se trouve L'Impératrice Wang l'ayant appris, elle la fait retirer de son couvent pour la réintroduire à la Cour afin de nuire à sa rivale, Dame Xiao, favorite du moment. Or Dame Wu est non seulement belle, mais redoutablement intelligente et ambitieuse. Elle devait être l'une des trois Impératrices (l'Impératrice Lü, femme de Gaozu des Han et l'Impératrice Cixi des Qing, morte en 1908 étant les deux autres) qui régnèrent sur la Chine d'une main de fer. Elle sait si bien conquérir les faveurs de l'Empereur qu'elle règne sur l'Empire aussi bien que sur le souverain à partir de 655. A cette date, elle étrangle de ses mains sa propre fille dans son berceau juste après la visite de l'Impératrice Wang, faisant peser sur cette dernière le soupçon de l'infanticide. Non contente d'influencer Gaozong, elle assiste, dissimulée derrière un écran, à toutes les réunions et conseils importants. Cela dura trente années, durant lesquelles la famille impériale comme la cour sont décimées, toute personne s'opposant aux volontés de Dame Wu, qui est bientôt nommée Impératrice, se trouve coupable du crime le plus grave. L'exil étant une peine trop douce, suicides, meurtres et exécutions vont bon train, l'Impératrice allant jusqu'à faire mourir son fils aîné dont l'Empereur avait fait son héritier. En 683, à la mort de Gaozong, qui avait failli abdiquer en faveur de l'Impératrice Wu en 675, Wu Zetian relègue le nouvel Empereur et s'attribue un pouvoir absolu. En 688, des princes de la famille impériale s'étant à nouveau rebellés, elle les fait mourir puis, en 690, proclame la fondation d'une nouvelle dynastie. A sa mort, en 704, l'Empereur déposé revient sur le Trône. Sa politique intérieure fut moins capricieuse que la vie du Palais ne le laisse à penser et son règne fut finalement, sauf pour ses proches et ceux qui gravitaient autour du pouvoir, une période plutôt calme et prospère pour l'ensemble du pays.

• **XUAN ZANG** (San Zang, 602-664)

Chen Yi, le futur Xuan Zang, naît dans le Henan actuel et devient moine bouddhiste à l'âge de vingt ans. En 629, il décide d'aller jusqu'aux Indes quérir les textes originels du bouddhisme afin de pouvoir les lire de première main pour les traduire ensuite en chinois. Il revient en 645, est reçu avec les plus grands honneurs et rapporte avec lui, outre des images et des reliques en grand nombre, six cent cinquante-sept ouvrages. Il s'ensuit un gigantesque travail de traduction entrepris par de nombreux moines aux frais de l'Empereur. Xuan Zang y consacre le restant de ses jours, ainsi qu'à la rédaction du récit de son pèlerinage. Au XVIe siècle, il devint le héros d'un roman attribué à Wu Cheng'en, le fameux *Xiyou ji (Voyage en Occident)* dont tous les Chinois connaissent l'un ou l'autre épisode narrant les aventures de San Zang (autre nom de Xuanzang) accompagné de ses deux disciples, le facétieux Sun Wukong, Roi des Singes, et le balourd sanglier Zhu Bajie.

• **XUANZONG** (né Li Longji, nom de règne Minghuang, r.713- 756)
Connu plutôt sous son nom posthume de Xuanzong, L'Empereur Minghuang est un des souverains les plus brillants de la dynastie des Tang. Il grandit au milieu des intrigues de palais qui marquent successivement la fin du règne de la terrible Impératrice Wu Zetian en 704 et le retour sur le Trône de Zhongzong, empoisonné en 710. Le futur Xuanzong prend alors les choses en mains et organise la restauration de son père, l'Empereur Ruizong, qui ne tarde pas à abdiquer en sa faveur en 712, après une tentative de sa sœur pour empoisonner Li Longji et s'emparer du pouvoir. Lettré accompli, Xuanzong pratique avec un égal bonheur la poésie, la peinture et la calligraphie. Féru de musique, il s'intéresse ne délaisse pas pour autant les affaires politiques et militaires. Les trente premières années de son règne sont à la fois glorieuses et prospères. Des succès diplomatiques et militaires tiennent en respect les Arabes, les Turcs, les royaumes d'Asie centrale, les Tibétains, les Viêtnamiens, les Kitan. A l'intérieur, des mesures sont prises pour limiter le luxe et les dépenses de la Cour, des écoles sont établies dans chaque bourgade. Le programme des examens est remanié et l'on y introduit des sujets en rapport avec l'actualité. L'Empereur, qui par goût se plaît à simplifier le protocole (il mène par exemple avec ses frères une vie familiale où seule la hiérarchie de l'âge a droit de cité) aime à s'entourer de beaux esprits. Comme bien d'autres gens de talent, le poète Li Bo a ses entrées à la Cour, où est fondé un collège de musique y est fondé à la cour. Lorsque l'Empereur, âgé de cinquante-quatre ans, se prend de passion pour la belle Yang Guifei, les fêtes deviennent de plus en plus brillantes et fréquentes, et l'esprit du souverain se montre alors plus préoccupé de distraire et d'émerveiller Yang Guifei que de gouverner l'Empire. Le crédit de Li Linfu, Premier ministre flatteur, toujours prêt à donner des conseils pernicieux, ne cesse de croître. Les censeurs qui tentent de redresser la barre sont exécutés, ainsi que trois des fils de l'Empereur, dont le Prince héritier, accusés injustement de complot. Yang Guifei devient bientôt la seule préoccupation du Fils du Ciel. La faveur d'An Lushan, dont la belle a fait son « fils adoptif » est à son comble. Li Linfu fut, après sa mort, reconnu coupable de toutes les trahisons et remplacé par Yang Guozhong, dont

le seul mérite est d'être le frère de Yang Guifei. Mais les évènement se précipitent tragiquement : An Lushan se rebelle, la Cour doit fuir, la Garde impériale se révolte en demandant la mort de Yang Guifei, de son frère et de ses sœurs, sans quoi le souverain lui-même est en péril. Ecrasé par le chagrin, Xuanzong doit accepter l'exécution de celle qu'il aimait par-dessus tout, entendre la joie des soldats à qui l'on montre la tête si chère. Le reste de sa vie se déroule dans une sorte de torpeur douloureuse, après son abdication, en 756, en faveur de son fils. Il meurt en 762.

• **XUNZI** (Xun Kuang, Xun Qing, -310/-230)

Originaire du pays de Zhao, situé dans le Shanxi actuel, Maître Xun (Xunzi), dont le nom personnel est Kuang, n'aurait que fort tard commencé à avoir des disciples. Ce n'est en effet que vers la cinquantaine qu'il entreprend de voyager dans différents pays chinois et de dispenser son enseignement. A cette époque, le Roi Xuan de Qi, pays situé dans l'actuel Shandong et sur lequel ce prince régna de 342 à 343 avant notre ère, accueille volontiers les maîtres de toutes Ecoles. Il les honore du titre de *Qing*, Ministre, les pensionne et leur accorde un lieu pour leur enseignement, près d'une porte de sa capitale. Il y vient tant de maîtres (Sima Qian en dénombre quatre-vingts) et tant de disciples qu'on a appelé cet endroit « Université Jixia ». C'est là que Li Si et Han Feizi suivent les leçons de Xunzi. Plus tard ce dernier, après avoir visité le pays de Qin (dans le Gansu actuel), se rend au pays de Chu (au sud des pays chinois d'alors) où il occupe le poste de Gouverneur de Lanling. Il y demeure après avoir été destitué et continue jusqu'à sa mort d'y recevoir des disciples. L'ouvrage dont il est l'auteur et qui porte son nom est le premier à n'avoir pas été écrit sous forme d'entretiens ou d'aphorismes, mais avec le seul et constant souci d'y exprimer les idées qui lui tiennent à cœur. Partant du principe que la nature humaine est mauvaise, et s'opposant par là à Mengzi, Xunzi insiste d'une façon toute confucéenne sur l'importance de l'étude, des Rites et de la musique pour construire une société équilibrée. Il est en outre vivement intéressé par les expériences réformatrices qui inspirèrent les légistes, et c'est en la tempérant des vertus et des relations sociales qu'il professe la supériorité de la loi.

• **YANG GUIFEI** (Yang Yuhuan, morte en 756)

Héroïne jusqu'à nos jours (ainsi qu'en témoigne un roman japonais des années 1990) d'innombrables poèmes, histoires, contes ou pièces de théâtre, celle que l'Histoire a retenue sous le nom de Yang Guifei est la fille d'un très haut fonctionnaire du Ministère des Armées. Entrée en 735 dans le harem du Prince Shou, dix-huitième fils de l'Empereur Xuanzong, elle entre dix ans plus tard dans celui de son père, après la mort de la favorite du Souverain. Pourvue d'un charme extraordinaire, Yang Guifei est l'une des seules beautés rondes de toute l'histoire de la Chine. La passion légendaire que lui porta Xuanzong, âgé de cinquante-quatre ans lorsqu'elle devint sa favorite, les mena tous deux à leur perte. L'influence de Yang Guifei devient considérable, et s'étend malheureusement à sa famille. C'est ainsi que son frère, le malencontreux Yang Guozhong, devient Premier Ministre à la place de l'exécrable Li Linfu... Xuanzong, dont le règne avait si bien commencé, n'a plus guère de goût pour les affaires de l'Etat. Il est en revanche à la merci des caprices de sa belle, s'efforçant de les suivre et de les prévenir. Les trois sœurs de Yang Guifei ont été elles aussi admises dans le harem Impérial. Lorsqu'An Lushan paraît à la Cour, la belle Yang s'en entiche. Elle a l'idée de l'adopter et elle s'amuse à langer son obèse et géant poupon. Lorsque ce dernier se révolte en 755, ce que Yang Guozhong avait prévu, il est trop tard. La Cour prend la fuite, l'Empereur, la belle Dame Yang, son frère et ses sœurs plient leurs somptueux bagages. Mais c'en est trop. La Garde impériale se révolte contre la concubine et son frère. L'Empereur hésite mais la belle elle-même va au sacrifice. Elle est étranglée par un eunuque, son frère et ses sœurs sont massacrés par les soldats à qui l'on montre, au milieu des acclamations, la tête de la favorite à laquelle ils attribuent tous les maux de l'Empire. Déchiré de chagrin, Xuanzong doit entendre ces cris qui lui sauvent la vie...

• **YAO** (-2357/-2286)

Modèle du Sage-Roi et du héros civilisateur, le mythique Empereur Yao est l'une des figures fondatrices de la culture chinoise. Monté sur le Trône à l'âge de seize ans, il aurait ordonné les observations et les calculs nécessaires à l'établissement du calendrier. Epris de justice, Yao aurait fait installer à la porte de son palais un tambour et un tableau pour que tout un chacun pût en appeler au jugement du souverain. On raconte que son prestige s'était répandu fort loin et que des ambassadeurs venus de pays barbares vinrent lui rendre hommage. La fin de son règne aurait été marquée à la fois par des désordres et des calamités naturelles. Ayant repéré la sagesse et l'intelligence de Shun, il lui aurait donné ses deux filles pour épouses, avant de lui confier de grandes responsabilités dans le gouvernement pour enfin abdiquer en sa faveur.

• **YU-LE-GRAND** (-2207/-2197)

Fondateur de la première dynastie de l'histoire chinoise, celle des Xia, Yu-le-Grand aurait inauguré la transmission héréditaire du Trône. Si la dynastie des Xia n'est pas directement attestée, on peut du moins penser qu'une tribu de ce nom imposa, vers la fin du IIème millénaire avant notre ère, son autorité aux populations voisines. Héros civilisateur et Sage Souverain, Yu-le-Grand aurait possédé au plus haut point toutes les vertus royales et aurait fait exécuter de grands travaux d'irrigation.

• **ZHOUGONG** (Zhou Dan, Zhougong Dan, mort en1105 av. n. è.)

Frère puîné du Roi Wu des Zhou, fondateur de la dynastie, le sage Dan reçoit de son frère le titre de Duc des Zhou : Zhougong. Il est onsidéré par Confucius comme l'archétype du Sage et du ministre. C'est lui qui exerce le pouvoir durant la minorité du Roi Cheng, fils du Roi Wu, encore mineur en 1116 à la mort de son père. La remise du pouvoir se fait exemplairement entre l'oncle Régent et le Roi Cheng devenu majeur, et l'on raconte que Zhougong se trouva aussi à l'aise dans le rôle de sujet qu'il l'avait été dans celui de détenteur du pouvoir. Il avait déjà puissamment aidé, par ses conseils avisés, son frère le Roi Wu à établir son autorité et à fonder une nouvelle dynastie. Confucius le voyait souvent apparaître en rêve et il sut qu'il allait bientôt mourir lorsque cessèrent ces rencontres oniriques.

• **ZHUANG ZHOU** (Zhuangzi, IVe-IIIe s. avant notre ère)

Né à Meng dans l'actuel Anhui, Zhuang Zhou, appelé communément Maître Zhuang, Zhuangzi, se consacra à méditer et à enseigner les idées de Laozi. Il semble avoir occupé un poste modeste à Qiyuan, dans le Shandong actuel et refusé des propositions alléchantes du Roi de Chu. Esprit extraordinairement pénétrant et brillant, il fut un adversaire des confucianistes aussi bien que des partisans de Mozi, tenant pour vaines les doctrines qui s'appuient sur la communauté humaine avant de considérer la relation de l'homme avec les souffles en présence dans les éléments naturels. Zhuangzi écrivit un ouvrage qui n'a jamais, jusqu'à nos jours, cessé de solliciter les exégètes. Il est fort probable qu'une partie du texte que nous connaissons aujourd'hui sous son nom lui soit postérieure de plusieurs siècles.

• **ZHUGE LIANG** (180-234)

Originaire de l'actuel Shandong, Zhuge Liang perd tôt son père et est élevé par un oncle qui l'initie à la politique. Précocement doué pour les Lettres, le jeune homme aime, dit-on, à se comparer à Guanzi, ministre, législateur, stratège et écrivain. Un de ses amis le présente alors à Liu Bei, apparenté à la famille impériale des Han, qui a l'impression de rencontrer en lui celui qu'il cherchait depuis toujours. Liu Bei suit scrupuleusement ses conseils et il accède au trône de l'un des « Trois Royaumes » qui se partagent alors les décombres de l'Empire des Han, celui de Shu, situé dans le Sichuan actuel. Zhuge Liang développe son génie stratégique et mécanique en inventant à la fois des méthodes et des instruments militaires. Il remporte de nombreux succès contre le pays de Wei, tenu par la famille de Cao Cao, et contre les tribus frontalières. Il aurait même conduit des expéditons jusqu'en Birmanie. L'on admire aujourd'hui encore son style d'écrivain, et sa tablette fut placée en 1724 dans le temple de Confucius. Zhuge Liang est l'un des principaux protagonistes du *Roman des Trois Royaumes*.

ORIENTATION BIBLIOGRAPHIQUE

ALLETON Viviane, *L'écriture chinoise,* Paris, P.U.F. (4e éd.) 1990.

BALAZS Etienne, *La Bureaucratie céleste,* Paris, Gallimard, 1968.

BARBIER-KONTLER Christine, *Sagesses et religions en Chine,* Paris, Bayard, 1996.

BOOTHROYD Ninette et DÉTRIE Muriel, *Le Voyage en Chine,* Paris, Laffont, 1992.

CAO Xueqin, *Le rêve dans le pavillon rouge,* trad. Li Tche-Houa et Jacqueline Alézaïs, Paris, Gallimard, 1981.

CHAVANNES Edouard, *Mémoires historiques de Se-Ma Ts'ien (=Sima Qian),* 6 vol., (trad.) Paris, A. Maisonneuve, 1967-1969.

CHAN Tat Chuen William, *Fêtes et banquets en Chine,* Arles, Ph. Picquier, 1992.

CHEN Fou (SHEN FU), *Récits d'une vie fugitive,* trad. Jacques Reclus, Paris, Gallimard, 1967.

CHENG Anne, *Histoire de la pensée chinoise,* Paris, Seuil, 1998.

Contes de la dynastie des Tang, Beijing, Editions en langues étrangères, 1958, (rééd. 1980).

COUVREUR Séraphin, *Cheu King (=Shijing,* trad.) Taichung, Kuangchi Press, 1967.

– *Chou King (=Shujing), Les Annales de la Chine,* (trad.) Paris, Cathasia, 1950.

– *Tch'ouen ts'iou et Tso tchouan (=Chunqiu et zuozhuan,* trad.), 3 vol., Ho Kien Fou, 1914.

DES ROTOURS Robert, *Le Traité des examens,* (rééd.) San Francisco, Chinese Materials Center, 1976.

– *Traité des fonctionnaires et traité de l'armée,* 2 vol., Leyde, J. Brill 1947-1948.

DORÉ Père H. *Manuel des superstitions chinoises,* (rééd.) Hong-Kong, U.E.R. Extrême-Orient Asie du Sud-Est de l'Université de Paris, 1970

Entretiens de Lin-tsi (=Linji), trad. Paul Demiéville, Paris, Fayard 1972.

BIBLIOGRAPHIE

ETIEMBLE, *L'Europe chinoise*, (2 tomes), Paris, Gallimard, 1988-1989.

FONG You-Lan, *Précis d'histoire de la philosophie chinoise*, Paris, Le Mail, 1985.

GERNET Jacques, *La Vie quotidienne en Chine à la veille de l'invasion mongole*, Paris, Hachette (rééd.), 1978.

– *Le Monde chinois*, Paris, Armand Colin (2e éd.) 1987.

– *L'Intelligence de la Chine. Le social et le mental*, Paris, Gallimard, 1994.

GRANET Marcel, *La Pensée chinoise*, Paris, Albin Michel, 1934.

HUC Père, *L'Empire chinois*, 2 tomes, Paris, Gaume et Duprey, 1862.

JULLIEN François, *Procès ou création, Une introduction à la pensée des lettrés chinois*, Paris, Seuil, 1989.

– *La Propension des choses*, Paris, Seuil, 1992.

KALTENMARK Max, *La Philosophie chinoise*, Paris, PUF,1987, (2e éd.).

KAMENAROVIĆ Ivan P., *Arts et Lettrés dans la tradition chinoise*, Paris, Cerf, 1999.

Les Entretiens de Confucius, trad. P. Ryckmans, Paris, Gallimard, 1987.

LÉVY André, *La Littérature chinoise ancienne et classique*, Paris, PUF, 1991.

LIEOU Ngo (=Liu E), *L'odyssée de Lao Ts'an (=Lao Can)*, trad. Cheng Tcheng, Paris, Gallimard, 1964.

LOUO Kouan-Tchong (=Luo Guanzhong), *Les Trois Royaumes*, trad. Nghiêm Toan et Louis Ricaud, (7 vol.), Paris, Flammarion, 1987, 1991.

LOMBARD Denys, *La Chine impériale*, Paris, PUF, 1974.

MARGOULIÈS Georges, *Le Kou-wen (=guwen) chinois*, (trad.) Paris, Geuthner, 1926.

– *Anthologie raisonnée de la littérature chinoise*, Paris, Payot, 1948.

MASPERO Henri, *Le Taoïsme et les religions chinoises*, Paris, Gallimard, 1971.

– *Le Ming-T'ang et la crise religieuse chinoise avant les Han*, *in* Mélanges chinois et bouddhiques, IX, pp.1-71, Bruxelles, Institut Belge des Hautes Etudes Chinoises, 1951.

avec

– E. Balasz, *Histoire et institutions de la Chine ancienne*, Paris, PUF, 1967.

MATHIEU Rémy, *Le Mu Tianzi zhuan, Traduction annotée, étude critique*, Paris, Institut des hautes études chinoises, 1978.

NEEDHAM Joseph, *La Science chinoise et l'Occident*, Paris, Seuil, 1973 ;

P'ou Song-Ling (Pu Songling), *Contes étranges du cabinet Leao* trad. Louis Laloy s.l. Le calligraphe, 1985.

Printemps et Automnes de Lü Buwei, trad. Ivan P. Kamenarović, Paris, Cerf, 1998.

Robinet Isabelle, *Méditation taoïste,* Paris, Dervy-Livres, 1979.

– *Histoire du Taoïsme des origines au xive siècle,* Paris, Cerf, 1991.

– *Lao zi et le Tao,* Paris, Bayard Editions, 1996.

Shi Nai-an et Luo Guan-zhong, *Au bord de l'eau,* trad. Jacques Dars, Paris, Gallimard, 1978.

Spectacles curieux d'aujourd'hui et d'autrefois, trad. Rainier Lanselle, Paris, Gallimard, 1996.

Thilo Thomas, *Chang'an Metropole Ostasiens und Weltstadt des Mittelalters 583-904 teil 1 : Die Stadtanlage* Wiesbaden, Harrassowitz Verlag, 1997.

Twitchett Denis (edited by) *The Cambridge History of China,* vol.III *Sui and T'ang China* Part 1 (589-906) Cambridge, Cambridge University Press, 1979.

Vandermeersch Léon, *La Formation du Légisme* Paris, E.F.E.O 1965

– *Le Nouveau monde sinisé,* Paris, P.U.F., 1986.

– *L'Institution chinoise de remontrance, in* Etudes chinoises, XIII 1-2, pp.31-45, Paris, 1994.

Van Gulik Robert *La Vie sexuelle dans la Chine ancienne,* Paris, Gallimard, 1971.

Wilhelm Richard (trad. par Etienne Perrot), *Yi King (=Yijing) Le Livre des Transformations,* Paris, Librairie de Médicis, 1973.

Wou Tch'eng Ngen (= Wu Chengen), *Si Yeou Ki (= Xiyouji) Le Voyage en Occident,* trad. Louis Avenol, Paris, Seuil, 1958.

Wang Fu, *Propos d'un ermite,* trad.Ivan P. Kamenarović, Paris, Cerf, 1992.

Xunzi, trad. Ivan P. Kamenarović, Paris, Cerf, 1987.

Zhang Guangda, *Trois exemples d'nfluences mazdéennes dans la Chine des Tang, in* Etudes chinoises XIII 1-2, pp.203-219, Paris,1994.

TABLEAU DE PRONONCIATION

Prononciation approximative des caractères chinois transcrits en *pinyin* (la transcription officielle chinoise)

Nous n'indiquons ici que les lettres dont la prononciation présente des difficultés.

1) Consonnes initiales :

B = p (comme « père »)
C = ts', suivi d'un souffle, sans équivalent français
Ch = tch' suivi d'un souffle, sans équivalent français
D = t (comme « toiture »)
G = k (comme kaolin)
H = Note un souffle, un peu un « r » doux, sans équivalent français
J = entre tch et ts, sans équivalent français
K = k' suivi d'un souffle, sans équivalent français
Ou = o + ou, les deux étant distinctement prononcés, sans équivalent français
P= p', suivi d'un souffle, sans équivalent français
Q = entre tch' suivi d'un souffle, et ts' suivi d'un souffle, sans équivalent français
R = j (comme « jeu »)
Sh = ch (comme chat)
T = t', suivi d'un souffle, sans équivalent français
W = ou (comme « ouïr »)
X = à peu près comme « ch » en français (« chuinter »), un peu appuyé
Y = i (comme « yota »)
Z = ts (comme « tsar »)
Zh = dj (comme « adjurer »)

2) Lettres non-initiales :

e = « e » ouvert, à peu près comme « cœur »

i = « i » français, sauf après c, ch, r, s, sh, z, zh où cette lettre se prononce entre « e » et « eu ».

n = n'est jamais le signe d'une nasalisation (par exemple « lun" se prononce à peu près « louènne »)

r = comme le « r » anglo-saxon (you are), sans équivalent français

u = « ou » sauf après j, q, x, où cette lettre se prononce comme en français

ü = « u » français

3) Quelques exemples :

Qin Shi Huangdi se prononce à peu près « Tch'in cheu Rouanngti ».

Gaozu des Han se prononce à peu près « Kao tsou des Ranne ».

Huainanzi se prononce à peu près « Rouaille nanne tseu ».

Zhuangzi se prononce à peu près « Tchouang tseu ».

INDEX GÉNÉRAL

– Les entrées de l'index regroupent les occurrences tant du mot lui-même que des mots de la même famille (ex. : agricole, cf. agriculture).

– Les mots en caractères gras bénéficient d'une rubrique.

INDEX DES NOMS DE PERSONNES

Les noms en caractères gras bénéficient d'une notice en fin de volume.

Ce volume,
le deuxième
de la collection « Guide Belles Lettres des Civilisations »,
publié aux Éditions Les Belles Lettres
a été achevé d'imprimer
en mai 2010
sur les presses
de la Nouvelle Imprimerie Laballery
58500 Clamecy

N° d'édition : 7034 – N° d'impression : 005063
Dépôt légal : juin 2010

Imprimé en France